本书为浙江省社科规划课题"新时代浙籍全国劳动模范口述史研究"

（课题编号21NDQN266YB）研究成果

嘉兴学院中国共产党革命精神与文化资源研究中心资助成果

新时代浙籍全国劳模口述史研究

周俊超 著

ZHEJIANG UNIVERSITY PRESS
浙江大学出版社
·杭州·

图书在版编目（CIP）数据

新时代浙籍全国劳模口述史研究/周俊超著. —
杭州：浙江大学出版社，2023.7
ISBN 978-7-308-23620-1

Ⅰ. ①新… Ⅱ. ①周… Ⅲ. ①劳动模范－历史－
研究－浙江 Ⅳ. ①D412.6

中国国家版本馆CIP数据核字(2023)第056609号

新时代浙籍全国劳模口述史研究
XINSHIDAI ZHEJI QUANGUO LAOMO KOUSHUSHI YANJIU

周俊超　著

出 版 人　褚超孚
责任编辑　周挺启
责任校对　吴　庆
封面设计　周　灵
出版发行　浙江大学出版社
　　　　　（杭州市天目山路148号　　邮政编码　310007）
　　　　　（网址：http：//www.zjupress.com）
排　　版　杭州林智广告有限公司
印　　刷　广东虎彩云印刷有限公司绍兴分公司
开　　本　710mm×1000mm　1/16
印　　张　17.75
字　　数　295千
版 印 次　2023年7月第1版　2023年7月第1次印刷
书　　号　ISBN 978-7-308-23620-1
定　　价　78.00元

前　言

劳模，全称"劳动模范"，是社会主义先进生产力的重要代表，是引领广大劳动人民争做时代奋斗者的榜样力量。中国特色社会主义进入新时代后，党和国家对劳模愈发重视。中共中央总书记、国家主席习近平曾多次肯定劳模的重要性，称"劳动模范是民族的精英、人民的楷模，是共和国的功臣"[①]，"全社会都应该尊敬劳动模范、弘扬劳模精神，让诚实劳动、勤勉工作蔚然成风"[②]。

劳模如此重要，值得学界关注和研究。本书通过口述史实践调研与文本分析，对新时代浙籍全国劳模的成功经验、优秀精神及所在行业的发展等展开研究。全国劳模为劳模中荣誉最高者，相对更具代表性。新时代劳模更能彰显当今时代特征，更具时代引领力。浙江是中国革命红船起航地、改革开放先行地、习近平新时代中国特色社会主义思想重要萌发地、高质量发展建设共同富裕示范区的实践地，选取浙籍劳模为研究对象既能较好体现劳模的先进性，又能借此展现新时代浙江地区的创新发展及浙江劳动人民的精神风貌，为新时代浙江乃至中国发展问题研究及优秀精神研究提供参考。

劳模口述史，即通过口头访谈的方式，记述和研究劳模事迹、经验与精神等的一种重要方法和文本；劳模口述史研究则是通过这种方法和文本研究劳模。口述史的方法不仅可以使研究者近距离接触和了解研究对象，更能实现研究者与研究对象的合作研究，甚至是在交谈中直接就访谈问题展开研究。因此，本书中的口述史文本不只是在陈述劳模事迹，更强调劳模经验与精神的传递，具有较强的指导性和启发性。

新时代劳模的经验与精神是先进的、极具推广价值的。其中，具体工作经验的推广对于同行受众而言，可直接带动行业发展；对于非同行受众而言，也能起到必要的普及作用，增强发展自信。而新时代劳模的成功经验与优秀精神更能超越行业界限，鼓舞引领各行各业劳动者共同奋进。

---

① 习近平：《在全国劳动模范和先进工作者表彰大会上的讲话（2020 年 11 月 24 日）》，北京：人民出版社，2020 年，第 2 页。

② 《习近平给中国劳动关系学院劳模本科班学员的回信（2018 年 4 月 30 日）》，《光明日报》2018 年 5 月 1 日。

　　此外，本书还可作为大中小学开展劳动教育的参考读物，使学生们更好地了解劳动模范，向模范学习，树立科学正确的劳动观与人生理想，做好职业规划，弘扬劳模精神、劳动精神、工匠精神。2021年4月，劳动教育的"劳"被写进新修订的《教育法》（原第五条中的"培养德、智、体、美等方面全面发展的社会主义建设者和接班人"修改为"培养德智体美劳全面发展的社会主义建设者和接班人"），从而依法治教推进学校劳动教育。教育部发布的《义务教育劳动课程标准（2022年版）》已于2022年秋季学期开始执行，劳动课成为义务教育阶段独立课程。高校"大思政课"建设也在积极调动劳模等社会师资力量，使学生走出校园，走访劳模；劳模走进校园，引导学生。

　　本书作为浙江省哲社规划课题结项成果，按学术专著规范写作，共分五章。第一章"相关研究述评"，先对当前中国的劳模研究、口述史研究加以简要述评，后聚焦劳模口述史研究这一细分领域分析其优点与不足。第二章"研究思路与方法"，旨在详细透明地呈现本研究从构思到成书的全过程，从中总结提炼出劳模口述史研究的若干方法，以便于研究经验的分享与交流。第三、四、五章分别从农业、工业、服务业三大产业展开新时代浙籍劳模口述史研究，每章收录4—6位劳模的口述史文本，既突出劳模个体，又集中反映群体特征。末尾结语以"让劳模成为新时代最闪亮的明星"为题，从人生史、精神史、行业史、口述史学四重视角加以总结，期待在新时代进一步加强对劳模的关注和研究，更好发挥劳模的模范引领作用。

目　录

第一章 相关研究述评

劳模口述史研究是劳模研究与口述史研究相结合产生的研究选题，具有鲜明的中国特色。目前该选题研究体量尚小，但关于劳模和口述史的研究已有不少成果。欲更好地了解劳模口述史研究现状，有必要先对国内劳模研究和口述史研究现状加以述评。

一、劳模研究现状

劳模研究的内容十分丰富，主要包括劳模精神、劳模制度、劳模文化、劳模宣传教育、劳模理论与学科体系建构[①]、劳模史等，并有来自多学科视角的研究[②]，包括但不限于马克思主义理论视角（研究马克思主义劳动观、人的全面发展学说等）、政治学视角（研究劳模的政治贡献、政治特性与其政治参与等）、经济学视角（研究劳模的经济贡献、劳模创新工作室等）、教育学视角（研究劳模之于劳动教育、职业教育的价值，劳模自身再教育等）、管理学视角（与工会研究相结合，研究劳模管理、劳模服务、劳模协会等）、历史学视角（研究劳模运动史、劳模个人史与群体史等）。

关于劳模研究现状的述评国内已有数篇，如褚成君、周月的《近20年来国内关于劳模的研究述评》[③]、王霖凡《新时代以来劳动模范研究的回顾与展望》[④] 等。此处重点就与本书关联密切的劳模精神、劳模文化和劳模史研究现状进行评述。

[①] 参见杨冬梅等编：《劳模学概论》，北京：人民出版社，2020年。

[②] 参见刘向兵、赵健杰：《多学科跨学科视角下的劳动模范研究与劳模教育创新》，《中国劳动关系学院学报》2018年第4期，第1—8页。

[③] 参见褚成君、周月：《近20年来国内关于劳模的研究述评》，《中共山西省委党校学报》2020年第5期，第110—115页。

[④] 参见王霖凡：《新时代以来劳动模范研究的回顾与展望》，《实事求是》2021年第4期，第63—70页。

（一）劳模精神研究

劳模研究中受关注度最高、研究成果最多的当属劳模精神研究。劳模精神研究又主要包括劳模精神内涵研究、劳模精神案例研究、劳模精神生成发展研究、劳模精神宣传教育研究等。

1. 劳模精神内涵研究

劳模精神内涵研究是劳模精神研究之基础，它旨在解答"劳模精神是什么"的问题。2005 年胡锦涛在全国劳模表彰大会上发表讲话时，将劳模精神的内涵科学地概括为 24 个字："爱岗敬业、争创一流，艰苦奋斗、勇于创新，淡泊名利、甘于奉献。"[1]

一般而言，当一个重要精神的内涵被官方确定了表述语之后，关于这一精神内涵的研究往往只围绕官方表述语做阐释，但在劳模精神内涵研究中并非绝对如此。如《劳模精神导论》将劳模精神的内涵总结为"强烈的主人翁责任感""淡泊名利、甘于奉献""与时俱进、刻苦学习"，并称"劳模精神与时俱进，不断丰富发展"，意指劳模精神的内涵是变化的而非固定的[2]。此对劳模精神内涵的总结尊重但并未完全照搬上述 24 个字。彭维锋提出"新时代劳模精神的十大内涵"，用"劳模精神是工人阶级先进性的集中体现""劳模精神是工人阶级主人翁意识的集中凸显"等10 句话来概括，并作了进一步诠释[3]。此概括较好地体现了劳模精神内涵的丰富性，相应地，凝练程度则有所下降。

总的来说，关于劳模精神的内涵，个别学者基于自身理解所作的概括和诠释虽然不如官方的受认同度高，但敢于提出更多新的见解，也恰恰说明劳模精神内涵是丰富的、与时俱进的。无论劳模精神内涵如何，都是劳动模范在其劳动实践中具体体现出来的，都离不开具体案例的支撑。习近平在 2013 年 4 月 28 日同全国劳动模范代表座谈时的讲话中，便先举赵占魁、王进喜、孔祥瑞等各时期劳模之实例，后重申了劳模精神的 24 字内涵[4]。可见，欲诠释好劳模精神的内涵，相应的案例研究不可或缺。

---

[1] 胡锦涛：《在 2005 年全国劳动模范和先进工作者表彰大会上的讲话》，《解放军报》2005 年5 月 1 日。

[2] 陈必华、淦爱品主编：《劳模精神导论》，上海：上海交通大学出版社，2020 年，第 8—11页。

[3] 彭维锋：《新时代劳模精神的十大内涵》，《工人日报》2018 年 3 月 20 日。

[4] 《习近平在同全国劳动模范代表座谈时的讲话（2013 年 4 月 28 日）》，《人民日报》2013 年4 月 29 日。

2. 劳模精神案例研究

由于劳模群体人数众多，能体现劳模精神的案例是相当丰富的。

劳模精神案例又分为群体案例和个体案例两类。如在劳模辈出的大庆油田和山西省平顺县西沟村，既有大庆精神、西沟精神覆盖群体，又有相应的铁人精神、纪兰精神突出个体，它们皆成为劳模精神的组成部分。在劳模精神研究中也常将这些具体事迹和精神引为案例，从劳模事迹中论证劳模精神的存在。

与此同时，对各有特色和代表性的具体案例的研究，生动诠释并扩展了劳模精神的内涵。如以"爱国、创业、求实、奉献"[①] 为核心的大庆精神，相较于劳模精神的 24 字内涵多出"爱国"，彰显了中华民族以爱国主义为核心的民族精神，精准回答了"劳模为谁劳动"的问题，使劳模精神内涵更加完备。

铁人精神是大庆精神的典型化体现和人格化浓缩，其表述语融入了铁人王进喜个人的经典语录，主要内容是："为国分忧，为民族争气的爱国主义精神；宁肯少活二十年，拼命也要拿下大油田的忘我精神；有条件要上，没有条件创造条件也要上的艰苦奋斗精神；干工作要为油田负责一辈子，经得起子孙万代检验的认真负责精神；不计名利，埋头苦干的无私奉献精神。"相较于"爱岗敬业、争创一流，艰苦奋斗、勇于创新，淡泊名利、甘于奉献"的劳模精神，铁人精神增加了能够突出具体人物和实践特征的定语，生动诠释了怎样的爱岗敬业精神、艰苦奋斗精神和奉献精神。

除了论证、诠释、扩展劳模精神的内涵，在劳模精神案例研究中，有些问题仍可进一步深究。譬如，劳模的先进事迹是怎样产生的，如此多的先进事迹的出现显然不是偶然；劳模的先进事迹和精神从被挖掘和提炼到宣扬和传承，存在哪些促因和变化。这些都指向了一个新的研究焦点，劳模精神的生成和发展。

3. 劳模精神生成发展研究

关于劳模精神的生成，田鹏颖、王圆圆从中国文化中寻根溯源，认为"劳模精神是中华优秀传统文化的创造性转化形态"，"生成于中国共

[①] 1990 年 2 月，江泽民同志视察大庆时指出大庆精神的内涵："为国争光、为民族争气的爱国主义精神；独立自主、自力更生的艰苦创业精神；讲究科学、'三老四严'的求实精神；胸怀全局、为国分忧的奉献精神。"概括地说就是"爱国、创业、求实、奉献"。

产党的革命文化","内在于社会主义先进文化"①。任鹏、李毅基于实践、理论、文化三重视角分别探讨了劳模精神的生成逻辑,称:"工人阶级和广大劳动群众的生产生活实践是其实现基础,马克思主义劳动理论和中国化的马克思主义劳动观是其理论源头,传统的劳动精神为其提供深厚的文化积淀。"②

此类纯粹学理上的分析,将劳模精神生成研究上升到劳动理论和劳模文化的高度,并辅以哲学思考,相较于单从实践推到精神,进一步追本溯源,刨根问底。当然,如大庆精神、铁人精神这类带有地方色彩、个人色彩的劳模精神,应更多结合具体的地方文化和个人成长背景来研究。

关于劳模精神的发展,相关研究以历史的和发展的眼光看待劳模精神,旨在更加全面深入地理解劳模精神在各个历史时期的具体内涵及所呈现出的发展趋势。如徐大慰在《劳模精神研究》中,分5个时段③呈现劳模精神的时代变迁与时代特征,称:"60多年来,从'铁人精神'到'振超效率',从'埋头骨干'到'创新劳动',劳模已从传统意义上的'出大力,出大汗''苦干加巧干'向'知识型、技术型、创新型'方向转变,但劳模的基本内涵没有变。"④《劳模精神导论》也写道:"回顾历史,虽然劳动模范所处的历史时期有所不同,但是无论哪个年代的劳模,他们身上都有一些共同的精神气质,那就是艰苦奋斗、爱岗敬业、勇于创新、无私奉献。"⑤ 这些研究形成了一个共识,即劳模精神固然要与时俱进,但其精神内核永不过时。

4. 劳模精神宣传教育研究

关于劳模精神的宣传教育研究,旨在解决"如何弘扬和传承好劳模精神"的问题,使劳模精神能够鼓舞和带动更多人热爱劳动、诚实劳动,进而实现社会生产力的提升和社会风气的改善。

劳动模范,顾名思义就是在劳动上示人以模范榜样。因此,围绕劳

---

① 田鹏颖、王圆圆:《马克思唯物史观视阈中的劳模精神——兼论劳模精神在中国特色社会主义文化中的地位》,《广西社会科学》2017年第11期,第195—199页。

② 任鹏、李毅:《劳模精神的生成逻辑:基于实践、理论、文化视角》,《山东工会论坛》2018年第3期,第1—5页。

③ 5个时段分别为:中华人民共和国成立前、20世纪50年代、20世纪60—70年代、20世纪80—90年代、21世纪初及新时代。

④ 徐大慰:《劳模精神研究》,芜湖:安徽师范大学出版社,2020年,第17页。

⑤ 陈必华、淦爱品主编:《劳模精神导论》,上海:上海交通大学出版社,2020年,第12页。

模展开宣传教育是题中应有之义。其中，劳模精神是宣传教育的核心内容。劳模精神突破了职业的界限，让劳模的示范效应不仅限于其所从事的具体职业，而且能辐射到各行各业的劳动者，乃至大中小学生。

当前，劳模精神与劳动精神、工匠精神一起，已成为大中小学劳动教育的重要内容。学界对于劳模精神教育的研究也主要集中在学校劳动教育研究中。

近年来，国家高度重视劳动教育，相关研究不胜枚举。其核心观点较为一致，即认为劳动教育包括劳模精神教育，不可只有言传或只有身教，而是要做到言传身教高度融合，它既是思想教育，也是实践教育。换言之，只空讲大道理或只教劳动实践技能，都不能把劳动教育与劳模精神教育做好。

关于劳模精神的宣传教育固然离不开劳模事迹，但又不能单讲劳模事迹，透过事迹传递出精神才是关键。此时，以第三人称叙事就不如第一人称叙事（如口述史）更有说服力和感染力。因为劳模本人的精神，宜由他们本人直接传递。这种传递可能并非用精准的语言来完成，它带给人们的或许就是一种难以名状的感悟和感动。

当然，这并不是说弘扬劳模精神的理论文章没有价值。理论文章与口述史在劳模精神宣教上各有分工。理论文章的价值主要在于高度概括劳模精神的内涵，阐发劳模精神的意义，使人们快速了解并重视起劳模精神。先有了解和重视，方有进一步的接触和学习。口述史便是为人们深入学习和感悟劳模精神提供资源和渠道。

综上，劳模精神研究是从学者视角看待劳模精神，将劳模精神上升到学理研究的高度，旨在解答劳模精神是什么，从何而来，如何发展，以及如何弘扬和践行等一系列问题。如何评价劳模精神研究是否做得好？衡量标准不在于书面研究做得有多精细，而在于当下广大劳动者对于劳模精神的感悟和践行是否做得好，这是劳模精神的时代性与实践性所致的。换言之，解决好劳模精神的宣传教育问题，相关其他问题便迎刃而解，前者应作为劳模精神研究的总体导向。

基于此，劳模口述史是一种不错的宣传教育资源和渠道。它让劳模自己讲自己的故事，直接讲给大众听，更具感染力。精神是客观存在的，但也是感性的。精神的宣教不能像一般的科学文化知识那样多地依赖理性分析，它更多依靠的是一种感动。许多劳模都说，他们在劳动时并没有想到什么精神，就是那样尽心尽力地劳动，所谓的"精神"是来自他人的概括总结。这或许是在传达这样一种信息：精神本身是内化于心、外化于行的知行合一的统一体，它的传播方式可以是耳濡目染，并非完全依赖于语言文字的概括。"爱岗敬业、争创一流，艰苦奋斗、勇于创新，淡泊名利、甘于奉献"都伴随着对行为的描述，劳模只需做好这些行为，便足以打动人。

何以如此？因为劳模做成了我们常人想做却难以做成的事，即便这些事在劳模本人看来并没有那么惊天动地，但它们却能带给我们以"惊异"，从而唤起我们的审美意识，激发起我们内心的崇高感[1]。于是我们仰视劳模，赞美劳模，把劳模当作偶像，去追逐他们的脚步。一代代新劳模不断产生，保证了劳模队伍永远走在时代前列，而我们也将永无止境地追逐下去。这便为中华儿女注入了一股永续奋斗的恒久动力，这便是树立劳模的意义。

（二）劳模文化研究

劳模文化是比劳模精神内涵更丰富的概念，劳模文化包含着劳模精神，劳模文化研究可视为对劳模精神研究的深化和升华。

我们一般理解的文化大致包括物质文化、精神文化、制度文化三方面。据此，劳模文化理应也包括这三方面。但在现有的劳模文化研究中，对于劳模文化的定义更多强调的是劳模的精神文化。目前国内最具代表性的劳模文化研究成果之一，是东北大学田鹏颖领衔的国家社会科学重大项目"东北（辽宁）老工业基地'劳模文化'史料编纂及当代价值研究"（2015）产出的系列研究成果[2]。在《劳模文化哲学论纲》《劳模文化本质论》中有诸多关于"劳模文化是什么"的诠释，这些诠释几乎都围绕着精神展开。如劳模文化是"一种精神力量"[3]，将劳模文化称作"力量"是从"文化软实力"角度出发的；"劳模文化作为一个完整的体系，涵盖了劳模精神、劳模形象"[4]；"劳模文化是爱岗敬业、争创一流、艰苦奋斗、勇于创新、淡泊名利和甘于奉献的精神文化"[5]；等等。

为何现有劳模文化研究如此强调劳模的精神文化？这是因为劳模创

---

[1] "惊异是审美意识的灵魂。"参见张世英：《哲学导论》（第三版），北京：北京大学出版社，第128—137页。

[2] 参见《东北（辽宁）老工业基地劳模文化研究》（2018）、《劳模文化哲学论纲》（2018）、《劳模文化本质论——基于东北（辽宁）老工业基地的思考》（2019）等。

[3] 田鹏颖、姜耀东：《劳模文化哲学论纲》，北京：社会科学文献出版社，2018年，第2页。

[4] 田鹏颖、姜耀东：《劳模文化哲学论纲》，北京：社会科学文献出版社，2018年，第80页。

[5] 田鹏颖、朱丽颖、于春玲编著：《劳模文化本质论——基于东北（辽宁）老工业基地的思考》，北京：社会科学文献出版社，2019年，第81页。

造的物质文化可能随着时代的进步成为历史，但精神文化永不过时。况且"劳模物质文化"和"劳模制度文化"的概念是否成立，也值得商榷。劳模物质文化大概指的是劳模创造的物质财富之总和，而当今社会创造出的物质财富通常是集体劳动的结晶。这些物质财富可以说成是在劳模的带领下创造的，但全部归于劳模的创造显然不科学。至于劳模制度文化，我们可以称劳模文化中包含着相应的制度，但这些制度是否足够丰富到可以称之为"制度文化"则存有疑问。因此，现有劳模文化研究精准地把握住了劳模文化的本质在于劳模之精神，有所聚焦而非面面俱到，是值得肯定的。

那么劳模文化研究对于劳模精神研究的深化和升华又体现在哪里？相比而言，劳模文化研究是从文化研究视角出发的一种系统性研究，而劳模精神研究是一种专题研究。劳模文化研究对于劳模精神研究的深化和升华集中体现在两方面。

一是文化研究的视角，包括站在坚定中国特色社会主义文化自信的高度，肯定劳模精神是社会主义先进文化的组成部分，是对相关中华优秀传统文化的继承和发扬。如劳模精神的核心内涵——敬业、奋斗、创新、奉献等，均能在中华传统文化中寻根溯源。这相比于仅从实践来诠释精神增加了一重视角且站位更高。

二是系统性的研究，包括从本体论、认识论、生成论、衍化论、方法论、价值论、创新论等多层次进行研究。将这些研究与马克思主义相关理论学说、中国特色社会主义制度、精神生产规律、劳模的劳动实践、社会发展需要等多要素相联系，比现有的劳模精神专题研究更加系统。

（三）劳模史书写与研究

劳模史，顾名思义是劳模的历史。劳模史书写呈现的是一种历史叙事，它包括以记事为中心的劳模运动史和以记人为中心的劳模个人史与群体史。劳模史研究则是对这种历史叙事的研究。除了劳模运动史、个人史与群体史，上文各劳模研究专题都可从历史学视角来考察，从而分别形成劳模精神史、劳模制度史、劳模文化史、劳模宣传教育史等。关于这些细分的劳模专题史的书写可归于劳模史书写之列，但对于它们的研究通常与劳模精神研究、劳模制度研究、劳模文化研究、劳模宣传教育研究等放在一起，是各劳模专题研究的组成部分。

1. 劳模运动史

劳模运动史记述了历史上劳模运动的开展状况。相关书写和研究的代表作有姚荣启的《中国劳模史：1932—1979》、王彩霞的《抗日战争时期陕甘宁边区劳模运动研究》等。

其中，《中国劳模史：1932—1979》属于典型的劳模运动史书写，其以历史文献为依托，呈现的是纵向的历史叙事。主要内容包括：中国劳模的起源（从苏区讲起），抗战时期的各边区大生产运动与劳模表彰，解放战争时期的劳模运动，20世纪50—60年代的第一次全国劳模代表会议、全国先进生产者代表会议、全国群英会，20世纪70年代的"工业学大庆"建设高潮、全国科学大会等①。

《抗日战争时期陕甘宁边区劳模运动研究》属于典型的劳模运动史研究，其选择了一个历史时期（抗日战争时期）、一块地域（陕甘宁边区）的劳模运动做横向研究。主要研究内容包括：陕甘宁边区劳模运动的历史渊源与开展条件、体制机制、宣传、社会影响、缺陷与政府应对等②。当然这种研究同样依托历史文献和历史叙事。

除此之外，由于各劳模专题研究通常涉及劳模史梳理，故在相关劳模专题研究中也常见对劳模运动史的回顾。总的来说，当代的劳模运动史资料充裕、事实清晰；相比而言，新中国成立以前的劳模运动史更需要进一步探索和研究。

如《中国劳模史：1932—1979》为什么从1932年写起？游海华在《中国共产党创设劳模时间考》中提出异议："时间和内容上，劳模并非创设于有人认为最早的中共中央1932年3月颁布的《关于革命竞赛与模范队的问题的通知》（实际上，无论是1931年上半年中共中央颁发的几个文件，还是1931年4月至1932年3月的湘鄂赣、鄂豫皖、湘鄂西、赣东北、闽北、中央苏区和江西苏区，均提出过组织模范队、轻骑队、突击队、冲锋队，开展革命竞赛的内容或决议）。"但不可否认，"苏区革命时期创设模范的做法与经验，是中国共产党树立劳模的历史源头"。③

这里还有一个疑问，即追溯劳模运动之起源为何只关注苏区。当时的国民党统治区是否也存在劳模运动，也需要通过创设劳动模范以提高劳动效率？答案是肯定的。《益世报》（天津）分别在1929年5月5日、6日、9日连载了一篇题为《浦东劳动模范村经营概况》的文章。该文开

---

① 参见姚荣启编著：《中国劳模史：1932—1979》，北京：中国工人出版社，2020年。

② 参见王彩霞：《抗日战争时期陕甘宁边区劳模运动研究》，北京：中国社会科学出版社，2014年。

③ 游海华：《中国共产党创设劳模时间考》，《中国井冈山干部学院学报》2020年第2期，第90页。

宗明义，指出当时劳动问题之严峻及提高劳动效率之动机：

> 吾国近年以来，机器新工业逐渐畅兴，劳动问题，已成社会问题之中心。吾国劳动者自身最大之缺点，要在工作本能未能提高，工作效率莫由增进，在其自身既难维持最低之生活，而资产主因所得出品无多、成本不廉，亦不易获得相当之利益。吾国工业之蹭蹬不进，其结症半由于此。劳动者不思所以增进本能之道，只以仇抗厂主为能事；资产主不设法提高劳方工作之能率，只以剥削工人为妙谛，互相残杀。最为可虑欲解决劳动问题，以至产业问题，其最要办法，必须提高劳动者之本能，借此可以增进工作之效率……提高劳动者本能之办法，要在改良工人生活之环境，促进其物质精神上之满足愉快，则工作效率，自易增进。[1]

浦东劳动模范村由上海基督教青年会创立。早在1920年，"该会开始劳工改善工作之初，原冀藉教育与工艺之训练，使之增进其工作之能率，加多其工资之收入，由此改良工人之生活，但试办七载，以经验所得，收效实鲜"[2]，于是才决定先从改善工人生活入手。1926年兴工建成了劳动模范村，有"可租房屋十二所，并公共讲室一座，以备指导及辅助教育之用"[3]。

该村侧重对劳动模范的培育，目的不在于单纯直接地提高劳动效率，而是先"改良工人生活状况""增进工人德智体群四育""除去工人不良的习惯""使工人为社会生活之模范"[4]等，进而达到劳动效率的提升。其村治的成绩包括："村人极端的合作，以达到实际的模范村""建村二年来，村人和睦非常，绝少争吵斗殴情事""清洁卫生，着实改进，近来莅村参观者三百余人，尽皆满意""道德程度增高，并无赌博及吸食阿片情事"[5]等。

浦东劳动模范村欲"使工人为社会生活之模范"，而不仅仅是劳动生产之模范，看似站位更高，发挥的模范效应更广，实则是缺乏调动工人劳动积极性的有效办法，以至于7年努力未果，而不得已采取先改善工

---

[1]　恒智：《浦东劳动模范村经营概况》，《益世报》（天津）1929年5月5日。
[2]　恒智：《浦东劳动模范村经营概况（续）》，《益世报》（天津）1929年5月6日。
[3]　恒智：《浦东劳动模范村经营概况（续）》，《益世报》（天津）1929年5月6日。
[4]　恒智：《浦东劳动模范村经营概况（续）》，《益世报》（天津）1929年5月6日。
[5]　恒智：《浦东劳动模范村经营概况（续）》，《益世报》（天津）1929年5月6日。

人生活的策略。至于工人生活的改善最终能否转化为劳动效率的提高，其列举的成绩中并未体现。

总的来说，该村规模不大，属于欲解决社会大问题而做的小范围实验，想"在事实上证明建筑模范工村具有可能性"①。但先行改善工人生活，前期投入成本高，在当时的社会条件下很难大范围推广。相比而言，中国共产党在苏区开展的劳动竞赛等运动却能够在艰苦条件下很好地调动群众的劳动积极性，激发其吃苦耐劳的精神。中国共产党群众工作做得好，本质上是其人民至上的政治立场所决定的。

2. 劳模个人史与群体史

劳模个人史，以劳模个人生平为主线展开历史叙事，劳模个人的事迹、见闻、思想与精神等皆包含其中，广泛存在于新闻报道、口述史、传记等文献资料，既包括第一人称叙事，也包括第三人称叙事。

劳模个人史书写多而研究少，且研究集中在全国知名劳模，如王进喜、申纪兰、包起帆等。研究内容主要是根据个人史叙事做劳模人物研究，包括分析和建构劳模形象、劳模精神，研究劳模成长史与成功经验、劳模所做的贡献等。如《对全国劳模申纪兰的性别审视——〈口述申纪兰〉评介》②着重就申纪兰的劳动女性形象展开分析；《基于文献数据库的全国劳模个人成长史研究：以"抓斗大王"包起帆为例》"通过文献计量与分析的方法，结合历史分期，聚焦事业主线，揭示了包起帆自改革开放以来的成长史"③。

劳模群体史，指在一个特定历史时期和地域存在的劳模群体的历史，如东北老工业基地劳模史、新中国成立初期上海妇女劳模史等，不可简单地理解为多个劳模的个人史合集。

关于劳模群体史的研究，参见《劳模文化本质论——基于东北（辽宁）老工业基地的思考》④、《新中国成立初期上海妇女劳动模范研究

---

① 恒智：《浦东劳动模范村经营概况（续）》，《益世报》（天津）1929年5月6日。

② 畅引婷、杨霞：《对全国劳模申纪兰的性别审视——〈口述申纪兰〉评介》，《中华女子学院学报》2018年第4期，第114—119页。

③ 蔡巍等：《基于文献数据库的全国劳模个人成长史研究：以"抓斗大王"包起帆为例》，《上海第二工业大学学报》2018年第3期，第247—254页。

④ 参见田鹏颖、朱丽颖、于春玲编著：《劳模文化本质论——基于东北（辽宁）老工业基地的思考》，北京：社会科学文献出版社，2019年。

（1949—1956)》^① 等。其中，《新中国成立初期上海妇女劳模研究》较有代表性。其前两章先就新中国成立初期上海妇女劳模的产生背景、评选与表彰做了梳理，在第三章对新中国成立初期上海妇女劳模群体的年龄、学历、职业、政治面貌结构进行分析，这是群体研究相比于个体研究独有的内容。《劳模文化本质论》则是从文化研究视角对历史上的东北（辽宁）老工业基地劳模群体展开研究。

此外，还有貌似劳模群体史书写和研究的（实际并不是）。如《东北老工业基地劳模人物传》^② 以劳模群体史之名呈现的是劳模个人史合集，本质上仍是劳模个人史；《东北老工业基地劳模人物史料研究概述》^③ 严格意义上属于史料学研究，研究对象是劳模史料并非劳模人物本身，因此也不能归于劳模群体史研究的范畴。

劳模个人史与群体史展现了劳模个人形象与群体形象，其书写与研究文本本身也成为劳模文化之载体和组成部分。当前人们对劳模个人史书写存在一些误解，误认为这只是针对个人的宣传，导致一部分劳模出于谦逊等个人原因拒绝接受采访。其实劳模个人史书写是在以选取个案的方式记述劳模人物，展示劳模形象，宣扬的是广大劳动人民的楷模，这不是在宣传个人，而是在履行一种社会责任。这也是劳模个人史与一般个人史书写的区别所在。

就本书的焦点——劳模口述史而言，口述史文本的采集与书写属于劳模个人史书写，呈现出的是每位劳模个人的口述史合集；从研究层面看，则侧重对新时代浙籍各行业劳模群体做研究。当然，由于劳模口述史的采集与撰写采用了口述史的理论与方法，属于一类专题口述史，故欲做好劳模口述史研究也需掌握口述史的理论与方法，了解当代中国口述史研究现状。

---

① 参见戴钗茹：《新中国成立初期上海妇女劳动模范研究（1949—1956）》，上海师范大学硕士学位论文，2020 年。

② 参见田鹏颖、李正鸿编著：《东北老工业基地劳模人物传（黑龙江卷）》，北京：社会科学文献出版社，2018 年。

③ 参见金钟哲、陈雷雷、刘鑫棣：《东北（黑龙江）老工业基地劳模人物史料研究概述》；刘晓东：《东北（辽宁）老工业基地劳模人物史料研究概述》；樊丽明、李彦儒、高沐阳：《东北（吉林）老工业基地劳模人物史料研究概述》。田鹏颖主编：《东北（辽宁）老工业基地劳模文化研究》，北京：社会科学文献出版社，2018 年，第 82—125 页。

二、当代中国口述史研究述评

现代口述史学于 1948 年起源于美国，后于 20 世纪 80 年代传入中国；而中国自古亦有口述传统，这使得现代口述史学在中国的传播非常顺利。短短二三十年时间，中国的口述史理论与实践便有了迅猛发展。如今，中国俨然成为国际口述史研究的主阵地。劳模口述史的产生也源自当代中国口述史实践的不断丰富和发展。

目前，当代中国口述史研究主要集中于五个方面：学术史研究、基本理论研究、方法论研究、跨学科研究、文本案例研究（如图 1—1）。述评分别从这五个方面展开。

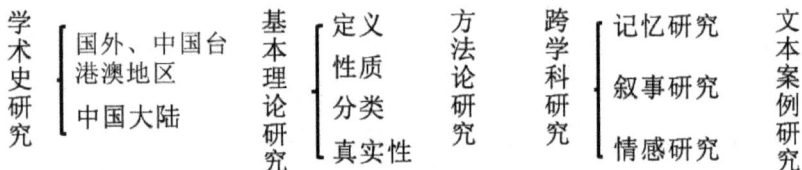

学术史研究 { 国外、中国台港澳地区　中国大陆

基本理论研究 { 定性质　分类　真实性

方法论研究

跨学科研究 { 记忆研究　叙事研究　情感研究

文本案例研究

图 1—1　中国口述史研究的主要五个方面

（一）口述史的学术史研究

口述史的学术史研究是中国口述史研究的主要方向之一，以口述史学本身为研究对象，包括对国外口述史学的研究和对国内口述史学的研究两部分。

1. 对国外口述史学的研究

现代口述史学率先诞生于二战后的美国，已为学界所公认。因此，中国学者对国外口述史学术史的研究起步较早，其目的在于引介国外口述史研究成果，为中国口述史研究提供参考。

早在 20 世纪 80 年代，已有中国学者介绍、翻译国外口述史学的文章。如侯成德的《美国口碑史料学三十年》①、孟庆顺的《口碑史学略述》②、正一翻译的《美国的口述史》③ 等。这些文章虽只单纯介绍国外口述史发展历程、理论观点和成果，尚未有来自中国学者自己的学理分析与评价，但对于此后中国学者了解国外口述史学，并进一步传播和发展口

---

① 侯成德：《美国口碑史料学三十年》，《世界史研究动态》1981 年第 9 期，第 4—8 页。
② 孟庆顺：《口碑史学略述》，《国外社会科学》1987 年第 1 期，第 53—56 页。
③ （美）胡佛（Herbert T. Hoover）作，正一译：《美国的口述史》，《现代外国哲学社会科学文摘》1982 年第 11 期，第 21—25 页。

述史学，起到了积极的预热作用。

20 世纪 90 年代，介绍国外口述史学的主要学者有杨雁斌、沈固朝、庞玉洁等。杨雁斌的相关代表作《口述史学百年透视》概述了国外口述史学的沿革、研究对象、学科特征、学科性质、方法论、对于现代历史学科的贡献等①。沈固朝②、庞玉洁③从民史的角度述评了西方口述史学的发展特点与价值。相比于 80 年代，90 年代的口述史学术史研究更加重视口述史理论的阐发，对于新世纪中国口述史研究的影响也较大。

到了 21 世纪，中国口述史研究驶入快车道。2000 年，辽宁教育出版社出版了国内第一部口述史理论译著《过去的声音——口述史》④，引发中国学者对国外口述史学的高度重视。此后，杨祥银成为国外口述史学研究的主要学者之一。他先是于 2002 年介绍了几部重要的国外口述史学读本⑤，包括《交互式口述历史访谈》⑥等，后又于 2004 年出版《与历史对话：口述史学的理论与实践》⑦，其中第六章"当代国外口述史学"介绍了包括美、英、加、德、西、澳等 13 国的口述史学发展状况。之后他把目光聚焦于美国，于 2016 年出版《美国现代口述史学研究》⑧，对于美国口述史学发展的主流趋势、美国口述史教育、口述史学的数字化转向、口述史学的伦理与法律问题等做了介绍和研究。

总的来说，20 世纪 90 年代恰逢中国历史学研究的转型期，口述史学的引入迎合了历史学研究方法多元化、研究视野扩大化的潮流。将录音、录像技术应用于历史记录或史料采集，让更多被传统历史档案所忽略的普通人也能拥有历史的记录权和话语权，这对于当时的中国史学界

---

① 杨雁斌：《口述史学百年透视（上）》，《国外社会科学》1998 年第 2 期，第 2—6 页；《口述史学百年透视（下）》，《国外社会科学》1998 年第 3 期，第 2—7 页。

② 沈固朝：《与人民共写历史——西方口述史的发展特点及对我们的启示》，《史学理论研究》1995 年第 2 期，第 98—107 页。

③ 庞玉洁：《从往事的简单再现到大众历史意识的重建——西方口述史学方法述评》，《世界历史》1998 年第 6 期，第 74—81 页。

④ 见（英）保罗·汤普森（Paul Thompson）著，覃方明、渠东、张旅平译：《过去的声音——口述史》，沈阳：辽宁教育出版社，2000 年。

⑤ 杨祥银：《口述史学：理论与方法——介绍几本英文口述史学读本》，《史学理论研究》2002 年第 4 期，第 146—154 页。

⑥ 见 Eva M. McMahan, Kim Lacy Rogers, *Interactive Oral History Interviewing*, New Jersey: Lawrence Erlbaum Associates, 1994.

⑦ 详见杨祥银：《与历史对话：口述史学的理论与实践》，北京：中国社会科学出版社，2004 年。

⑧ 详见杨祥银：《现代美国口述史学研究》，北京：中国社会科学出版社，2016 年。

来说是颇有新意的。因此 21 世纪以来，中国学者全面、详细了解国外口述史学的需要更加强烈，于是杨祥银的大量引介恰逢其时。

然而，在构建中国特色、中国风格、中国气派的哲学社会科学风潮之下，当今中国口述史学者们已然不满足于照搬和学习国外，而谋求理论和实践上的创新，并努力构建起具有中国特色、中国风格、中国气派的中国口述史学。但这不代表国外经验不值得借鉴。英美口述史学在发展中也出现了颇具代表性的理论专著值得参考。如英国口述史学者琳恩·艾布拉斯（Lynn Abrams）作有专著《口述史理论》，首版于 2010 年，次版于 2016 年。其各章"围绕口述历史的特点、自我研究、主体性与主体间性、记忆、叙事、表演、权力与创伤等关键主题，对各种理论方法进行了清晰易懂的阐释"①。这些主题其实也正是当前中国口述史理论研究的焦点所在。

2. 对国内口述史学的研究

专门或主要评述国内口述史学发展与研究状况的重要论文不下 20 篇。其内容主要包括两部分：一是对具体的中国口述史实践与理论研究活动及成果做出综述②；二是针对中国口述史研究中的理论问题展开综论③。

围绕同一课题的综述或综论如此之多，内容或观点上难免有所重叠。

---

① 参见 Lynn Abrams, *Oral History Theory*, Routledge London and New York: Taylor & Francis Group, 2016.

② 参见钟少华：《中国口述史学漫谈》，《学术研究》1997 年第 5 期，第 46—51 页；王艳勤：《中国的口述史学研究》，《湖北大学学报》（哲学社会科学版）2004 年第 5 期，第 592—596 页；周新国：《中国口述史学之回顾与展望》，《扬州大学学报》（人文社会科学版）2005 年第 2 期，第 24—27 页；林发钦：《澳门口述历史研究的回顾与思考》，《郑州大学学报》（哲学社会科学版）2010 年第 4 期，第 14—17 页；许雪姬：《近年来台湾口述历史的发展及其检讨》，杨祥银主编：《口述史研究》（第一辑），北京：社会科学文献出版社，2014 年，第 311—356 页；王惠玲：《香港口述历史书写："以人为本"的历史论述》，杨祥银主编：《口述史研究》（第一辑），北京：社会科学文献出版社，2014 年，第 357—372 页；颜井平：《1949 年以来我国口述历史的发展与出版》，《出版发行研究》2018 年第 1 期，第 108—111 页；等等。

③ 参见姚力：《我国口述史学发展的困境与前景》，《当代中国史研究》2005 年第 1 期，第 96—100 页；徐国利、王志龙：《当代中国的口述史学理论研究》，《史学理论研究》2005 年第 1 期，第 118—125 页；沈飞德：《当代中国的口述历史：前景和问题》，《探索与争鸣》2008 年第 8 期，第 76—80 页；闫茂旭：《当代中国史研究中的口述史问题：学科与方法》，《唐山学院学报》2009 年第 4 期，第 16—20 页；左玉河：《热点透视与学科建设：近年来的中国口述历史研究》，《中华文化论坛》2011 年第 1 期，第 36—45 页；等等。

首先就以往中国口述史研究活动而言，皆是具体已发生的学术史事件，若后人提供的有价值的新线索较少，重复的内容就多；针对理论问题的综论，若作者本人无法提出具体可行的解决方案，仅仅只是抛出问题供人思考，意义也是有限。

当前，有关中国口述史研究活动的梳理和理论问题的提出已足够多，主要集中在口述史的定义、性质、分类及真实性问题，口述史的研究方法问题，口述史在多学科领域中的应用问题，多学科理论之于口述史理论的建构问题，以及口述史中的记忆、叙事、情感问题等。下文具体一一展开述评。

（二）口述史基本理论研究

口述史基本理论研究包括定义、性质、分类及真实性研究。

其中，学者们针对口述史的定义、性质和分类均提出过多种版本，其目的旨在解答"口述史是什么"的基本理论问题。

1. 定义研究

学术研究往往始于概念界定。在口述史研究兴起之初，也经历过"下定义"的阶段，先后出现的定义有很多，这里列举出现较早且被引用较多的五条定义加以述评。

> 路易斯·斯塔尔（Louis Starr）："口述历史是通过有准备的、以录音机为工具的采访，记录人们口述所得的具有保存价值和迄今尚未得到的原始资料（primary source material）。"①
>
> 保罗·汤普森（Paul Thompson）："口述历史是关于人们生活的询问和调查，包括对他们口头叙述（oral accounts）的记录。"②
>
> 唐纳德·里奇（Donald A. Ritchie）："简言之，口述历史是以录音访谈（interview）的方式搜集口传记忆以及具有历史意义的个人观点。"③
>
> 杨立文："口述历史最基本的含意是相对于文字资料而言的，就

---

① Louis Starr, "Oral History", Allen Kent etc, *Encyclopedia of Library and Information Science*, Vol.20, New York: Marcel Dekker, 1977, p.440.

② 保罗·汤普森首次发表于 1985 年 4 月 17 日北京口述历史研讨会，参见 Yang Liwen, "Oral History in China", *Oral History*, Vol.15, No.1, 1987, p.22.

③ （美）唐纳德·里奇（Donald A. Ritchie）著，王芝芝、姚力译：《大家来做口述历史：实务指南》（第二版），北京：当代中国出版社，2006 年，第 2 页。

是收集当事人或知情人的口头资料。它的基本方法就是调查访问，采用口述手记的方式收集资料，经与文本文件核实，整理成文字稿。"①

　　钟少华："口述历史是受访者与历史工作者合作的产物，利用人类特有的语言，利用科学设备，双方合作谈话的录音即是口述史料，其可信度与文字史料相等，可以归入档案类别。将原录音整理成文字稿，再经研究加工，可以写成各种口述历史专著。"②

　　路易斯·斯塔尔是"现代口述史学之父"阿兰·内文斯（Allan Nevins）的同事兼继承人，他的定义反映出美国早期口述史学者的观点。保罗·汤普森是社会学家，其定义倾向于调查与记录。唐纳德·里奇的定义加入了"具有历史意义的个人观点"，带有一定的后现代主义倾向，反映了美国近期口述史学者的观点。杨立文的定义强调手记方式与文本整理，更适合概括中国传统口述史，如司马迁所做的口头资料采集便符合此定义。钟少华的定义相比于路易斯·斯塔尔更突出口述史的历史性和研究加工，可用于概括那些致力于历史记录与研究的口述史，如唐德刚《张学良口述历史》、台湾"中研院"近史所主持的口述史《郭廷以口述自传》等。

　　五条定义被后来的中国学者反复引用，引用者常以"口述史未见统一定义"为由兼引多条定义③。然即使将五条定义合在一起，对口述史的解释仍不够充分。

　　首先，五条定义皆突出的是口述史的资料性或史料性，把口述史视为历史资料收集的一种手段，唯唐纳德·里奇提到"个人观点"，但也仅限于"具有历史意义的个人观点"。而当下来自不同学科的学者对口述史的理解也愈发多样，如社会学学者会把口述史当作了解口述者日常生活背后的"生活观念或心态"的一种手段④。这里对口述史的理解就不只含

---

① 杨立文：《论口述史学在历史学中的功用和地位》，《北大史学》（第一辑），北京：北京大学出版社，1993年，第120页。

② 钟少华：《进取集：钟少华文存》，北京：中国国际广播出版社，1998年，第414页。

③ 如杨祥银在其早年论著《与历史对话：口述史学的理论与实践》（2004）中，将五条定义并举，而在其近作《美国现代口述史学研究》（2016）中，依然如此；张广智、陈恒在论著《口述史学》（2003）中列举了除保罗·汤普森之外的4位学者的定义；李向平、魏扬波则在《口述史研究方法》（2010）中，列举了3位外国学者的定义。

④ 参见（日）中村贵：《探究普通人日常生活及其背后的心意——兼论现代民俗学研究中口述史方法的目的与意义》，《郑州大学学报》（哲学社会科学版）2017年第1期，第123—127页。

有历史意义的个人观点了，而包含更多。

其二，五条定义中所突出的各个要点，都是在口述史实践活动中所直观呈现的，如"以录音机为工具""受访者与历史工作者合作""以口述笔记的方式"等。随着工具技术的日益革新，口述史实践在过去、现在和未来所呈现的面貌势必有差异，那么基于过去实践的定义便很难适用于新的实践。随着数字化时代的到来，有学者便提出"数字化讲故事"（digital storytelling）有可能逐渐代替"口述史"这一传统术语[1]。即若不能及时对旧的定义加以深化和更新，"口述史"将面临被其他概念取代的危险。

那么如何深化和更新口述史的定义？就像不同学者会给出不同定义一样，见仁见智。口述史学者在开展他们的口述史研究之前，可先行定义各自眼中的口述史，不必强求和遵循某种统一的定义。譬如，本书定义的"口述史"便是口述者迄今一切经历、见解及情感的总和，只不过在展开具体研究时，根据研究需要有所侧重。

2. 性质研究

学界对于"口述史是什么"问题的认识，并未停留在简单的"下定义"阶段。有学者尝试在定义的基础上进一步提炼口述史的若干属性和特征，即口述史的性质研究。如杨雁斌概括的口述史的 5 种属性：叙述性、客观性、社会性、广泛性、口述史料的完整性[2]；杨祥银总结的口述史的 4 个特征：民主性、合作性、动态性、跨学科性[3]；熊卫民提出的口述史的 7 个特点：个人性、平民性、细节性、主观性、互动性、丰富性、颠覆性[4]；等等。

上述每条性质的提出都有与之相对应的论证。相比于由短短一两句话构成的定义，性质研究无疑更加细化。仅仅列举 3 位学者的研究结论便得出多达 16 条互不重复的特征，可见性质研究的概括性不足，但同时也反映出口述史的复杂性，很难用简单的几条定义和特征来概括。于是又有学者尝试对口述史进行分类研究，试图分而治之。

---

[1]　杨祥银：《口述史学的数字化转型》，《人民日报》2015 年 9 月 21 日。

[2]　杨雁斌：《口述史学百年透视》（上），《国外社会科学》1998 年第 2 期，第 5—6 页。

[3]　杨祥银：《与历史对话：口述史学的理论与实践》，北京：中国社会科学出版社，2004 年，第 16—26 页。

[4]　熊卫民：《口述史的特点、功能与局限性》，周新国主编：《中国口述史学的理论与实践》，北京：中国社会科学出版社，2005 年，第 120—124 页。

3. 分类研究

分类研究面临的首要难题便是以何种原则做分类，是以专题分类，以体例分类，还是以口述者的身份或职业分类。

陈墨融合不同的分类原则提出了两级分类。一级分类包括"行业人口述历史""专题型口述历史""家族人口述历史"等；在一级分类之下又有二级分类，如"专题型口述历史"之下又有"重大历史事件口述历史""突发性事件口述历史"之分；"家族人口述历史"又包括"夫妻关系口述历史""家庭教育口述历史"[①]。陈墨这般分类的目的在于，针对各个具体类型的口述史实践提供方法论指导，但行业、专题和不同身份的人群有很多，如此分类难以概全。

不过，即便很难找到某种分类原则把所有口述史都一一归类，也并未妨碍学者们针对各自专业领域内的口述史做个类研究[②]。如今，音乐口述史、科技口述史、教育口述史等各类口述史"遍地开花"，让口述史学者们倍感振奋。

4. 真实性研究

口述史的真实性主要指口述史内容的客观真实性，也包括口述史采编过程的真实性，即采编过程真实可信，无弄虚作假。真实性研究即判断和确保口述史真实性的研究活动。从口述史早期的五条定义中可以看出，陈述和还原历史事实是口述史最为重要的任务之一，这里强调的便是口述史内容的客观真实。至于采编过程的真实，则已被默认为口述史学者必遵的职业规范。

那么，如何判断一部口述史是否真实可信？需要根据影响真实性的因素加以检验。王海晨、杜国庆分别从口述者因素、采访者因素和整理者因素三个方面，详细分析了影响口述史料真实性的多种因素[③]。左玉河将"口述历史视域中的'真实'"分为4个层次："历史之真（客观的历史真实）、记忆之真（历史记忆中的真实）、叙事之真（口述音像的真实）、

---

① 详见陈墨:《口述历史门径（实务手册）》，北京：人民出版社，2013年。

② 口述史个类研究成果如单建鑫:《论音乐口述史的概念、性质与方法》，《音乐研究》2015年第4期，第94—103页；李涛、高红雨:《中国科技口述史研究：以河北传统造纸和造船为例》，北京：科学出版社，2015年；周洪宇、刘来兵:《教育口述史研究引论》，武汉：华中科技大学出版社，2020年；等等。

③ 王海晨、杜国庆:《影响口述史真实性的几个因素》，《史学理论研究》2010年第2期，第61—69页。

口述文本之真（根据口述音像整理的口述文本的真实）。"① 逐层筛检"过滤与阻隔"历史真实的因素。

然而，针对当前的口述史真实性研究也存在一些质疑声。质疑者大致的观点是，真实性研究的意义已经不大，因为总也解决不了口述者错讲这一难题，索性研究口述史中体现出的口述者的主观性，不必纠结口述内容的客观真实性②。

诚然在口述史研究中，口述者的主观性得到越来越多的尊重，提供真实史料不再是口述史唯一的价值体现，但口述史研究并不能完全置真实性于不顾，仍需正视真实性研究的价值与局限。真实性研究面临的最大局限就在于坚持言必有据，总要寻找证据来验证口述史的真实性。但事实上，真实的事件未必需要佐证才为真，有佐证的事件未必就真实。当遇到"一家之言"无从考证时，如何评判其真实性？可通过专业学者的理解和分析来判断，用言之有理代替言之有据，"顺理"即可"成章"，这也是时下口述史学者们不得已所采取的办法。否则若坚持言必有据，恐怕多数口述史的内容将无法成立，毕竟许多口述者只单纯凭借个人经历和记忆来讲述，拿不出更多证据。

综上，真实是口述史的生命，真实性是口述史的基本属性之一，失去真实性，口述史将沦为戏说。因此，真实性研究属于口述史基本理论研究的范畴。虽然真实性研究难以做到纯粹的客观，也难以确保绝对的真实，但学界仍然需要口述史提供真实可信的资料，不少学者做口述史的目标依然是求真，并不会因噎废食。即便随着社会学、心理学、语言学等多学科研究视角的介入，关于口述史中口述者主观性的研究渐成主流，也不应轻视基本的口述史真实性研究。

（三）口述史方法论研究

口述史方法论研究的是"如何做口述史"的问题。这是与口述史实践紧密结合的、长期受关注的问题。口述史方法论之所以受重视，缘于"口述史本身就是一种研究方法"这一观点在学界广受认同。早在20世纪80年代现代口述史学传入中国之初，就有学者认为口述史"就是借助现代化手段，运用人们口头流传的历史资料来研究历史的一种方法"③。

2004年，杨祥银在其书《与历史对话：口述史学的理论与实践》中作

---

① 左玉河：《口述历史视域中的真实性》，《人民日报》2015年9月21日。
② 此观点是由研究者从近几次中国口述史学术研讨会的交流中获悉。
③ 孟庆顺：《口碑史学略述》，《国外社会科学》1987年第1期，第53页。

有一章"口述史学基本方法———一项口述历史的基本程序"①，初步讲解了口述史的操作流程和注意事项。2006年，王芝芝、姚力翻译出版了唐纳德·里奇的《大家来做口述历史：实务指南》②（第二版），这是当时国内能够读到的仅有的中文版口述史方法论专著，颇具影响力。该书集中且具体地讲解了口述史相关的各类工作：开启计划，进行访谈，访谈后续处理，个别研究的访谈使用，录影、图书馆和档案馆的访谈收藏、教学，向公众展示资料等。随后，中国学者的研究也走向深入。2013年，陈墨结合自身从事口述史工作近十年所积累的操作经验，写成更贴近中国实际的《口述历史门径（实务手册）》③，再加上通俗易懂的文风和细致入微的实操讲解，颇适于新晋的中国口述史实践者学习和使用。

2010年，李向平、魏扬波出版专著《口述史研究方法》④，其研究范畴不再限于口述史访谈和整理方法，还包括了口述史访谈资料的分析方法、口述史理论建构的方法，即从实践方法扩展到理论研究方法。它把访谈划分为结构式访谈、非结构式访谈、半结构式访谈、深度访谈、叙事访谈法、事件访谈法、田野访谈法、焦点（团体）访谈法等，较之唐纳德·里奇和陈墨的研究进一步理论化、抽象化且更显全面。

其他学者也通过论文的形式，发表了各自在口述史实践中总结的经验与方法，可作为上述几本专著的补充⑤。

此外，方法的改进离不开工具技术的革新。近年来，口述史采访与编辑的工具技术越发先进，录像正在逐步取代录音成为更为优选的口述史记录载体。至于文字版口述史，仍具有需求度和增长空间，暂时难以被完全取代。因此，将录音转成文字仍具有必要性，而这一工作可借新技术来完成。"科大讯飞公司开发的AI语言技术，转文字准确率最高可

---

① 详见杨祥银：《与历史对话：口述史学的理论与实践》，北京：中国社会科学出版社，2004年。

② 详见（美）唐纳德·里奇（Donald A.Ritchie）著，王芝芝、姚力译：《大家来做口述历史：实务指南》（第二版），北京：当代中国出版社，2006年。该书第三版中文译著也已问世，详见（美）唐纳德·里奇（Donald A.Ritchie）著，邱霞译：《大家来做口述历史》（第三版），北京：当代中国出版社，2019年。

③ 详见陈墨：《口述历史门径（实务手册）》，北京：人民出版社，2013年。

④ 详见李向平、魏扬波：《口述史研究方法》，上海：上海人民出版社，2012年。

⑤ 如沈怀玉：《口述历史实务谈》，当代上海研究所编：《口述历史的理论与实务———来自海峡两岸的探讨》，第128—156页；钱茂伟：《口述史实务流程相关问题思考》，《学习与探索》2014年第12期，第159—165页；周俊超：《商业模式下口述回忆录的编撰》，《编辑之友》2016年第4期，第35—38页；等。

达 97.5%，1 小时音频最快 5 分钟出稿，支持日、韩、粤、河南话等多种语言快速转写，智能区分说话人，快速整理稿件。"①

　　总体而言，中国口述史方法论的研究成果已相当丰富，但在实践中由于采访对象和采访目标有别，需根据不同情况采取具体不同的方法，面对诸多方法如何做出选择是一大难题。于是，口述史方法论研究常与分类研究相结合，即不同类型的口述史对应不同的方法，那么分类研究的常见缺陷，如繁而不全，也同样存在于方法论研究中。因此，具体到某个口述史实践项目，还需实践者根据实际情况形成一套适合本项目的方法。这也鼓励了每位口述史实践者在方法上的自主创新。

（四）口述史的跨学科研究

　　当前口述史不仅被当作一种研究方法应用于多学科研究，口述史的基本理论也为多学科研究提供了新的视角。因此，受益于口述史的相关学科也将口述史纳入本学科研究的范畴。

　　此前，陈墨已经对此有所关注，著有《口述史学研究：多学科视角》②一书，分别从档案学、历史学、社会学、心理学、传播学、语言学、教育学等多学科视角探讨口述史，展示了口述史与多学科的关联性，旨在引导多学科学者共同研究和利用口述史。

　　口述史跨学科研究的论文也有多篇，如曲彦斌从民俗学视角研究口述史，作有《略论口述史学与民俗学方法论的关联——民俗学视野的口述史学》③；王景高的《口述历史与口述档案》④讲述了口述史在档案学中衍变为"口述档案"的过程。此外，口述史还被应用于学科史、民族史、地方志、建筑史、校史等专门史研究⑤。

　　口述史与"跨学科理论"相结合的研究，也属于口述史的跨学科研究的一种。所谓"跨学科理论"是指多学科共同关注的理论，如记忆理论、叙事理论、情感理论等。对于这些理论的研究也具有跨学科性。

　　口述史与记忆、叙事、情感理论研究的结合，又分别被称为口述史

---

① "讯飞开放平台"，https://www.iflyrec.com/zhuanwenzi.html，2022 年 1 月 22 日。

② 详见陈墨：《口述史学研究：多学科视角》，北京：人民出版社，2015 年。

③ 曲彦斌：《略论口述史学与民俗学方法论的关联——民俗学视野的口述史学》，《社会科学战线》2003 年第 4 期，第 126—132 页。

④ 王景高：《口述历史与口述档案》，《档案学研究》2008 年第 2 期，第 3—8 页。

⑤ 更多研究论文参见杨祥银、陈鸿超主编：《多学科视域下的当代中国口述史学》，北京：社会科学文献出版社，2022 年。

的"记忆转向""叙事转向""情感转向"。这些"转向"大致朝向两个方向：一是通过口述史研究人的记忆、叙事、情感特点与规律；二是通过记忆、叙事、情感理论与视角来研究口述史。二者在研究上相互促进，且皆是当前口述史研究的热门方向。

口述史跨学科研究也为学界带来了一种新的现象——"万物皆可口述"。口述史不再只属于历史学，但这不代表口述史的历史性被淡化。无论是教育口述史中分享的教育理念，舞蹈口述史中展示的舞蹈动作，它们被记录和保存下来便可传于后世。无论哪种口述史，它们都指向一个共同目标——传承，这恰是历史性的体现。与其说口述史因多学科视角的加入被切割为看似碎片化的各学科口述史，倒不如说是口述史在某种程度上促进了学科融合。如今，口述史学研讨会总能吸引来自不同学科的学者参与，大家因"口述"相聚一堂，为口述史研究带来了无限生机和活力。

（五）口述史文本案例研究

口述史文本分为传统口述史①和现代口述史两大类。有人说，口述史自古便有，如司马迁、希罗多德等早期学者所做的口碑史料采集。但这已被口述史学界归入传统口述史之列。②口述史学是二战后新兴的学术研究方向，又称"现代口述史学"③。现代口述史学之下产生的口述史文本即现代口述史，这也是目前国内外口述史学界研究的重点所在。

那么，口述史学者们研究口述史文本的目的又是什么？站在口述史研究的视角，其目的是以文本为案例，研究口述史的理论与方法问题，

---

① 传统口述史，又称"口述传统"（the oral tradition），路易斯·斯塔尔解释为："通过代代口头相传的故事，一个部落或一个家庭了解到它的过去"。（Louis Starr, "Oral History", *Encyclopedia of Library and Information Science*, Vol.20, New York: Marcel Dekker, 1977, p.440.）

② 关于传统口述史与现代口述史的区别，周新国曾作过区分，为学界所认可。归纳起来，传统口述史是"口述代代相传辅以笔记"，形成"代代相传的传说或在部分著作中作为史料"，无组织机构和工作规范等；现代口述史，方法或手段更加多样，除口述笔录之外还多出录音、录像等，成果形式丰富，包括资料汇编、纪录片等，尤其拥有相应的理论研究论著，有专门组织机构负责开展和收藏口述史，有工作规范和法律规范等。参见周新国：《构建中国特色、中国风格和中国气派的中国口述史学——关于口述史料与口述史学的若干问题》，《当代中国史研究》2004年第4期，第103页。

③ 学界公认1948年美国学者阿兰·内文斯创立"口述历史研究室"，是现代口述史学诞生的标志。

而非直接研究文本的内涵，故概之为"文本案例研究"，与文本内涵研究加以区分。如以《张学良口述历史》为研究对象，口述史研究视角关注的是这部口述史是如何做成的，包括采编者采访、编辑的风格及关于张学良记忆、情感、表达的特点等，而不研究其提供的史料的具体内容，此乃近现代史研究范畴。

以往口述史文本案例研究的对象主要是公开发表或出版的口述史著作、文章、影像纪录片等。原因在于，针对普遍性理论问题的案例研究并不依赖于某个特定的文本，公开发表和出版的口述史已足够多，尚有待更多关注，先研究出版物是合理的，这是其一。其二，原始录音通常不公开发表，恐牵扯到隐私权等问题不便引为案例。当然，出版物与口述史原貌存在差距，有学者提出要听原始录音，或方便与出版物作比较，这也是一种研究取向。但通常我们把未经加工的访谈资料稿称为"口述资料"或"口述史料"，对"口述资料"或"口述史料"的研究可辅助但不能代替对最终成型的口述史文本的研究。

三、当前劳模口述史研究的优点与不足

近年来，随着口述史的广泛应用及劳模与劳模精神被持续推崇，劳模口述史悄然兴起。劳模口述史是通过口头访谈的方式，记述和研究劳模事迹、经验与精神的一种重要方法和文本。劳模在成名前和广大公众一样默默无闻，缺少个人历史记录；口述史为劳模史书写开辟了路径，增强了劳模经验与精神的传播。目前，国内公开发表的劳模口述史已有多部，如《火红岁月：甬城全国劳模口述史》《中国劳模口述史》《时代领跑者：上海劳模口述史》《生命叙事与时代印记——新中国 15 位劳动模范口述》等。它们基本采用的是"口述自传"的体裁，即以劳模自述生平事迹为主。劳模口述史研究则更强调在劳模口述史中发现和提出问题，进而解答问题。梳理当前劳模口述史研究的优点与不足，有助于本书取长补短。

（一）主要优点

做好事实研究，注重发掘劳模经验与精神，彰显人为本位同时关心国家与社会，是当前劳模口述史研究的主要优点。

首先，当前劳模口述史研究对历史事实的研究较有价值。劳模口述史研究者设置的访谈问题多侧重事实揭秘，即便这些问题作为疑问句在

最终呈现的文本中可能被隐去，只呈现劳模个人的自述。如"在工作中如何成长为劳动模范，怎样受到表彰，思想动因如何，表彰前后工作和生活发生了什么变化""在国家历史的重要转折点上，社会、企业的状态怎样，家庭、个人的命运如何"[①] 等。这些问题本身就带有研讨性，在口述史中发挥的第一作用是采集口述资料，提出这些问题是事实研究的开端。事实研究不仅限于采集资料，还包括对资料的考证、补充、诠释等研究活动，使对一段历史事实的叙述更加完整而翔实。因此，事实研究不只依据口述资料，文字、实物等其他形式的资料同样也要搜集和研究。而实际的口述史访谈也不仅仅只搜集口述资料，而是尽可能连同文字、实物等其他形式资料一并搜集。后者对前者起到了重要的佐证和补充作用。

以往有学者反对在口述史文本中夹杂文字资料，认为这不是纯粹的"口述"。此处暂不讨论文字资料进入口述史文本是否应当。可以肯定的是，即便文字资料不直接进入口述史文本，研究者在做口述史之前也需要依据现有文字资料做准备，甚至口述者也常有借文字资料帮助回忆的情况，文字资料中的某些信息仍会以口述的形式进入到访谈中，从而间接进入口述史文本。

其次，口述史实现了研究者与劳模的直接对话。在直接对话中，历史事实显然不是对话内容的全部，还包括劳模的经验和精神。劳模的经验和精神适合由劳模本人亲口传授，这也是劳模口述史相比于文字史的优势所在。

劳模区别于一般劳动者的特点之一，就在于他们拥有更多优秀经验和精神。我们评选并学习劳模，主要就是为了学习和弘扬他们的优秀经验和精神。其中经验也可用语言总结和传递出来，直接为受众提供参考和帮助；精神不仅能用语言来概括，还可通过对话交流来感受它。同时，劳模口述史研究的任务之一，便是协助劳模将其优秀经验和精神更加直观且凝练地总结概括出来。

再次，当前劳模口述史普遍采用口述自传体裁，彰显了人为本位，有助于劳模形象的生动展示，将每位劳模的名字置于标题，也凸显出尊重和肯定。

以往劳模口述史在做采访时多采取单人专访形式，并常以"某某（劳

---

① 姚力：《生命叙事与时代印记——新中国 15 位劳动模范口述》，北京：人民出版社，2017 年，第 3 页。

模）口述史"为题，以口述自传的体裁单篇或多个单篇结集呈现，记人高于记事，叙事围绕人物展开，彰显了人为本位的思想和立场。口述自传体裁能相对较完整地呈现劳模的生命历程，而不仅仅只讲劳模所做的工作和贡献。这对于展示劳模鲜活的人物形象，使受众更充分地了解劳模，尤其是了解劳模的个人成长史，大有裨益。当前劳模口述史研究便据此推进了劳模形象研究、劳模个人史研究等。

与此同时，劳模口述史研究者明白，个人同国家和社会有着很深的依存关系，尤其是劳模，他们之所以能够从普通劳动者中脱颖而出，被推举为劳动模范，本身就体现出强烈的国家意志和社会需要。因此，劳模口述史虽然表面呈现的是劳模个人史，但其中不可避免地要谈到国家和社会。于是，有学者将研究旨趣从劳模人物延伸到劳模见证的新中国史。如姚力的《生命叙事与时代印记》便是将生命与时代相联系，书中专有题为"在个体生命叙事中感知国家大历史"一节，其中这样写道："留着他们个人的记忆，实际留住的是一辈人艰苦创业、勤劳奉献的集体记忆；留住他们个人的生命史，实际留住的是新中国的社会变迁史和国家建设史。"[①]

（二）主要不足

当前劳模口述史研究的主要不足在于研究动机或目标相对单调且趋同。其中搜集第一手资料、再现历史生动细节、弘扬劳模精神、促进党史学习教育等，俨然成为劳模口述史研究仅有的动机或目标。动机或目标的趋同带来的是内容和形式的同质化，未免使人感到千篇一律，缺乏求异思维。

究其原因，以往研究者对"劳模口述史"的理解过于刻板是主因，认为劳模其人就只有"劳模"这一种身份，其精神就只是劳模精神；口述史就是讲历史故事，劳模口述史就是讲述劳模的生平故事及其见闻，并借此展现劳模精神。如此一来，原本出自各行各业各地、各具风采的优秀劳动者，被"劳模"这个同一身份掩盖了个性，转而强调某种共性。

其实，"劳动模范"本身只是一种荣誉称号，我们更应重视劳模本来的社会身份。譬如，劳模分属一、二、三产业，第一产业里有从事种植养殖的农民、从事捕捞作业的渔民、农渔业管理服务人员等；第二产业分纺织业、化工业、电力业、建筑业、机械制造业等，其中有技术工人、

---

① 姚力：《生命叙事与时代印记——新中国 15 位劳动模范口述》，北京：人民出版社，2017 年，第 8 页。

工程师等；第三产业分运输业、通信业、金融业、餐旅业等，其中有司机、记者、律师、环卫工、营业员、调解员、火化师等。这些身份仅是劳模所从事的主要工作的职业身份，此外劳模还常有其他身份，如兼任各级党代表、人大代表、政协委员，兼做社区义工、志愿者、固定无偿献血者等。不同劳模的生活经历、职业技艺各有差异，若只因"劳模"这一共同称谓而将他们的口述史笼统结集，既不能凸显每位劳模的特色，又不能体现劳模群体研究的价值。

总之，只注重对历史事实、劳模个体经验与精神的研究并不能充分发挥劳模口述史的价值，尤其目前的劳模口述史书写还基本停留在以个人为单元、按时间顺序平铺直叙的初级阶段。这虽有其优点，但也形式单调、各劳模口述史趋同又缺少关联，对普通受众缺乏足够的吸引力。因此，本书将发扬当前劳模口述史研究之优点，针对其不足之处加强劳模群体研究，总结劳模的集体经验与精神，并通过劳模视角探讨新时代各行业发展的若干重要问题，更好推进新时代劳模口述史研究。

第二章　研究思路与方法

当前国内出版的口述史著作多只呈现口述史文本，尤其是劳模口述史，以编著居多，偏重资料采集与文本编写而缺少相应的研究。这导致其资料价值不能被充分发掘和利用，实在可惜。其实，最适合做口述史文本研究的恰是口述史课题的直接参与者。因为他们不仅能接触到口述者，对口述史过程和内容有更多了解，更能带着研究问题做口述史，在口述史采写过程中直接开展研究。本书对新时代浙籍全国劳模口述史课题的研究，是从口述史访谈启动之前便开始筹划的。本章将课题研究思路与方法加以呈现，使研究过程清晰可见，一是帮助读者更好理解本书内容，二是为如何做好劳模口述史研究提供一些经验。

一、研究思路

当今发表的劳模口述史已有不少，如何充分发掘和发挥劳模口述史的价值，是值得思考的问题。可以肯定的是，只对劳模个人经历加以陈述，并不能很好地吸引受众。毕竟劳模个人的工作和业绩如何，与一般受众并无多少关系。假如受众只是出于好奇的心态去了解，了解过后就不会产生太多反响，那么劳模口述史的价值也就得不到较好发挥。劳模口述史研究者有必要帮助受众从劳模口述史中汲取更多"营养"，如劳模的成功经验、优秀精神等，它们可使受众更有获得感，增强接受劳模口述史的兴趣和动机。且这些"营养"都应在口述史著作中被直接提供，而非埋藏在大篇叙事中，让受众自己寻觅。这就要求研究者扩大劳模口述史研究的视野，更多关照受众的需要，如此方能更好地将劳模经验与精神传递给受众，充分发挥劳模口述史的价值。

劳模口述史内容丰富，值得研究的点很多，欲充分发掘每位劳模身上的特色和亮点，就不能只按照时间顺序平铺直叙。因此，本书从个人史、精神史、行业史、口述史学四重视角研究新时代浙籍全国劳模口述史，这四重视角不仅直观地呈现在本书各章的研究内容中，更直接影响到劳模采访对象的选取及访谈问题的设置，并呈现于口述史文本中。

（一）人生史视角：探求成功之道 聚焦个人成长

记述个人成长之历史，既是"独特人生经验的保存"，又能以微观反映宏观，以个人史反映国史、地方史①。其中需要深入探讨的问题是，劳模个人成长过程中有哪些事迹和经验值得重点挖掘。劳模皆是事业有成之人，怎样做到事业有成，是新时代奋斗者们共同面临的人生之问，具有普遍意义。就该问题的访谈不只专注于成长历史的叙事，而更强调成功经验的总结。

首先，劳模成长过程本身就有较强的示范效应，可鼓舞有相似背景和经历的受众学习效仿。譬如从事汽车维修的劳模吕义聪，初当学徒时技术不熟练，也经常被车主骂，但他暗下决心一定要学好技术。每次师傅修完后，他总会刨根究底地问师傅是什么故障原因，求师傅让自己先试试，多上手、多学习。这是用身体力行教诲那些同样是一门行业初学者的受众，遇到打击该如何虚心求教而不应气馁。

至于成功经验的总结，则又将劳模的示范效应提升到一个新的高度。这种总结可以由劳模本人来完成，通过口述的方式传授。如周明娟总结的："简单的事情认真做""认真的事情创新做""创新的事情传承做"②。这一成功经验的抽象提炼突破了职业的界限，能对更广泛人群产生示范效应。当然，劳模的成功经验也可由研究者来总结，譬如将多位劳模的成长过程和成功经验加以总结并集中呈现，产生的效应更强。

当然，促成成功的因素还有很多，除了个人因素（内因）以外，环境因素等外因的影响也不容忽视，如家庭、工作单位、政府政策等因素。但这些外因是通过内因起作用的，因此仍需突出人本身的重要性，鼓励人积极利用有利因素、克服不利因素，强大自身，争取成功。

（二）精神史视角：追溯精神之源 重视精神传承

劳模是富有精神气质的。劳模的成功之道中不乏优秀精神的作用，优秀精神同样可以超越出身和职业的狭限，引领和鼓舞更广大公众效仿学习。追溯劳模的精神之源，是对"其优秀精神是怎样养成的"进一步追问，也是对其成功之道认识的深化。

以往关于劳模之精神的研究侧重于劳模具有哪些精神，但当这些精

---

① 钱茂伟：《公众史学视野下的个人史书写》，《南开学报》（哲学社会科学版）2014年第4期，第62—70页。

② 参见本书第五章之"周明娟：解百销售 服务创新"。

神被高度概括为劳模精神、劳动精神、工匠精神并明确了具体内涵之后，再局限于研究劳模之精神是什么，新意和意义就减弱了。此时，对劳模之精神进行溯源更有新意和意义。

劳模精神、劳动精神、工匠精神是对劳模群体精神的一般性概括。其实每位劳模各有其独特的成长环境与人生经历，他们各自所养成的具体精神也不尽相同。如劳模精神下面又具体囊括了王进喜的铁人精神、申纪兰的纪兰精神等。而精神具有传承性，对劳模优秀精神之源的追溯，又将超越其个人范畴而指向其成长的社会环境。如铁人精神之外有大庆精神，纪兰精神之外有西沟精神。王进喜、申纪兰是劳模中的前辈，故能以个人命名精神，照耀后人；新时代劳模体内则蕴含着从前辈那里传承而来的精神。如甬广车队列车长陈美芳，以张桂梅为榜样，她说："桂梅老师我看了她多少次的采访，每次都会热泪盈眶……我觉得桂梅老师更多的就是我们劳模的骄傲，也是我们14亿中国人民心中的楷模。"①

就新时代浙籍全国劳模口述史而言，红船精神、浙西南革命精神、"四千"精神、浙江精神等浙江地域流传的优秀精神之种，如何在新时代浙籍劳模身上萌生，也是值得探讨的问题。

（三）行业史视角：弘扬先进技艺　关注行业发展

以往劳模口述史侧重讲述劳模个人的工作状况，对劳模所在行业的历史与现状介绍不充分，外行受众接受起来较为吃力。劳模创造的价值究竟有多大，也需置于其行业之中方能准确衡量和理解。因此，行业史视角的研究不可或缺。

新时代的中国尤其强调自主创新，关注并讲述劳模所在行业的发展状况，劳模掌握的关键技术、所做的核心贡献，旨在弘扬中国劳模的先进技艺，对于鼓励推动自主创新、提高社会生产力大有裨益。以新时代浙籍全国劳模口述史为例，研究涉及全省各行各业，虽然单个劳模的技术应用范围可能较窄，反映的行业也比较单一；但把多个劳模作为一个合集，将先进技艺和行业发展状况集中呈现，就显得宽广而丰富。

当前学界对于劳模的研究偏重于精神层面，精神能够超越具体行业，影响的范围更广；但先进技艺也不只为内行所用，对非本行受众同样有宣传普及的意义和必要，可使受众更好地了解当今浙江乃至中国各行业发展的前沿动态，尤其使中国受众从中收获更多的自信。当然"先进技

---

① 参见第五章之"陈美芳：甬广车长　待客如亲"。

艺"是一个相对概念，每个时代有每个时代的先进技艺，新时代劳模的先进技艺于当前有更高的实用价值，应当及时弘扬。

（四）口述史学视角：讲好劳模故事 探究口述问题

劳模除了干得好，如何讲得好也值得关注。如何讲好劳模故事，是劳模事迹和精神能否突破其熟人圈的狭限，朝向更广阔人群传播并发挥模范效应的关键。尤其在中共中央国务院提出"要全面加强新时代大中小学劳动教育"[1]之后，明确将劳模精神纳入劳动教育范畴，劳模更有义务做好其事迹与精神的宣讲。基于口述史学视角的研究便聚焦劳模事迹由"做"到"讲"的转变。

专注于"做"的劳模是如何展开他们的"讲"的？口述史产生的一般过程"事实—回忆—口述"仍然适用。首先，我们应当肯定劳模是高信誉群体，这不仅是指他们更具诚实守信的品格，也是因为他们所讲的历史距离当今的时间较近，相关见证者多，可验证性强。所以他们的口述史可信度高，不会存在主观捏造事实的现象。然而，劳模的记忆也会衰退、出错或带有选择性。即便是新时代的劳模平均年龄仅有 50 多岁[2]，生理上的记忆衰退或许不多，但他们在接受采访时仍处在繁忙的工作之中，并不能保证较快回忆起如此多的往事。

因此，在事实、回忆与口述之间不免存在矛盾。这也是口述史固有的特点。研究者一方面需借助现有资料和现场提示，帮助劳模唤起回忆，展开口述并努力还原客观事实；另一方面也要能够从中揭示出矛盾产生的主观因素，如劳模口述时的心理状态等。如若讲的效果仍不理想，可在口述史文本中依据文献和研究者按语加以补充，但这种补充不宜破坏口述内容的原貌，应形式与内容兼顾。

此外，劳模是有血有肉的鲜活人物，他们展现给世人的形象不应只是默默工作的背影，其精神与情感世界同样应得到关怀。口述史不能只记载口述者口中讲述的具体内容，他们的情感表达也应予以关注和呈现。如此方能使劳模的形象丰满、故事生动。

---

[1] 参见《中共中央国务院关于全面加强新时代大中小学劳动教育的意见》，北京：人民出版社，2020 年。

[2] 2015、2020 年两届 164 位浙籍全国劳模的平均生年为 1968 年。

二、资料采集

资料采集是口述史研究不可或缺的一环，也是口述史实践的核心内容。本课题的研究对象是新时代浙籍全国劳模，资料采集也是围绕劳模先进事迹、经验和精神展开，主要包括已有的各种形式资料的采集和第一手（课题组亲采）的口述资料采集[①]。已有资料的采集主要针对公开发表的资料和劳模方面提供的未公开发表的资料，此处不展开讲述。此处重点讲述的是课题组对劳模口述资料的亲采（劳模口述史实践）的过程与方法，主要包括确定范围、选取典型、展开采访三个环节。

（一）确定范围

资料采集之初首先需要确定采集的具体范围，做到方向明确、研究聚焦。在本课题中，新时代浙籍全国劳模是怎样一个范围的群体，资料的类型和来源包括有哪些，是首先要解答的问题。

其中，"浙籍"是明确的，即现浙江户籍、由浙江省推选出来的，既包括土生土长的"老浙江人"，也包括来自省外、留浙工作的"新浙江人"。

"新时代"则专指"中国特色社会主义新时代"，于2017年中国共产党第十九次全国代表大会上提出，历史起点在2012年党的十八大。那么"新时代的全国劳模"可以有狭义和广义两种理解：狭义上指产生于新时代的全国劳模，具体指2015、2020两届的全国劳模，这是一个非常明确的范围，可统计出具体人数；广义上指活跃于新时代的、在新时代发挥能量的全国劳模，可以包括2010年以前的全国劳模，范围相对宽泛了许多。

"全国劳模"也有狭义和广义两种解读：狭义上专指"全国劳动模范"荣誉称号，授予人员是企业职工、农民和其他社会主义建设者，不含"全国先进工作者"——授予人员是机关和事业单位职工；广义上的"全国劳模"则包括了"全国先进工作者"等。

基于突出新时代的时代特色，彰显新时代先进生产力，于新时代更好发挥劳模引领力的宗旨，本课题选取的具体研究对象以2015、2020最新两届的浙籍"全国劳动模范"荣誉称号获得者为主，同时也兼顾2010年以前的、"全国先进工作者"荣誉称号获得者。

[①] 值得进一步说明的是，本课题对劳模口述资料的采集不仅限于课题组亲采，也包括对前人采集的口述资料（如新闻报道、报告文学等）的搜集，二者皆是本课题研究的核心内容。

（二）选取"典型"

2015、2020 两届浙籍"全国劳动模范"（不含先进工作者）共计 164 人，本课题作为高校教师个人主持的一般课题（青年项目），在有限的时间、经费、人员等条件下，很难对全省范围 164 位劳模逐一展开采访。此时就需要进一步选取"典型"做重点采访。

在劳模中选取"典型"并不是一件易事。劳模，尤其是全国劳模，已经是亿万劳动者的优秀代表，可以说每一位都是"典型"。如何从"典型"中再选取"典型"，着实需要一番斟酌。

首先，对现有资料的搜集和熟谙是前提。以往劳模所做的新闻访谈、演讲报告等，尤其附有图像、影像的，是劳模口述史研究不可忽视的参考资料。先掌握了这些现有资料，便能初步了解各位劳模的信息，以便从中筛选最合适的采访对象，并能有的放矢地开展口述史采访。

其次，确立选取"典型"的依据。就上文新时代浙籍全国劳模确定的范围而言，仅确定了劳模产生的时间和省域，不限定劳模的行业和所在市县区。原则涉及的省内主要行业和各个市县区都要有所照顾，同时还要兼顾性别比例。起初，课题负责人计划采访劳模的人数达 30—50 人之多，就是为了更好地兼顾上述。但后来发现，一味追求空间和行业上的覆盖面恐不能突出想要研究的重点。

譬如《时代领跑者——上海劳模口述史》（一、二册）共收集了 86 位劳模的口述史，就单本而言，收录劳模最少的第二册也有 42 篇口述史，每篇只占 1/42 的分量[①]，每位劳模的事迹、经验和精神都得不到较好突出。"多"是否一定就好，成为一个疑问。从受众的接受性来看，如此大体量且不突出重点的口述史合集，显然不是那么容易让人接受。更重要的是，本课题的重心在于就劳模口述史做研究，目标是形成一部专著，劳模口述史只是作为研究案例，因此并不强调数量。况且，当今社会对于劳模的重视程度较高，尤其不乏对新时代全国劳模的书写和宣传，这也使得本课题不必一味追求口述史采访的数量，而应紧贴现实需要和研究需要策划口述史采访。这与以往劳模口述史编著尽可能多地收录口述史文本有明显不同。

因此，既突出研究重点又兼顾覆盖面，"点面结合"是较为合理的选取"典型"的依据。本课题的做法是先将 164 位劳模分为农业、工业、服

---

① 参见刘文主编：《时代领跑者——上海劳模口述史》，上海：上海人民出版社，2018 年；刘文主编：《时代领跑者——上海劳模口述史（二）》，上海：上海人民出版社，2020 年。

务业三大类①，每大类各选取4—6位劳模代表具体不同的行业和职业，共计14位劳模。此外，考虑到对"新时代浙籍全国劳动模范"的理解不能只狭限于2015、2020两届164位浙籍"全国劳动模范"，课题组又选取2010年"全国先进工作者"胡道林为采访对象，合计15位劳模②。课题组对这15位劳模做重点采访并收录其口述史于本书，另对陈霞娜等劳模做简要采访，以针对已有资料做核实和补充，应用于研究。

按农业、工业、服务业对劳模分类，有助于集中呈现同一大的行业门类下各劳模群体的优秀事迹、成功之道、精神品格及对行业发展的贡献，并且能较好地引导各行业受众根据自身专业和需要做有针对性的接受。

那么，大的行业门类之下细分的行业众多，如何做到"点面结合"？首先，以单篇口述史呈现的是为重点行业。本书收录的口述史涉及的行业具体包括：农业中的种植业、渔业、农业服务及农村治理等；工业中的新能源、材料、机械、电子、汽车等；服务业中的交通运输、零售、社区服务、环卫等。在每章首末节研究内容中则引用更多劳模案例，以兼顾行业、市县区及性别等的覆盖面。以单篇口述史呈现的劳模是口述史采访的"典型"，研究内容里被小篇幅引为案例的劳模同样也是"典型"（直接用于研究），他们皆因现实需要和研究需要而定，只不过有详有略。如此便能实现重点与覆盖面的兼顾。

当然采访对象的最终确定还要尊重劳模接受采访的意愿，受访意愿强、积极配合者优先，而不愿接受采访的只能另作选择。因此，约访劳模也是非常重要的一环，约访不成功则口述史实践无法推进。

（三）展开采访

劳模由其所在各级工会负责管理，采访劳模原则上应先向其所在县区级以上总工会（负责管理劳模的部门）申请或报备。本课题组约访劳模也基本遵循了这一原则，但因本课题属高校普通教师个人主持的课题，难免遭受一些冷遇。加之本课题组成员此前从未与2015、2020两届浙籍全国劳模及其所属总工会的工作人员有过任何交往，面对陌生人来访，警惕性高、接受意愿不强也情有可原。因此，信任成为采访成功的关键。在此感谢每一位配合本课题组采访的劳模和工会工作人员，是信任让本

---

① 具体划分依据分别见第三、四、五章引言部分。

② 一本书收录15篇左右劳模口述史是常见的，如《生命叙事与时代印记——新中国15位劳动模范口述》《中国劳模口述史》第1—3辑各收录了15—17篇劳模口述史。

课题得以顺利完成，是信任让彼此都能发挥更大的社会价值，传递出更多正能量。

本课题对劳模的重点采访从 2021 年 3 月开始，其中 10 位劳模采取了线下面对面采访的方式，5 位劳模采取了线上视频或语音通话的方式完成了采访，简要采访也以线上方式为主。相比于传统面对面采访，线上"云采访"未尝不是一种新的尝试。线上采访的优点在于安全快捷、节约交通成本、时间容易协调，缺点是未能与劳模实地面对面交流，不能亲临劳模的工作现场，较为遗憾。采访效果上，视频采访与实地采访在信息获取方面的效果相当，语音采访的时长和各方面效果明显不及视频和实地。后者采访一般只在劳模特别忙碌且不方便视频时使用。

整个采访环节分为四个步骤，全程录音（部分伴有录像）：

1. 依据现有资料熟悉劳模情况，初设采访问题 10 道左右。
2. 先将初设问题发于劳模准备，以提高采访效率。
3. 采访时以初设问题为主线（防止离题），并根据采访内容补充新问题。
4. 初设问题结束且无新问题时，采访结束。

其中第一步的初设问题一般包括以下要点：

1. 人生史：早年家庭背景与个人成长经历，如何从一名普通劳动者成长为一行专家，成功经验是什么等。
2. 行业史：单位和个人事业的发展历程，单位和个人未来发展规划，对本行业发展的建议，对本行业年轻人的寄语等。
3. 精神史：您的某某精神是从何而来的，您对某某精神有怎样的理解，您对获得全国劳模荣誉的感想等。
4. 其他根据研究需要重点设置的问题：如面对农业劳模重点围绕乡村振兴、共同富裕、智慧农业、人才建设等话题设置采访问题。

实际采访中遇到的各种状况：

1. 涉及非常专业的内容略讲：这种情况在工业劳模中很常见，劳模会因采访者和外行受众可能听不懂太专业的内容而选择略讲，但考虑到有同行受众需要了解专业内容，此时可要求劳模展开来讲或通过相关文字资料填补。

2.面对提问讲不出来或讲不好：这种情况在埋头于一线工作的劳模身上比较常见，他们可能没有关注过比较宏观和发散的问题，譬如本行业的发展前景，对某某精神的理解等；也有口头表达能力相对较弱的，不能较完整地叙述个人史和行业史。前者其实往往已经用行动做出了诠释，只是未及时地转化为语言，这就需要采访者从劳模实际工作中分析和总结；后者则可采取"闲聊式"采访，化整为零地讲述大篇幅内容。

3.其他更多原因导致实际采访不及预期：包括劳模太忙回答简略不及预期的那么饱满，劳模事迹不及预期的那么惊艳，劳模近况不及预期的那么乐观等。这些都是很真实的现实写照，需要采访者和受众去包容和理解，改变刻板印象。劳模其实就是产生于我们普通人，是普通人可以追随的榜样，并非高不可攀，也会遇到困难；业绩上他们有闪光点，但更多是靠多年一点一滴积攒起来的成绩。正如陈美芳对雷锋精神的理解："就是从点点滴滴开始做，也不是说你一定要做那些让职工也够不到的事情，就是点点滴滴的小事情你好好地把它去干好。"[1]

最后，具体到每位劳模的采访时间、地点或方式，见各篇口述史标题后；每位劳模具体的采访细节，见各篇口述史末尾的"采访手记"；口述史采写使用到的文献资料，作为口述资料之补充，见口述史正文（以楷体字呈现）及脚注。

三、形成专著

将"研究思路"落实的过程便是专著形成的过程。其中包含两大难点：其一，"研究思路"涉及四种研究视角和上百位劳模的案例，研究范围大、内容多，尤其涉及多个行业和专业领域，从何入手展开研究是难点；其二，专著的体例如何设计，让口述史文本与研究性内容紧密结合、融为一体而非简单拼接在一起，同时又能保证口述史文本的原汁原味，减少对劳模原话的改写，也是难点。

（一）从问题切入研究

针对研究范围大、内容多、专业性强的难点，需选好若干问题切入

---

[1]　参见第五章之"陈美芳：甬广车长 待客如亲"。

研究。

首先，将上百位劳模分农业、工业、服务业三组（三章）来研究，每组几十位。如此不仅有利于行业史视角的研究，集中探讨行业内的问题，且同类行业下劳模的成功经验与精神品格也有共通之处，集中呈现效果好，可解决研究范围大、不知从何入手的难题。

其次，针对专业问题，可借口述史向专业的劳模寻求解答。解答不仅限于口头的，也包括提供更精准的书面材料加以补充。如此便可解决研究者知识储备有限，不能覆盖所有行业和专业的难题。

其三，把握劳模核心价值，发挥研究者所长。据"研究思路"中的四重视角来看，劳模的价值很丰富，既能向其他劳动者提供现实可行的成功经验，又能带来精神上的鼓舞，还能为行业的发展建言献策，为口述史理论与方法研究提供案例。那么究竟哪种价值是劳模最核心的价值？这就要从劳模的起源说起。

劳模的全称是"劳动模范"，顾名思义，就是在劳动上起到模范带头作用，带动更多人更好地劳动。从各劳模的口述史中也能看到，劳模除了个人干得好，同时也在带动和帮助其他同事一起干好。毕竟个人的力量终归是有限的。因此，劳模之所以称"劳动模范"，其核心价值就体现在对于其他劳动者的"传帮带"作用。这也是劳模时代价值的集中体现，做劳模口述史尤其重在发挥这一价值。

另一方面，就本课题而言，研究者也将发挥思政课教师的职业特长，聚焦劳动人才培养问题展开研究。人才问题是大问题。在中国共产党第二十次全国代表大会的报告中，"实施科教兴国战略，强化现代化建设人才支撑"被置于突出重要位置（报告第五部分）[1]。其中明确指出："教育、科技、人才是全面建设社会主义现代化国家的基础性、战略性支撑。"而新时代劳动模范，尤其是本课题研究的浙籍新时代全国劳模，恰是集教育、科技、人才于一身的先进群体，从他们身上生动体现出"科技是第一生产力、人才是第一资源、创新是第一动力"。联系科技创新的时代背景，从劳模视角探讨劳动人才培养问题，很有意义。

不同于以往研究单方面强调人才建设的外部环境，本课题的研究更强调劳动者的自我成长、自主学习和创新。这一研究不仅融进了各篇口

---

[1] 习近平：《高举中国特色社会主义伟大旗帜 为全面建设社会主义现代化国家而团结奋斗——在中国共产党第二十次全国代表大会上的报告》（2022 年 10 月 16 日），北京：人民出版社，2022 年，第 33—36 页。

述史，且集中呈现在第三、四、五章末节。在第三、四、五章末节从劳模视角看农业、工业、服务业发展中，研究者分别从智慧农业背景下的人才建设、新时代工业人才培养、智能化转型中服务业人才出路等核心问题切入，串联起多个相关问题与劳模案例，做有焦点的研究，不求面面俱到。因有劳模做榜样，可激励劳动者不囿于外部环境而注重自我突破。从劳模视角看各行业发展，归根结底就是各行业劳动者其人的发展。

(二)"撰写"口述史文本

以往口述史著作对口述史文本的呈现形式较为单调，主要包括自述体和对话体两种。研究性内容的加入将呈现出怎样的面貌，是专著写作过程中面临的又一难题。本书既想对传统的口述史文本形式加以创新，又要考虑到这种创新应尊重一般受众对于口述史的既有认知，不能步子迈得太大，让人难以接受。因此本书仍沿用一些好的经典做法，把创新的重心放在研究性内容，不过分追求形式上的标新立异。

譬如本书在口述史文本的编写上尽量做到形式与内容兼顾，在形式上尽量保留劳模口述史的原汁原味（即劳模原话），使口述内容与文献补充泾渭分明；但为了内容的聚焦及表述的清通简要，仍要有选择地加以摘录和润色。因此本书除"附录"中的口述史文本采用对话体形式、被注为"整理"，其余正文部分的口述史文本采取以问题引导的自述体形式（在经典自述体基础上加以改良，吸收了对话体凸显问题意识的优点），被注为"撰写"。"整理"对口述史原始录音稿的呈现程度较高，而"撰写"则指这些文本同影音版口述史及原始录音稿存在明显差距。本书将两种形式同时呈现，也是有意直观地体现两者的区别。

唐德刚先生做《张学良口述历史》，也注明是"唐德刚撰写"。其中，著作者赋予了文本更多个人意图，将文本打磨成其想要呈现的模样，即更加凝练和翔实。要知道影音版口述史（口述者最初讲出来的内容）是口语化的，充斥着大量语气词、重复句、临时插入的题外话，等等。转化成书面的文本就必须在一定程度上遵循书面语规范，只需适当保留一些口语化表达。如此既方便阅读，又不至于破坏其中的原汁原味。

影音版口述史和文本版口述史是同一口述史不同的两个版本，而存在于两者之间的原始录音稿，只是用来整理或撰写文本版口述史的基础材料。原因在于，影音版口述史中的那些语气词、重复句和临时插入的题外话用声音来传递，让人接受起来非常自然，因为它就来源于人的日常生活。口述者沉浸在畅快的回忆之中，往往按照自己平常说话的习惯脱口而出，不会刻意去重新组织语言。但在文本世界里，我们不是用耳朵去听口述史而是用眼睛去看，那么文本版口述史既然以书面形式呈现形成，就需要遵照人书面阅读的习惯被整理或撰写。最直观的是分节分段，增加标题，附上各种说明语（包括人物简介和采访手记等）。这时若还保留大量语气词、重复句等，则让人读起来很累，甚至读不通、读不下去。

影音版口述史和文本版口述史各有长短。影音版口述史侧重还原口述史访谈现场，这也是其优势所在。基于这一侧重点，最佳的口述史就来自访谈现场，而访谈现场会随着时间成为过去，所以用录音笔和录像机把它同步地记录下来。那么如此说来，影音版口述史在访谈结束之际也就已经制作完成了。当然有学者并不这么认为，毕竟我们还可以再对影音版口述史进行剪辑使其凝练，插入旁白和其他影音资料使其翔实。这就进入"加工"环节。

进入"加工"环节，文本版口述史的优势便显现出来。文字处理显然比影音处理有更大的尺度，且经济便捷。文字的表达虽然不如影音那么直观，但同时也给了受众更多思考的时间和想象的空间，可以让口述史的意蕴更加丰富，让口述史通过更多媒介被保存和传播。这也是为什么在影音媒体早已普及的今天我们还要出版口述史著作。

当然课题组也格外重视劳模影音资料的采集，不仅在口述史采访中重视影音录制，也注重采集已有的影音资料。

（三）"创新"体例设计

劳模口述史整理或撰写，要敢于打破"口述自传"体的常规，依研究目标不同而采取不同的新体裁。研究性内容的加入，让口述史专著比口述史文本内涵更丰富，那么这些研究性内容具体包含哪些，置于什么位置，也需有新意。

首先，不是所有的自述体口述史都是"口述自传"。口述自传属于传记，能够比较完整地记述口述者的各个人生阶段，凸显个人本位，强调个人事迹、个体精神。这种体裁适用于为劳模个人立传的目标。然劳模终归是亿万劳动人民中的一分子，由集体推选产生，更是属于集体的。"劳动模范"的荣誉称号赋予其在集体中较强的代表性和示范性。劳模的言行不再只代表和展示个人，也代表了奋斗中的广大劳动者，展示了劳动者和行业的风采。我们不能只看到劳模身上的个体特殊性，也要能够提炼出整体一般性。

　　所以本书并非要为劳模个人立传，而是要通过劳模个人之口展现新时代优秀劳动者的整体风采。那么本书口述史文本就要体现出更强的问题意识，用精准的问题引导劳模把风采尽情绽放。故本书在普通的自述体中插入鲜明的若干问题，用一个个问题引导一段段自述，这些问题也是口述史访谈中问到的。如此便弥补了自述体问题意识不明显，阅读效率相对不高的缺点，同时也不像对话体那样问题太多、格式繁冗，而是突出重点问题。不难发现，不同劳模往往会被问到同样的问题，如"家庭背景及早年成长经历"——缘于人生史和精神史视角，"行业的发展前景"——缘于行业史视角等。这其实已经是在口述史访谈过程中直接展开研究了。

　　那么最终形成的研究性内容应放在哪个位置？起初有两种方案：一是在每篇口述史之后各附上对应的研究性内容；二是先将所有口述史文本集中呈现，之后再另附一章集中研究。显然每篇劳模口述史文本之后皆置入研究性内容不太适合，这是个案研究的做法，作为群体研究和横向比较研究更适合放在一个劳模群体的口述史文本之后。而如果把所有劳模视为一个群体，则划分农业、工业、服务业三组（三章）的意义就难以体现，且将口述史文本与研究性内容分得太开，也显得前后脱节。因此折中的方案更可取，即分别在第三、四、五章劳模口述史文本前后集中呈现各章对应的研究性内容，最后在结语中再加以总结。

　　我们要了解一个群体的人生史和精神史轨迹、一个行业的发展状况，就需要把同行业的几位劳模作为一个群体看待，把他们的口述史及其他相关资料作为一个合集来研究。同行业劳模的人生史和精神史往往更具共性与可比性，将之做横向比较研究可获得更多新知。且每章开头在进入口述史文本之前，也应先对每个行业门类的劳模做一个概况梳理，不仅有助于口述史正文的导入，每章口述史文本的整体感也更强。首末节研究性内容包裹着口述史文本，更加彰显口述史文本与研究性内容的紧密结合、融为一体。

　　除此之外，考虑到以往的口述史著作只重视呈现口述史文本，忽视对调研过程及方法的展示，不利于外界对该口述史实践及文本展开监督、研究和评价。本书还着重加强了这方面信息的提供，主要体现在本章"资料采集"和"形成专著"，以及各篇口述史文本末尾的"采访手记"。至于第一章"相关研究评述"则是一部专著不可或缺的，而以往的口述史编著通常缺少这部分内容。

第三章　新时代浙籍农业劳模口述史研究

　　浙江素有"七山一水二分田"①之称，耕地资源相对匮乏。根据 2021 年浙江省自然资源厅发布的数据显示，浙江省耕地面积为 1935.7 万亩②，仅占全国耕地面积 19.179 亿亩的约 1%。然而，当年的浙江农村居民人均可支配收入却高达 35247 元③，连续 37 年领跑全国各省区。这是如何做到的？浙籍农业劳模用他们的亲身经历给出了答案。本章收录柴金甫、张继东、夏永祥、何德兴等 4 位劳模的口述史文本，并结合 2015、2020 两届共 31 位浙籍农业全国劳模④的现有口述资料展开研究，通过劳模实例彰显新时代浙江乃至中国农业发展新成就，通过劳模视角研究新时代农业发展带来的新问题。

一、新时代浙籍农业劳模概况

　　在新时代浙籍农业劳模中，既有从事农业一线生产的农民或渔民，亦有服务于"三农"的村干部、企业经营者、合作社理事长等，或者一人兼具多重身份。他们都在为浙江乃至中国农业农村经济发展贡献着自己的力量。本节将以 2015、2020 两届 31 位浙籍农业全国劳模（见下文表3-1）为例，对新时代浙籍农业劳模的年龄结构、性别结构、行业与职业结构等加以概述。

---

① 浙江省陆域面积 10.55 万平方千米，其中山地面积占比 74.6%，水面 5.1%，平地 20.3%。

② 《浙江省第三次全国国土调查主要数据公报》，"浙江省自然资源厅"官网，http://zrzyt. zj.gov.cn/art/2021/12/3/art_1289924_58988385.html，2021 年 12 月 3 日。

③ 《2021 年浙江居民人均收支主要指标》，"国家统计局浙江调查总队"官网，http://zjzd.stats. gov.cn/dcsj/ndsj_2174/2021_ndsj/cxjmsz/202206/t20220613_105337.html，2022 年 6 月 13 日。

④ 本书中的农业是广义上的，涵盖农、林、牧、渔业。本书界定的"农业劳模"，泛指工作在农村，从事农业生产或助力于"三农"发展的劳模。31 位浙籍农业全国劳模，是根据劳模获评"全国劳动模范"时的主要职务及工作内容划分（非严格的划分，仅供参考），按出生年月排序。

表3-1　2015、2020届浙籍农业全国劳模

姓名	性别	生年	获评"全国劳动模范"时的单位、职务与职称
杭兰英	女	1949	绍兴市上虞区崧厦镇祝温村党总支书记
劳光荣	男	1953	龙游县大街乡贺田村党支部书记
夏永祥	男	1956	岱山柯鱼人渔业专业合作社理事长
林顺春	男	1957	湖州市吴兴区东林镇南山村党总支书记
王金明	男	1957	杭州富阳新登镇湘溪村党委书记
何德兴	男	1958	义乌市城西街道七一村党委书记
王根连	男	1958	德清县生态清溪鳖业养殖大户
袁银芳	女	1960	宁海县圣猴果蔬专业合作社理事长、高级采购师
李德龙	男	1960	宁波市鄞州区云龙镇上李家村党支部书记
王沛国	男	1962	舟山市朱家尖街道莲花村党总支副书记兼漳州村党支部书记、高级捕捞师
李科平	男	1962	舟山市华鹰远洋渔业有限公司董事长
许丽珍	女	1963	三门县湫水花果专业合作社理事长
孙国文	男	1963	德清县阜溪街道五四村党总支书记、村股份经济合作社董事长、助理工程师
王良忠	男	1964	桐庐县旧县街道西武山村党支部书记、村委会主任
彭尚进	男	1964	泰顺县尚进农林专业合作社理事长，高级农民技师
柴金甫	男	1965	嘉兴嘉德园艺有限公司农民（嘉善大云镇）
叶建国	男	1965	宁海一市白荔枝枇杷山庄种植大户
吴卿敏	男	1966	台州市路桥区横街镇马潘村党总支书记
雷刘东	男	1966	景宁畲族自治县大均乡李宝村党支部书记
朱屹峰	男	1967	嘉兴市绿江葡萄专业合作社社长、高级技师、大桥镇江南村党总支书记
刘建明	男	1967	绍兴市柯桥区漓渚镇棠棣村党总支书记、园林高级工程师
杨七明	男	1967	诸暨市草塔镇上下文村党支部书记
方向明	男	1967	衢州早田农业科技开发有限公司实际控制人、助理工艺美术师
郑户南	男	1968	杭州回龙农机专业合作社社长、茶艺师
张继东	男	1969	桐乡市崇福张继东家庭农场负责人、高级农艺师
陈立平	男	1970	浙江美保龙种猪育种有限公司技术部经理、高级畜牧师
林忠民	男	1971	洞头县乘风捕捞专业合作社船员
朱卫东	男	1971	浙江寿仙谷医药股份有限公司基地场长、高级农艺师
赖建兵	男	1972	浙江欣宏源生态农业有限公司董事长、农民高级技师
傅平均	男	1973	宁波滕头控股有限公司董事长、总经理、高级经济师
周海东	男	1974	杭州红通樱桃专业合作社理事长、农民高级技师

（一）年龄结构

在 31 位浙籍农业全国劳模中，年龄最高者杭兰英 1949 年出生，年龄最低者周海东 1974 年出生。31 位劳模出生年份的平均数约为 1964，中位数为 1965。其中，60 后（1960—1969）18 人为数最多，70 后（1970—1979）与 50 后（1950—1959）各 6 人并列其次，40 后（1940—1949）1 人，这也是 164 位劳模中唯一的 40 后。年龄结构总体呈现出年龄分布较集中，平均年龄相较于工业、服务业劳模明显偏高的特点。

其实这绝非偶然。2018 年，由中央人民广播电台"中国乡村之声"做的一份农业调查报告显示："（中国）农业劳动力年龄呈现中年化，平均年龄为 48.5 岁，其中最主要劳动力平均年龄为 52.2 岁。""在对受访者所在村庄劳动力情况的调查中，75% 的受访者表示村里从事农业生产者主要为 46—60 岁的中年人；52% 的受访者表示村里从事农业生产者主要为 60 岁以上老人。"[1] 农村劳动力年龄偏高是农村人口老龄化现象的一个缩影，据《中国乡村振兴综合调查研究报告 2021》显示，当前中国农村人口老龄化现象较为严重，农村"常住人口中 60 周岁及以上人口的比重达到了 23.99%，65 周岁及以上人口的比重达到了 16.57%，超过了'老龄社会'的标准"[2]。

抛开农村人口老龄化因素，农业劳模平均年龄偏高也有其特殊原因。农业是国民经济的基础，稳定发展是内在要求。无论是农民渔民的一线生产、村干部的治村，还是专业合作社理事长的助民、农业企业经营者的经营管理，短时间内的成效再高都不足够有说服力，是否能够保持长期稳定的发展才是关键。因此，相比于工业和服务业劳动者，衡量一名农业劳动者创造价值的多寡需要更长时间的检验[3]。再者，农业受自然因素影响大，人为创新不容易，也就相对更强调量的积累。即便在新时代，先进的技术和设备大幅提高了农业生产效率，但绝大部分普通的农业一线劳动者并不直接从事技术和设备研发，只是在应用。应用效果如何，也需要一定时间的检验。

---

① 《谁在种地 | 种地主力军发生新变化》，"央视三农"CCTV-17 农业农村频道官方微信公众号，https://mp.weixin.qq.com/s/AjZD1HiFEF1zFW83NRc_TQ，2018 年 12 月 24 日。

② 魏后凯主编：《中国乡村振兴综合调查研究报告 2021》，北京：中国社会科学出版社，2022 年，第 15 页。

③ 31 位浙籍全国劳模投身农业农村发展至今均在 20 年以上。

（二）性别结构

在 31 位浙籍农业全国劳模中，仅有 3 位女性劳模，占比约 9.7%，低于工业劳模中的 10.9%、服务业劳模中的 29.3% 及总占比的 15.2%，是浙籍三大产业劳模中，女性劳模人数最少且占比最小的。这也反映出即便是现代农业，最主要劳动力仍然在男性。[1]

不过，3 位女性劳模平均地分布在农业生产一线、农产品流通、农村治理三大领域。说明虽然农业最主要劳动力在男性，但在上述重要领域也都有女性劳动者的身影，她们的贡献依然应当得到重视和肯定。

（三）行业与职业结构

从 31 位浙籍农业全国劳模获评"全国劳动模范"时的主要职务来看，可大致分为三大行业与职业类型：农业生产类、农业服务类、农村治理类。

其中，农业生产类劳模 13 人，包括种植业 8 人、养殖业 3 人、渔业 2 人；农业服务类劳模 5 人，包括农产品流通服务 1 人、农业技术设备服务 2 人、综合服务 2 人；农村治理类劳模 13 人，皆为中国共产党村党组织书记[2]（包括村党委、党总支、党支部书记，以下统称"村书记"）。

农业生产类劳模具体从事的生产包括：花卉、蔬菜、中药、水果（如杨梅、猕猴桃、枇杷、葡萄、樱桃）等种植，猪、鳖等养殖，以及海洋捕捞。他们的产业都形成了一定规模，并成立了相应的公司、农场、专业合作社，其本人的职业也不仅限于一名农民或渔民，还兼职公司、农场、专业合作社的经营管理，为村民或其他地区同行提供技术服务或咨询服务。

从事种植业的 8 位劳模皆种植的是经济作物，这与浙江省耕地资源相对匮乏，粮食生产受较大制约有关。种植经济作物相对效益更高，促进农民增收致富成效显著。

农业服务业类劳模则是以农业相关专业合作社或企业的经营管理为主职，服务农民生产、销售、增收是他们的主要工作内容，他们和农业

---

[1] 据 2018 年"中国乡村之声"策划发起大型问卷调查活动《谁在种地？》的调查结果显示："在对受访者家庭主要农业劳动力的调查中……最主要劳动力中男性占比更高，为 78.2%。"参见《谁在种地 | 种地主力军发生新变化》，"央视三农"（CCTV-17 农业农村频道官方微信公众号），https://mp.weixin.qq.com/s/AjZD1HiFEF1zFW83NRc_TQ，2018 年 12 月 24 日。

[2] 傅平现任滕头村党支部书记，但其 2015 年获评"全国劳动模范"时未就任，故按其宁波滕头控股有限公司董事长、总经理职务归于农业服务类（综合服务）。

生产类劳模一样扎根农村，基本身份也还是农民或渔民。

村书记劳模是颇具特色的一类劳模，他们是由村民党员选举产生的村干部，名义上是干部，实际并没有纳入国家事业编制管理，因此他们获评的是"劳动模范"而非"先进工作者"。这也意味着其成分仍然是农民。但与普通农民不同的是，他们是新时代乡村振兴战略在基层的领头雁，领导乡村从产业、人才、文化、生态、组织等各方面全面振兴。村书记劳模在农业劳模中年龄普遍偏长，于村书记任上往往深耕 10 余年甚至 20 余年之久，对所在村庄方方面面的情况掌握也是最全的，口述史内涵也非常丰富，对于研究乡村振兴战略在基层的贯彻落实颇有价值。如《乡村女支书杭兰英》[1] 用一本书的篇幅记述杭兰英一人之事迹，足见其分量之重。

职称方面，70 后农业劳模中高级职称占比相当高。高级职称集中在相对年轻的劳模身上，这一特点与工业、服务业劳模的情况恰恰相反，后者高级职称更多集中在相对年长的劳模。这说明相对年轻的农业劳模更重视农业系列职称的考评。[2]

综上所述，31 位新时代浙籍农业全国劳模在年龄、性别、行业与职业方面结构分布合理，其中农业生产类和农村治理类劳模居多，体现出农业一线生产和农村治理工作的重要性。而上述归纳的农业服务类劳模人数虽少，并不代表农业服务不重要；相反，几乎所有的农业生产类和农村治理类劳模都同时兼职农业服务。因此，本章在口述史采访与文本的收录上对三类劳模均有关照。

---

① 参见春秀春：《乡村女支书杭兰英》，杭州：浙江工商大学出版社，2021 年。

② 农业部早在 1991 年 11 月便发布了《农民技术人员职称评定与晋升暂行规定》，距今已逾 30 年，不能把原因归结于评得晚，主要还是不够重视。随着 2017 年以来新型职业农民培育的开展，农民技术人员职称评定也愈发受到重视。2017 年 7 月，浙江省率先提出打破户籍、地域、身份、人事关系等制约，将新型职业农民纳入农业系列职称的评审范围，评审并轨、证书统一。如今全国多地（如浙江、山东、甘肃、宁夏、湖北、广东、河北等）开展了专门针对新型职业农民的农业系列职称评定工作。

二、柴金甫：魄力花农 敢为人先

柴金甫口述，周俊超采访撰写

采访时间：2021 年 3 月 28 日

采访地点：嘉兴嘉德园艺有限公司（嘉善县）

柴金甫（1965 年出生），嘉兴嘉德园艺有限公司总经理，嘉善县大云镇新型职业农民、"鲜切花第一人"，2020 年全国劳动模范。嘉善县是国家全域旅游示范区，大云镇是浙江省首批省级特色小镇，鲜切花是大云镇最主打的特色产业，柴金甫是这"美丽产业"的领路人。采访聚焦柴金甫敢为人先而后带动全镇的创业历程持续 1.5 小时，此处撰写 8000 余字。

（一）认准机遇 抢占先机

问题 1：您早年的家庭背景及成长经历？

我一直是在农村的。像我们这个年纪那时候读书也不是太认真，因为家庭条件不好，学历也不高，所以初中毕业之后就已经开始做农活了。

等到 1983 年我大概 19 岁的时候，就去了镇办企业（仍住家中）。到了 1990 年左右其实就回来了，回来种蔬菜，原来是种田的。因为 1983 年我们这边集体的土地已经是承包给农户了。1990 年的时候，父母年纪有点大了，再说在厂里就这么点工资，那时候回来想多赚一点。因为镇办企业工资也不是太高，工人们也蛮辛苦的，所以我回来尝试种蔬菜。我们那个时候是花卉没种，就专门是种蔬菜的。种了几年，从刚刚开始种露地蔬菜的，后来是种大棚蔬菜。

1997 年，我有一个亲戚是在浙江农科院搞花卉研究的，所以接触到他这一行是 1997 年的时候。他在杭州感觉这个花卉肯定是比蔬菜效益高。因为刚开始的时候在我们这边地方、在我们嘉兴地区种植鲜花的还很少，几乎没有，像我们嘉善县根本就没有。所以我很担心销售问题，1997 年下半年到杭州待了一段时间，大概就一个月，有半个月是在市场上了解，看看这个鲜花到底怎么卖的，半个月看他们怎么样种植和管理，那么后来就是边学边种。

我不担心怎么种，因为亲戚在研究这一方面，技术、种苗他可以提供帮助，主要就是担心销售这一块。

问题2：您是如何成为在地方具有影响力的新型职业农民的？

因为我们花卉这一块是起步早的，我是从1997年开始考察，1998年开始种的。种了之后，因为在花卉这个行业确实是销售、产值和利润跟种蔬菜完全不一样（花卉要好得多）。所以大概从2000年开始，我们周边的农户基本上开始跟着我们一块种，慢慢慢慢在种。

我们嘉善鲜切花最多的时候是可以达到1万亩，光我们大云镇就有6000亩土地。所以早期在这个行业里面，确实是有点影响的，因为带动了一个产业。所谓"新型"农业，可能就是指的在农业上摸索出了另外一个新型的路子。

问题3：您开始种花之前，是把之前种的蔬菜给都拔掉了？

这个是刚刚起步的时候。我1997年以前是种大棚蔬菜的，1997年开始想种花的时候，因为大棚里的地蒲、茄子全部已经种好了，那么我们鲜花种植是3月份就要开始整地了。3月份地蒲、茄子正好处在上市的时候，所以大棚里面的地蒲、茄子拔掉了很多。

那个时候因为我们也看到前景，花卉肯定是比蔬菜好的，但是我们周边的农户，他们感觉你这种茄子、地蒲这么好（拔掉可惜了）。因为那个时候大棚蔬菜价格相当高的，3、4月份的时候也要五六块一斤，拔掉以后损失1万多块。地蒲和茄子它是边摘、边卖、边长。比如茄子，它一般来说是10月份种到正月开始产出了，产出之后一般要收到大概6月份（所以3月份就拔掉损失较大）。大棚就是这样，抢季节的。我2、3月份地蒲就上市了，但是一般的露地它根本没办法种，天还冷，所以这个时候的价格就比较高，因为我错开了大部分农户的季节。

问题4：报道称您最初投入了10余万资金种花[①]，这10余万在哪来的？

大部分是借的。自己有几万块钱，也借来了几万块钱，跟亲戚朋友借的。

问题5：报道称您是在杭州鲜花市场设立了自己的零售部和批发部[②]？

对，这个是因为我是1998年开始种植花卉，刚开始一点点的时候，可以自己做。1999年的时候，因为我们花卉面积开始慢慢扩大了。面积

---

① 赵莉翾：《柴金甫：十里花乡领路人》，《嘉兴日报·嘉善版》2012年9月13日。
② 赵莉翾：《柴金甫：十里花乡领路人》，《嘉兴日报·嘉善版》2012年9月13日。

大了之后，那么我就跟人合伙了。然后他专门负责销售，在杭州凤起花鸟城设立了一个批发部和零售部，专门针对我们花卉这一块销售的。现在我们这一块还在做。

问题 6：2000 年，大云镇政府作出决定，以柴金甫为学习样本，出台多项扶持政策，鼓励、引导农户从事鲜花种植。请谈谈当时的情形？

2000 年是刚刚开始，这个时候扶持政策还不太有，很少。我以前是东云村的，我不是这个村（缪家村，与东云村同属大云镇）的。那么我们 2000 年的政策，在这一块（手指着窗外），大概这有几百亩土地上设立了一个"大云镇花卉园区"，到这里来的农户享受两年免租。

这个园区里边谁都可以进来，都可以享受政策，只要愿意种花卉的人都可以进。这个园区的土地一开始是承包分给农户的土地，有些土地离农户比较远。2000 年以前，我们这里企业少，大家都在地里干；到 2000 年以后，我们浙江的私营企业发展快嘛，企业多了，年纪轻的都到企业里去了。所以离家远的土地老年人就不耕种了。那么就是放弃了，村里就把这些地集中起来搞了花卉园区，到后期就是流转。

问题 7：然后到 2007 年的时候，您已经招了 30 多名员工？

对，那个时候因为我们土地面积已经比较大，员工当地人、外地人都有，大部分都是当地农民，也有外来打工的人。

当时我们缪家村新农村开始集聚了。新农村集聚一个是解决了养老问题，还有一个就是大家都把房子集中到新农村去了，所以到这里种地就比较远了，这些土地就被村里流转下来了。我本来是在东云的，因为受土地制约，我在东云没办法发展。所以我是 2003 年开始到缪家来的。因为当时正好这里这一块附近人家少，农户大都离得土地比较远嘛，所以就放开了。我刚刚来的时候也就是在这里，也就几十亩土地。

问题 8：2012 年有一篇文章说，当时已经超过 500 亩，产业投资 1800 万，年效益达到一百多万[①]，那是您个人的一个比较高的时期？

对。当时产业投资还不止 1800 万，现在更高了。目前一年大概的收入在两三百万。

---

① 赵莉飔：《柴金甫：十里花乡领路人》，《嘉兴日报·嘉善版》2012 年 9 月 13 日。

图 3-1　柴金甫在大棚里

（二）紧跟市场 保持领先

问题 9：如果全镇后来种花的人多了，会不会出现这种产量过剩，然后单价就压下来？

这个是肯定的，因为它不是光我们一个镇。我们从 1998 年开始的时候，花卉是相当少的，到 2000 年的时候开始慢慢多起来，我们嘉善县发展最多的时候大概在 2010 年，那个时候是面积最大。

这几年嘉善鲜切花这一块产业萎缩了，主要是受土地的制约。因为我们大云主要产地是在西部，那么西部现在有 17.2 平方千米变成新城区了，全部是政府征用了，所以土地受到制约。那么我们东部要搞全域旅游，政府又引进跟文旅相结合的企业，所以我们纯粹种鲜花这一块，其实这几年是萎缩的。

问题 10：2010 年左右达到最高峰，意思是说到之后出现转折？

其实我们真正花卉这一块改革的话，他们大多数转到盆栽这一块。因为鲜切花这一块，一个可能是因为早期花卉都是在经济发达地区的农村种的，一个是像云南它气候特别好，像我们长三角、华东地区的基本上就是在我们条件比较富裕点的农村才会种花卉，因为投入比较大。现在因为全国各地都在做，所以花卉这一块别的地方在上升，我们这种富裕地方反而在下降。

问题 11：后来您想到要种更高附加值的花？

对，因为这个是根据市场在调整的。一个是市场在变化，还有一个因为你要种高档的花，你这个设备要提升。设备提升，你肯定要资金投入对吧？

那么我们刚开始是种非洲菊的，因为非洲菊对设施要求比较简单。它就是一般的小棚，也可以地栽，都可以。刚开始的时候是效益不错的，因为毕竟少嘛。我们嘉善后来大面积发展的就是非洲菊，那么在大面积发展非洲菊的情况下，它这利润肯定会下来的。农业一个产品的周期都不是太长，除了粮食它始终是这样的，不管你蔬菜也好……因为多了，供大于求之后它价格就下降。

花卉我们嘉善是从我开始做的，刚开始的时候少，光不是说我们这里少，全国各地都少。那么经过十几年以后到 2010 年左右，大家感觉行业很好，进来的人多了，越来越多之后就供大于求，价格是越来越下降。那现在非洲菊价格又相当好了。因为它现在种的人少了，反而现在价格也好了，它有一个周期。

2010 年是我们嘉善整个花卉种植达到高峰，但花卉里面的品种还有很多。我是一直种花卉，只是在 2008 年的时候就调整了花卉种植的品种，率先引进高端的品种东方百合。

我们 2007 年的时候政府开始出台政策，专门针对花卉行业，就是说每年我们嘉善县拿出一千万补贴设备，比如建简单的大棚每户补助四五千，建连体大棚补助 3 万。那么我们正好借助政府的政策，在设备上提升，所以引进附加值比较高的就是东方百合系列。

东方百合它是荷兰生产的（原产地），它不是国内生产的，所以这个时候它附加值比较高，产值也比较高，当然投入的成本也比较大，不仅要实施提升，还得上锅炉加温。因为东方百合晚上低于 5 度就要受冻的，所以它晚上必须加温①。这个投入比较大，当然产出也比较高。一般的农户也不太会去种，不是说种不起，关键就是说要投入大，风险就大。你可能一亩地就投个十几、二十万下去，他就怕。

这几年锅炉也淘汰了。因为这几年我们这里环保要求高，还有美丽乡村建设理念，像我们锅炉一个是不美观，还有一个毕竟是烧煤的，环保上也有影响。所以我们就响应政府的号召，把它淘汰了。所以这几年东方百合不种了，因为没有加温设施，没办法种。现在我种的是天堂鸟（鹤望兰）和多头菊，这两个品种相对来说，我们这几年种下来效益还可以。

---

① 用锅炉烧热水，形成热的水蒸气，循环到一个空调机组里面被鼓风机吹出来。

问题 12：现在大云镇还有多少户在种花？

因为我们现在大云镇的土地 90% 都已经流转到村里了，就几个大户在种，小户已经基本很少了。现在种鲜花的人不多了，有些人也是种这种小盆栽。我这里加那边（自种及周边农户种的）估计也就可能不到 1000 亩，几百亩了。我们土地面积确实也在下降，我现在的面积就有 300 多亩，因为后来有一部分土地到期了农户就要回去了。

这几年整个收入在下降，我们这几年收入最高峰的时候是种东方百合的时候。因为它产值比较高，一亩地的产值可能就有十几万，当然投入也高。现在我主要在种多头菊，天堂鸟也种，这一块它成本比较低，当然产值比香水百合也要少得多。

我从 2013 年开始，又增加了中药材铁皮石斛这一块。

问题 13：您为什么总是第一个吃螃蟹的人？ 2013 年又是全镇第一个种铁皮石斛的。

因为刚开始早期的时候是受亲戚影响的，后来做的时间久了，那么肯定一直在市场上打听，要了解市场。那么会比其他人先了解这个市场，包括在后期调整品种时也会快一些。

一个花卉种的时间久了，它肯定会从开始到高峰，再从高峰到低谷，它肯定是有一个周期的。不可能一个农产品从开始几十年不变，没有的。周期长一点的可能十来年，周期短一点就四五年。你像我们现在蔬菜、这种大白菜都是一样，今年可能生意不好了，明年种的人少了，价格就上来了。

因为我刚开始的时候也种了有十几种花卉，包括满天星、菊花，康乃馨我也种过，相当于种了好多品种，从这些品种中挑选出来，我后来是种了两个品种，一个天堂鸟，一个非洲菊。因为这两个品种市场上的价格一直比较稳定。当大家都在种非洲菊的时候，我们又种百合了，百合大概是 2008 年开始种到 2019 年这里锅炉拆掉了就不种了。

那么在花卉这一块种了久了之后，2012 年我们又接触了铁皮石斛这一块。因为现在的人在保健这一块是越来越重视，铁皮石斛正好是中药保健这一块，所以我们就开始尝试。因为确实石斛效益比较高。

种植花卉跟种植中药材看似没有什么关系，但是它们设施是一样的，因为原有的设施都在，无非就是改造一下。那么销售这一块，因为我们主要是搞零售。批发这一块说实话，你种植户也赚不了多少钱，钱都被深加工企业赚去了。所以我们铁皮石斛这一块现在做的量不是太大，我们主要还是鲜切花这一块。铁皮石斛也种了十几、二十亩地，效益现在来说自己卖卖还可以，如果批发给人家的话附加值也不高。

问题 14：种植鲜切花期间，行业遭遇的困难和危机是什么？

我从开始种植到现在一直蛮平稳的，也说实话一直是赚钱的。其实真正风险大呢，它也不是太大。因为风险是什么？一个市场风险，还有一个就是气候风险，还有一个到 2012 年时候的政策调整。但是这种东西都是可控的。

比如说气候，我们这里就台风，其他没什么，但是只要加固好了之后它也没什么。那么市场风险也容易摊低，因为我花卉是一年四季在种，它可能这个月就价格低了，我赚不到钱，但我一年四季都在种，而且品种也多。

2012 年以前，政府这块花卉销量是挺大的，主要是会议用花。政策调整以后，政府这块订单少了，但影响只有一年。当时可能有点滞销，那么这个市场可能是价格便宜一点，但是也不至于一直跌到低谷，第二年马上可以调整的。

2013 年拿出一部分土地去种铁皮石斛，也不是说因为 2012 年的政策调整，本身铁皮石斛那几年确实效益好。

问题 15：报道中说您在各级"三农"政策的大力扶持下，建农业设施，除了前面讲的一千万，还有什么政策？

还有就是我们都知道的项目，在我们农业上也有项目，我也可以争取项目。我们也做了好几个项目，都是几百万的项目。这个实际上不是政策性的，项目它不是说每个人都可以争取，你要符合要求，政府感觉你确实是用得着的才会给你项目。这是一个。

那么还有像我们以前贷款根本是借不到的，但是你企业做的时间比较久了，而且你效益也不错，你在这个地方信用一直很好，所以银行的贷款也会给你的。

我最多的时候，信用贷款他们放给我 200 万。因为像我们农业设施，一个是资产没有抵押的，你虽然说有几千万资产，但是你不能抵押，因为你没一个证。你要抵押都要一个证，房产有房产证，土地有土地证，但我什么都没证。我这个大棚建的就是你投了几千万也没证。以前不能抵押，现在政府评估之后是可以抵押的。我们当时走的是信用贷款。他们感觉我这个人还不错，就是给我 200 万信用贷款。我批的时候嘉兴地区我是第一个，以前没有批这么多的。

（三）带动大家 共同富裕

二十多年来，柴金甫潜心于花卉种植技术研究和市场推广，产业规模从 9.8 亩发展到 500 多亩，同时带动周边 100 多户农户发展新型现代农业。

问题 16： 为什么当时其他人都要种花的时候，你无私地就把自己的经验传授给别人，没想过他们对你形成竞争？

因为我们种得早，刚刚开始发展的时候基本上都是大云这边的。因为大家都熟悉嘛，人家请教什么的，你肯定要跟他们说，肯定要去帮他们的。

其实你一看到外边的（种植情况），你就感觉到了这里种得再多也影响不了你。而且一个地方你种得越多，形成一个产业之后，反而对销售是有好处的，"你种了我就卖不掉了"，这个心态用不着，也不现实的。

因为你这个产业（外地做的）多了，就是说我们一块是感觉不到的。但是整个全国性地肯定是有影响。就算是我们大云镇全部种花也影响不了，而且还能打造一个品牌，你种得多了之后客商会进来。

其实我们种花种到现在，我们嘉兴买的都很少，我们都是走大城市的。杭州我是有一个销售点的，上海是我们委托人家的，我们主要是通过这两个城市把花售出去。

问题 17： 不是买玫瑰的多吗，为什么没种玫瑰？

玫瑰现在是以昆明为主，我们这里要种的东西肯定是跟昆明错开的，你跟昆明种一样东西你肯定弄不好。昆明你肯定竞争不过它，因为它气候是得天独厚的。它春城，永远一年四季都是春天，所以它设施投入少。像百合那样要加温的，它不用加，所以说你成本肯定比它高。所以他们大批量种的东西我们不种。他们那里正好这个季节没有的东西，我们种。

问题 18： 报道中说您当时是示范作用大于指导作用？

当初其实是两个作用，一个是示范作用，因为你在种，你在带动；那么还有就是因为新的农户要种，他们肯定什么都不懂，有些要到你这里来"取经"，或者叫你去看看这个病什么的，你肯定要去指导。起到是两个作用，一个是示范，一个是指导。

刚刚开始的时候，早期的跟我们比较熟的，他们都到我这里来取经什么的，因为这部分人他们会种了以后，他们也有亲戚朋友，又会发展一批人。到后来不是说所有的人我们都认识，有些人可能不认识了。

　　柴金甫在大云镇成立特色小镇联合工会时，第一时间加入"劳模工作室"，在带动周边农户创业创新的同时，扩大辐射面、提升经验值，通过理论授课、园区实践、互动交流等形式发挥一名"匠农"的示范带头作用，带领更多人投入家乡的美丽事业。

问题 19：您还主动加入了劳模工作室？

　　劳模工作室就在我们大云镇缪家乡村振兴学院里面。振兴学院专门对各级村干部、新型农民搞培训的。那么我们大云的劳模在学院里边有一个工作室。

　　我们早期跟嘉善几个职业中专有合作的。职业中专它里边又分成好多块，包括有园艺的、有汽车维修的，什么都有的。所以他们在园艺类这一块到我们这里实习的是有的。

　　缪家乡村振兴学院成立于 2019 年 9 月 27 日，是浙江省首家实体运营的乡村级振兴学院。其办学目标是让农业更智慧、让农村更美好、让农民更幸福，打造以农为本、三产融合的创新实践基地。学院立足大云、面向全国面向各地政府、乡村、企业和新型农民群体，提供各类专业咨询辅导和平台对接服务，以合作院校教师及国内外专家学者为师资主体，同时邀请大云当地具有丰富经验的实战精英，为培养适应新时代乡村振兴发展要求的干部队伍和建设人才，为乡村振兴提供强有力的组织保障和人才智力支持。[1]

（四）未来前景　农旅融合

问题 20：您未来还有什么大的规划？

　　这一块我们做到现在为止一直是比较平稳的。一个产业你要真的去转行的话也比较难，那么你要根据情况看。像我们大云镇在搞全域旅游，看它这一块能不能真的做起来。

　　因为我们不管做什么产品，它有一个消费性的。你这里人都没有的话，你只能是拿出去卖的。但是情况正在改变，因为像我们有几家靠着旅游这一块就比较受益了，就是在靠云澜湾旁边的几个小楼，因为那里

---

[1]　顾雨婷、陈佳伟：《嘉善小乡村开出"大"学院！缪家乡村振兴学院大云揭牌》，"浙江新闻"网，https://zj.zjol.com.cn/news.html?id=1296892，2019 年 9 月 27 日。

的人比较多。人多了之后，当然产值这一块相当多了。因为人进来买跟拿出去卖的附加值就不一样了。我们这里以前来的人，个体消费者比较少，相对来说都是做生意的人。

问题 21：花卉行业的发展动态还有未来的前景怎么样？

花卉，在我们刚开始种的时候，作为农业来说，它是一个"暴利"。因为什么呢？对我们农业上来说，就像我们种露地蔬菜的时候，一亩地的产值大概 1000 块钱，收益大概就几百块。种大棚蔬菜的时候，一亩地产值在 1 万左右，这个利润大概五六千。这在那个时候一亩地收入就不错了。但是我们种花卉的时候，一亩地的产值可能超过 4 万，利润超过 3 万。对农业来说那是一个暴利。

那么现在花卉已经回归正常，没有这个暴利了。我总感觉从我们花卉开始走下坡路，到现在我们市场是一直保持平稳的，一直感觉蛮正常的，就是品种的调整。花卉它肯定一直有人要用，但是你说一下子要把产值做得很高的话，那很少。

就我们嘉善来说，政府已经在搞全域旅游了，要引进农旅结合的企业。那么像我们这种纯生产型的企业，这个土地是受制约的。因为不可能再给你土地了。现在他们引进的企业都是几千亩，投资上亿的，可能几十个亿的。

> 土地是有限的，但科技赋能带来了新的增长点。这几年，嘉德园艺通过建设一套包括大棚内温湿度传感器、土壤温湿度传感器、大棚光照度传感器、视频摄像机等设备的远程感知数字化智慧农业大棚，实现了花卉种植的全过程数字化管理。柴金甫称："众多自动化设备的使用不仅节省了大量人工，还节省了时间，帮助我们实现规模化生产经营。"[①]

问题 22：看报道中说您做产业想让游客进来？

我们确实想做的（建花园，搞农旅融合），关键就是看政府全域旅游这块做得怎么样。如果我们这边游客很多的话，我们肯定要调整的。

因为现在像我们这种花卉企业，政府也在想给我们提升，就是把这打造成一个游客点。关键还要看政府这一块，包括游客这一块。不可能

---

① 吴嘉瑶：《从会种到"慧"种 我县乡村振兴走上"智富路"》，《嘉兴日报·嘉善版》2022 年 6 月 13 日。

现在游客没有，先把这块做了。这个肯定是一步一步来的。如果游客多了，肯定这块也要做。

现在政府是在我们东部打造了一个度假区（大云温泉度假区），现在是省级度假区，在申报成为国家级度假区。在度假区里面可能投了几个亿，做了一块停车场，将来所有的东西、汽车啊都到这里，我们也在大云这个区域里边，他们可能用小巴士、小火车的形式打通这块。所以他们将来可能是把我这里打造成一个点，就是说车子到这里就停一下，大概也可以去看看。那么真到这一步了，肯定会要去做一批游客比较喜欢的东西，而且能够便于带走的东西。因为现在我们的花卉体量比较大，可能一把花很长，也不太好带。所以说我们现在可以做一些小的盆栽，比较好看的、便于携带的。

问题 23：您这边有没有做网络销售，或者说快递业？比如说游客来了，他们买了东西带不走，您可以让他们写下地址，给他们寄回去？

所以说现在我们游客还不怎么来嘛。那么网络销售这块我们自己不做，因为我们没这个实力去做。我们给这些做网络销售的企业供货。

···· **采访手记** ····

柴金甫是本课题组采访的首位劳模。当时正值春暖花开的季节，于是就率先联系上了种植鲜切花的柴金甫。柴金甫给我的印象就是既有农民伯伯的踏实淳朴，同时又有创业者的魄力。他低调务实的言谈，甚至没有让我当场就注意到他竟是整个嘉善县种植鲜切花第一人！如今嘉善县入选国家全域旅游示范区，大云镇成为省级特色小镇，都离不开以鲜切花为特色开辟的"农旅融合"发展路径。柴金甫敢为人先，开创一片新局，也是红船精神之首创精神的具体体现。

三、张继东：家庭农场 绿色标杆

张继东口述，周俊超、韩笑琳、许源采访，周俊超撰写

采访时间：2021 年 7 月 10 日

采访地点：桐乡市崇福张继东家庭农场

张继东（1969 年出生），桐乡市崇福张继东家庭农场负责人，大棚蔬菜领域"专家级农民"，2020 年全国劳动模范。其农场坚持走现代绿色农业道路，先后被认定为浙江省无公害农产品产地、农业示范基地、示范性家庭农场。采访聚焦农场发展持续 1.5 小时，此处撰写 7000 余字。

（一）多年耕种 终成规模

张继东 17 岁开始在"自留地"学习种植蔬菜，一种就是 30 多年，种植规模从最初的不到 2 亩地增至 270 亩，终成一定规模的现代化绿色家庭农场。

问题 1：您是从 1986 年就已经开始种植蔬菜？

我们从父母这一辈就开始种蔬菜的。像我们本来是村民小组，这个小组里面有几十家人家都是种蔬菜的。所以等到我初中毕业以后，看父母他们也比较忙，后来我也开始种蔬菜了。我种的时候其实是 1986 年 17 岁的时候。

那个时候毕竟面积也少，最多种个一两亩。两亩其实不到的，品种种得也比较少，上半年种点西红柿，种点茄子；等到下半年一般是种点芹菜，另外种点花菜。以前乡下的地比较坑坑洼洼，比较不平，水稻田也比较低，然后栽上桑树养蚕的地比较高，所以那个时候种蔬菜的面积并不大，

等到桐乡市委发展蔬菜基地，1995 年运来推土机把我们的地改造平整以后，1996 年开始第一次搭建的钢管大棚。以前的时候就是小竹片搭成一个小拱形，这样也是起到保温作用，比露地的蔬菜适当提早一点上市。毕竟蔬菜提早上市，一个提高经济效益，另外一个就是附加值，蔬菜的价位也充分提高一下。等到 1996 年建了大棚以后，就更加提高了，以前做小拱棚提早半个月到 20 天，然后到建了大棚以后一般早一个月甚

至两个月，所以收益更大。

问题2：您是2007年才开始规模化大棚蔬菜种植?

是这样子的。我是1999年作为我们组里面的村民小组长管制蔬菜。等到2006年，我们桐乡土地征迁，建开发区，涉及我们整个蔬菜基地。其实我们整个蔬菜基地后来慢慢发展到有600多亩，开始我们是100来亩，后来发到600多亩，整个村全部是开发了。

所以等到2006年土地征迁以后，自己也搬到一个集中的小区——现在的文化小区。等到2007年的时候，房子也建得差不多了，也得到我们市里面农经局的一些相关领导的重视。我们其实也要求过(继续种蔬菜)，我那个时候起码也种了20年了，我除了种蔬菜另外也不懂的。反正有适当的地方，我们也还是种种蔬菜好了，反正也习惯了，所以等到2007年的时候就到这里——刘良(村)，我其实人是凤鸣(街道)的，所以到这里也将近有13千米路，这里正好有一个70亩的大棚是建好的。

以前的时候像我自己的承包地，等到2006年开发的时候就五六亩面积，也算不小的。后来一下子到这里来承包70亩，刚开始种植方面其实问题不大，就是销售方面。毕竟70亩的蔬菜了，像特别是茄果类，西红柿这一块产量特别高。像我们以前的时候自己零售是不卖的，走批发市场的，毕竟那个时候用的小三轮，还有电瓶车这些。2007年到这里来发展以后，这个量其实真的很大。所以第一年我们出现了滞销。

后来自己也跑跑市场，另外像海宁、临平这些客户也慢慢进来。所以慢慢地等到2012年的时候，5年承包期已经到了，面积那边(原70亩地的位置)再扩大也条件不够了，所以到这里来(到现在家庭农场的位置)，这里也比较宽敞，所以到这里发展到180亩。毕竟自己在销售各方面还是比较畅销稳定的，销售方面没有出现什么影响，后来等到2017年又发展了70亩。等到2020年的时候，发展到248亩左右。我们市委主要是要我们这个基地发展"一村一品"①，所以又增加了一部分，现在面积是270亩，品种全年近40个。

现在这些地都是承包的，10年一签，明年这里要到期了。我是2012年来的，明年是2022年了。这个村里面他们已经手续办得差不多了，反正要签的话还是10年。

---

① "一村一品"是指在一定区域范围内，以村为基本单位，按照国内外市场需求，充分发挥本地资源优势，通过大力推进规模化、标准化、品牌化和市场化建设，使一个村(或几个村)拥有一个(或几个)市场潜力大、区域特色明显、附加值高的主导产品和产业。

租金方面，刚开始我们过来是（每亩）800块多一点，慢慢地现在是将近1000块钱。那么接下去我估计下个10年可能1100块一亩，1000多块就算贵的。农业种田、种水稻的承包租金是不高的，再高的话，种粮大户承受不起的，毕竟粮食还是便宜的，所以他们种粮的一般不超过900块，就850块左右。像我们种经济作物的、种蔬菜的，反正1000来块还是可以承受的。

问题3：一开始是您一个人正在弄，现在200多亩肯定要招人了？

招人。现在这里招的都是周边的那种剩余的劳动力，都是年长的。像厂里面不去了，家里家务事还是要做的，像养养蚕啊，养几头羊什么的，空余时间在家里做，其实主要在我这里做，都是固定工。

目前，像我们4、5、6三个月，最多的时候每天是将近50名员工，淡季的话也要30多名员工。我们去年发的总的工资也有110多万。

问题4：您那时候怎么想起来这样发展？

刚开始其实我也没想到发展到这么多。刚开始我是一个村民小组长，我们蔬菜基地一共是5个组长。土地开发以后，农经局有一个信息，反正到这里来就有70亩是同步建好的。所以我们当时来的时候是5个人，我们想分掉下来十几亩一个人，面积比以前大得多了。

那么结果来了一看那里房子都没有，地里面也是杂草丛生。所以一过来以后，一开始的5个人有的来一趟不来了，觉得地离家这么远，其实也就是十几里路，说远也不远，但以前毕竟蔬菜就在家边上。结果回去了3人，就留下我跟老朱两个人，他也是组长，比我年长一点，经验比较足。后来是慢慢地我们定下来，两个人合伙一直到现在。他投资稍微小一点，我稍微多一点，然后在附近雇了十几个人做起来了。

我想毕竟我种蔬菜的时间是比较长的，反正要投资一点钱，蔬菜毕竟是收效比较快的，快一点的一个月就可以收了。像上半年种点茄果类的，两三个月、三四个月也有。所以脑子里面想反正亏本什么的应该是不会的。第一年虽然滞销了，还剩余一部分蔬菜，亏还是不亏的，所以这个还是有点把握。

其实2012年的时候到这里180亩，建大棚就建了100亩，自己投资的，到2015年的时候又把剩下的80亩也建起来了。所以总的来说种蔬菜是不亏的，有点钱还都是投下去的，销售的保障还是比较稳当的。

我们基地大也不算大，200多亩，人家更大的面积也有的。像我们纯粹种蔬菜的，200多亩的面积其实不算小，而且我们这个基地食品安全这一块做得规范。

另外像 2016 年的时候，秸秆处理这一块，种蔬菜剩下的"菜垃圾"、秸秆好多的。以前基地小一点的话还会解决，以前其实可以焚烧一下的，后来环保管得严了，就田间地头堆一堆。我们基地越来越大以后，自己也要想办法了，这样弄也不行的。于是我搭建了秸秆的处理中心，之前投资还买了粉碎机，把它粉碎以后，然后用覆盖菌把它发酵。高温发酵以后，里面的病菌、虫卵这一块根本性去掉了，是没有的。然后再利用处理后的秸秆还田，再充分利用起来。

等到去年我们市里面说我们做得还是比较规范的，所以向省里面采购了一套设备，这套设备比以前是更加提升了，运用搅拌的原理，把秸秆充分搅碎。像我们蔬菜基地每年用的有机肥比较多的，以前都是买的有机肥，像羊粪、猪粪、鸡粪啊。毕竟买进来的东西自己看不到的，肥不肥说不清楚。现在就利用自己的秸秆也很多了，周边正好有个养羊的。所以我叫他们直接把羊粪带过来，按照我们自己 60% 的秸秆、40% 的羊粪，这样再利用这套设备充分搅拌以后再发酵。这样有机肥这块我自己做自己用了。

比起之前买有机肥，成本应该差不多。自己毕竟费一点工，然后多耗一点电，机器开起来要 60 千瓦（功率），但是省了运输成本。我自己也有考虑的，哪怕这个项目不做，反正秸秆处理这块肯定要做的，不然的话没处丢的。

问题 5：为什么想到成立"家庭农场"？

刚刚开始的时候，其实我们桐乡市农经局里面"农场"的概念还没有。2011 年的时候成立的是合作社，合作社后来真正合作起来的是不多的。特别像我们种蔬菜自个卖自个的，所以后来等到 2013 年的时候成立了家庭农场，个体的。像我们崇福镇光种蔬菜的农场有 10 个左右，我可能是最大的。

问题 6：相关的学习经历有没有？

我 16 岁以前读书，等空的时候给家里帮帮忙，读到初中毕业。后来等到专职种蔬菜以后，去农经局里面的农化校，在蔬菜专业这一块又学习了 3 年，这个是间接性的。当时全市好像就我一个人学这个专业。

问题 7：他们怎么想到把您推为劳模？

2003 年的时候，我们毕竟是村民小组长，那个时候涉及农业上政协有个政协委员，我做了两届的政协委员。然后到这里，等到 2017 年的时候，面积也会达到 248 亩，面积比较大的。我们家庭农场被评为省级的示范性家庭农场（2018）。我个人是 2017 年先评到嘉兴市"南湖百杰"优秀人才（禾城耕耘奖），评了这个荣誉以后就直接评嘉兴市劳模（2018）了，然后 2019 年评省劳模，2020 年评全国劳模，一步也不差，一年上一个档次嘛，就这样。

（二）政策支持 技术革新

问题 8：家庭农场的发展和政府的政策有怎样的关系？

做农业其实主要还是靠政府的帮扶政策的。像我们以前的时候帮得比较少，刚过来的时候，2012 年我们到这里建一个大棚，我还清晰记得那个时候投资 13000 块左右一亩，补 4000 块一亩，就一次性的，光建那个大棚。

后来等到 2017 年的时候，像我们已经补将近 50% 了，政府的政策扶持力度越来越大。到现在的话，像我们是将近 60%，这里面还有一个配套的 10% 左右。我自己前面投资得也差不多了，待遇也越来越高了。

如果没有这个辅助力度，就发展得没这么快了，发展得更慢。其实我自己家里也没钱，反正多余的钱还是搞建设、投资，所以政府投资力度一大，我们发展得更加顺畅、更加快一点。好像别的地方的补助力度还没这么强，我们这里确实高。说明我们这里领导对我们的农业还是比较重视的。毕竟像我们桐乡自己的新鲜蔬菜当季产出的量比较少，主要是靠外地供应的，所以这一块他们还是比较重视的。

问题 9：您为了治理大棚蔬菜连作障碍，尝试在大棚内种植"自然米"？

3 年以上的蔬菜大棚就连作障碍[①]了。像我们外面棚建起来以后雨是淋不到的，里面用肥、用药其实都在土壤里面积累的，所以土壤盐渍化了。这个土上面好像有点白白的，甚至时间更长了以后，连草都不长的，就这样问题出现。

土的 PH 值刚开始我们种的时候，像我们在这里一般是 6.5 左右。种了几年以后如果没有处理好，没有调制好的话，最终 PH 值达到 4—5，慢慢就降下去了。土壤 PH 值低了以后，影响肥力的吸收，你肥用得再大它不吸收了。所以土壤调理这一块想尽办法。

---

① 连作障碍，指连续在同一土壤上栽培同种作物或近缘作物引起的作物生长发育异常情况。

第一个利用有机肥，多施有机肥，少施化肥，肯定起到一定的帮助作用。另外，我们从 2017 年的时候开始面积也大了，所以每年利用 30 亩左右种水稻。大棚里面全部灌水，灌了水以后种一季水稻。像我们这个大棚里面种水稻，毕竟种蔬菜的肥力比较足的，所以种一季水稻肥都用不着撒的，不吃肥也长得蛮好的。然后我们政府也考虑到这一点，对我多方面进行指导。我其实也不懂，反正利用大棚设施，大棚钢管还在，膜是不用的，种水稻用不到膜的，它里面的温度高得不行的。所以他们也想尽办法种优质米。

我们水稻的病害是没有的。我还特地去买了——花 1800 多块一亩的——像蚊帐一样的防虫网，全覆盖。全覆盖以后就解决了虫害。我坚持每年能种的这批水稻，不施肥，不施药，药绝对不施的。所以他们农经局蛮重视的。因为是自然生长的，所以就叫它"自然米"。

像我生产出来水稻大米，特别是稻谷拿到省里面去检测，这个检测是没问题的。所以我大米都卖 10 块钱一斤了。当然量不大，30 亩产量也不高，毕竟我们上半年种植蔬菜的，要蔬菜一季收掉以后再种水稻，所以种得比较晚。像常规的水稻，5 月底到 6 月初都是直接播种下去的。我们那个时候蔬菜还是旺季。所以一般我们水稻播种期在 6 月下旬，比常规水稻一般要推迟 25 天左右，所以产量要低一点。

那么水稻种了以后，接下去就种蔬菜，明年再换一批，水稻种植到另外的地里，这样改善土壤，一冲水一放水，土壤盐渍化这一块随时就去掉了。不然不种水稻也是要放水，那么利用放水的时间就种一下水稻，就这样。

问题 10：您还精心开发特色蔬菜叫做"机制盆栽叶菜"？

前面说到秸秆处理这一块，我们秸秆到那边发酵以后病虫害没有了，但这些养分还在，所以利用秸秆装盆菜。那个时候播了一部分的盆菜，苗种下去也行，直接播种也行。一盆一盆的，不用土的，就用自己的秸秆栽。另外的秸秆还是不行的，我做过好多实验的，就芦笋的秸秆种盆菜最好，我们也种芦笋的。

饭店里面对盆菜有需求的，就一盆这么大直接送饭店的。他们不叫"盆菜"，叫"有机蔬菜"。反正我们也是用防虫网的，土壤里面病害跟虫卵从来是没有的。所以他们拿到饭店餐桌上面一盆卖个 15 块、20 块。有人直接点了要这盆菜，直接马上炒，一是新鲜，一是能看到这个是不用土壤种的那种有机蔬菜，所以这个销路其实还可以。

图 3-2　张继东种植的盆菜

但是现在秸秆处理这块还没有真正做起来，我们那边的场地比较大的。他们省里面专家一直在做这个项目，这两年不知道能不能做起来。我们希望他们利用所有的秸秆把它调试好，能够种盆菜。

问题 11：现在普通种菜的农民很多，报道里有说您是"专家级农民"①？

"专家级"其实也是 2007 年的时候吧，我们农经局局长跟我说："你这个职称自己要去弄一下，你这个技术反正都到位了，去评个高级职称。"

正好这两年也提倡农民职称嘛，所以像我们这里开发的品种也有，自己的技术也有，所以去年刚评到高级农艺师，副高。

问题 12：您还把蔬菜生产全过程贴成二维码？

图 3-3　披露蔬菜生产全过程的二维码

---

① 孔越等：《张继东："专家级农民"带领农户潜心种好"良心菜"》，《嘉兴日报》2020 年 12 月 9 日。

对。我们都是生产记录档案，这个档案我其实以前就有的，种什么品种，什么时候播种，什么时候收获，用什么药，用什么肥，这个全部是我有个本子记好的。

那么后来慢慢地省里面推广全程追溯平台，就利用电脑全部记录上去。然后你出来的产品按照你记录的再用二维码打出来，就这样。你自己扫一下这个二维码，哪里基地生产的，什么联系方式，多少面积，这里都有的，全部可以看得到的。

（三）勤劳做事　热心奉献

问题 13：您是毫无保留地将自己掌握的技术传授给周边农民？

毕竟人家过来问了，自己知道的就说一下，这个没关系的啊。像明天他们又来参观什么的。我们市里面要创办田间学堂，像我们全市种植蔬菜的大户走在一起，相互交流，相互商讨一下，其实也是蛮好的。

大家知道做农业现在年轻人是不太愿意做的，做农业其实蛮辛苦的，不管你技术好不好，不吃苦不行的。我打个比方，像这一棵菜，你自己在管理的，你叫过来好多人、几十个人在做，他们在帮你做，反正天天在这样做，你自己不进去看，这里一块菜地，你外面走走看过去绿油油的蛮好的，等走进去看到有病再去防、再去治，其实来不及了。那么他们给你做，他们其实脑子很简单的，让除草就除草，没人顾及你有什么病了，有什么虫了，这个东西都自己看的。所以一个菜地，哪怕几十个品种，自己经常要到里面去看，去弄一下。弄一下就知道了，哪里发生问题了，有病来了，有虫来了，有哪些东西要整治了，就这样。

问题 14：现在年轻人不愿意种，以后总得有人种啊？

所以现在做智慧农业①这一块。毕竟种蔬菜的效益，特别今年效益还是不高的。去年其实还可以，今年蔬菜行情很差，像我们基地今年种了好多的辣椒，一块都不到，几毛一斤批发价。

这两年西部开发这一块，我们估计设施农业②都搞上去以后，对蔬菜产业可能有一定影响。毕竟我们国家田广地大，交通也方便，所以像

---

① 智慧农业，指"在信息时代中应用大数据、智能化、移动互联网和云计算等技术对传统农业经济实行产业化治理、实现农业生产供销全过程可追溯监管、培育职业农民的新型农业体系"。参见侯秀芳、王栋：《乡村振兴战略下"智慧农业"的发展路径》，青岛：中国海洋大学出版社，2019 年，第 23 页。

② 设施农业，指利用工程技术手段和工业化生产的农业。

那边农产品价格一便宜，全国都便宜的，一样的。

现在做农业比较辛苦，反正效益还是一般的，我们自己还是习惯了，反正苦一点也习惯了。所以年轻人还是……（不愿意吃这个苦）以后智慧农业这一块上去了，可能像我们种蔬菜还是比较难。毕竟我们现在耕地、开沟这些机械化都有了，像滴水、肥水一体啊、喷管啊，能够机械化的全部已经用上了。毕竟去"把脉"（查看病虫害），去整治，去采摘这一块，要做到机械化还是比较难的。

问题15：你们有没有借鉴其他的、像国外的这些大型的农场？

这种大型农场呢投资各方面毕竟也还是难，我们市里面是千方百计，去年买了一个叶菜收割机，好像剃头一样的。快是快的，还是品相不行，打碎了。去年是收割小菜的，收割大菜不行，大菜一个菜贴泥贴得很紧的，杆子是没有的，像青菜、毛毛菜啊，你收集的话是散掉的。只有适合收鸡毛菜，因为它密度高、杆子是长起来的，割过去就不容易散。

问题出在哪里呢？土地整平也比较困难。割过去有的是割在上面的，有的割在底下的，有的泥土也有，也有的根也有，边上的散叶都在的，其实直接卖出去还是不行，要再人工去理，像鸡毛菜人工再理的话也太费工了，一样的。所以这一块还是做不起来，还是存在一定困难。

刚开始就像鸡毛菜的收割机，我自己也考虑到能够做一个最好，这样做出来还是问题不小。所以政府现在大力提高智慧农业这一块，机器人采摘播种。

问题16：听您讲乡村振兴，咱们这边这些年变化大不大？

近十几年变化特别快，肯定快的。以前的话像我这个基地刚进来的时候，你们车子过来没这么方便的，路什么都小，就3米路，歪歪扭扭的。现在这些路也漂亮了，环境各方面提升还是蛮快的。

问题17：讲述一下去年村里抗疫的情况？

疫情的时候，我们桐乡市区到这里就十几里路，过来的时候卡点很多的，蔬菜的销售其实也有一定困难。

那个时候我其实省劳模也评到了，（崇福）镇里面有一个大的饭店叫江南大院，那个时候过春节，年货、海鲜、肉类进了好多好多，饭店开不了，所以囤货囤下来也是丢掉的。

后来他们说做好事（烧菜）烧烧掉好了，拿出去送卡点，有的是被隔离的人员。所以那个时候我得到信息，村里面的说："他们荤菜什么是好多的，缺少蔬菜然后配一点，你这里蔬菜多嘛，能不能跟他们合作一下？"

我说："行啊，反正我们这里销售也有一定困难，只要我们这个基地上有的，他们要反正我们能配上去。"

所以那个时候将近送了15000多斤，每天都送，免费送的，好像送一个多月吧。

问题18：咱们农场今后有什么发展规划？

现在面积毕竟还可以的，所以接下去我们村里面有"一村一品"，以蔬菜带面要大力发展一批，最好有年轻人（加入）——还是比较困难。技术方面是没问题的，反正他们高兴也能种嘛。

问题19：您还是一名党员，谈谈您的奋斗感想？

我是2008年入的党，作为一名党员，我做人也是有自己的底线的，实实在在、实事求是的，大家都是比较认可的。手机上个人签名就是"勤劳做事　宽容做人"，做人还是宽容一点好。我白天现在辛苦做了一天，晚上还是睡个踏实觉。跟人有时这样计较、那样计较，特别费力是吧？

而且现在的政府也是实在的，不管发生什么事情，有什么困难，自己没说，有的地方他们可能就已经看到了，已经把事情帮你做在前面了。所以像我们发展到现在，领导的支持还是离不开的。

┈┈┈ 采访手记 ┈┈┈

2021年7月10日，经桐乡市总工会介绍，我与韩笑琳、许源一行三人驱车前往位于桐乡市崇福镇的张继东家庭农场采访全国劳动模范张继东。张先生给我们的直观印象就是踏实淳朴的农民形象，包括谈吐在内，给人很强的真实感，与同为农民劳模的柴金甫给人的印象相当。

从张继东的口述史中，我深刻感受到现代农业与政府、科技研发、机械制造的紧密联系与分工协作。政府的政策支持力度再大，科技研发带来的新品种、新技术再多，机械制造带来的新设备再先进，唯有基层农民积极落实和应用方才发挥实效，而且有些工作如田间"把脉"仍少不了吃苦耐劳。所以我们推崇科学家、发明家的同时，也不应轻视基层劳动者，他们中的优秀者也能成为劳动模范。

四、夏永祥：渔民代表 向海而生

夏永祥口述，周俊超采访撰写

采访时间：2022 年 7 月 16 日

采访地点：舟山市岱山县岱东镇

夏永祥（1956 年出生），岱山抲鱼人渔业专业合作社党总支书记、理事长，第十三届全国人大代表，2015 年全国劳动模范，2020 年度浙江乡村振兴带头人金牛奖获得者。作为合作社负责人专职为渔民服务，作为全国人大代表专门为渔民发声。采访聚焦新时代渔业及海洋经济发展持续约 1 小时，此处补充相关文献资料[①] 撰写 7000 余字。

（一）渔民出身 服务渔民

问题 1：请简单介绍一下您的家庭背景和早年成长经历，以及如何从一名渔民成为全国人大代表的。

我是 18 岁（1972）下海的，到 28 岁当岱山县岱东镇龙头村书记，那么现在是做岱山抲鱼人渔业专业合作社的党总支书记、理事长。我将近 50 年一直是从事渔业工作的，下海是 10 年（期间任报务员，二副、大副、船长）。以后一步步在组织的培养下，在老百姓的拥护下，从最基层的渔民到我们县级劳模（2007）、到市级劳模（2007）、到省级劳模（2014）、到全国劳动模范（2015）。那么人大代表也是从县到市（皆 2007 至今）、到省（2013 至今）、到全国人大代表（2018 至今）。

我感觉个人的经历就是一步一步从最基层的渔民，获得了"全国劳动模范"荣誉，成为一名全国人大代表，这么多年这样子过来的。那么成绩嘛，组织培养是一个方面，个人付出肯定是有的。这么多年要勤勤恳恳为老百姓办实事，做好事，解难事，这个肯定要的。那么还有我们对集体经济的发展有一些思路，破解一些难题，肯定有的。总的来说，要感谢组织，你付出是有的，人家付出也有的，但是你还有机遇。那么为什么轮到你？对我们集体经济的发展，对我们一个单位的经营，这肯定也要有成绩、有成效、有成果的。

---

① 未标出处的补充资料皆由岱山抲鱼人渔业专业合作社办公室提供。

夏永祥担任渔业专业合作社党总支书记、理事长期间，合作社的党建示范引领、渔业体制机制创新、"一打三整治"等工作均走在了全县乃至全市前列。在鱼山岛绿色石化基地建设中，他积极协助市、县各级做好拆迁户的工作，圆满完成了鱼山岛的拆迁工作，并团结带领合作社全体干群抓管理，促发展，破难题，成为新渔农村建设的领头雁、化解矛盾的急先锋。

作为基层民众的代言人，夏永祥时刻关注党和群众关心的热点和难点问题，通过提交议案建议，反映了许多关系到人民切身利益的问题，其中多数问题得到了有关部门的重视和解决。

问题2：您还当过村书记？这段经历可以讲一下。

我是1984年当龙头村书记，后来我有一段时间离开这个岗位，也个人经商，到1998年又回到这个村当书记，将近当了20年，从1998年到2017年。

夏永祥1984至1986年初任岱东乡龙头渔业村党支部书记，之后前往岱东冷冻厂工作了5年，其间担任了4年厂长，1991年后才开始到定海、上海等地经商。1998年回到龙头渔业村又从村主任助理干起，干到村书记。几十年的基层工作，使其对人民群众的实际生产生活状况了解颇深。

我本来是两头跑的，一头是龙头村——后来变社区书记，一头是我们整个岱东镇5个渔村（龙头、沙洋、北峰、虎斗、费家岙）合并组建的渔业合作社，我做理事长。村里当书记当到2017年的时候，接班人弄好，我退掉。那么现在跑两头不跑了，书记那边不当了，也就是渔业合作社的党总支书记、理事长，所以为渔业也发挥了一些作用。

问题3：当时您的村书记是更重要的工作，还是理事长是更重要的
工作？

渔业工作更重要。还要考虑到我们渔船那边，我单位有200多条渔船，这么是更重要一些。那么社区就涉及老百姓比较多一点，也有3000多个人。哪边重要嘛……要说都重要，那么我认为还是我们这边（渔业合作社）更重要。因为那边放掉到这边，肯定是组织上也考虑过了，因为这边可能是压力更大一些。

2015 年评全国劳模的时候，我还是两个职务，到 2018 年推选全国人大代表的时候是一个职务。全国劳模和全国人大代表都是渔业系统推上去的。2014 年先推荐我为省劳模，2015 年的时候全国劳模名额来了又推荐了我。

问题 4：请介绍一下柯渔人渔业专业合作社的创立和发展，以及您的工作内容。

合作社是 2006 年 6 月合并组建的。把我们岱东一个镇里面所有的渔船、五个渔业村合并组建，成立一个渔业合作社。所以我们镇就我们一个渔业合作社，我们镇的渔业指挥中心也在合作社里面，所以领导值班也到我们合作社。

合作社工作的着力点在五个方面：转变渔业发展方式，强化渔业与渔民管理，提升渔业保障能力建设，创新渔业管理机制体制，提高渔区群众生活水平。

我的主要工作一个是渔业管理，包括贷款担保、证书办理，还有柴油发放、渔事海事的处理、劳资纠纷，等等。所以我们服务比较到位的，也得到了前方渔民老大（船长或船东）的认可，也得到了组织上的认可。

我们这个是管理服务单位，其实像我们合作社跟农民合作社是不一样的。农民合作社还要涉及经营，我们几乎是不经营的，就是渔业管理服务。我们渔业都是捕捞作业，没有养殖。不像种植大户组建的合作社，是一些联合体，有的叫做公司。我们合作社是集体的，就是纯粹为渔民前方 200 多条渔船管理服务。

在管理方面，合作社积极推广渔场"锋帆渔合、海上枫桥"经验，不断完善渔业基层管理组织网络化管理新模式，提高渔民组织化程度。

在服务方面，根据渔民实际需要，不仅有求必应，甚至服务在先。譬如合作社干部在伏休期间联系渔船修缮，让渔船集中到定点船厂修理，为生产单位节省渔业成本；每船节约修理费 0.5 万元，全年增收 56 万元；2020 年在新冠疫情期间，经合作社理监事会成员集体讨论研究，减轻渔民压力，对新冠疫情有影响的渔船减免管理服务费用 20%，减免上缴管理服务费用 40 万元。

（二）海上枫桥 东海渔嫂

图 3-4：夏永祥在岱山抲鱼人渔业专业合作社一楼大厅

问题 5：什么是"海上枫桥经验"？

我们浙江诸暨有枫桥经验，这是全国有名的。像我们舟山也有"海上枫桥"，包括党建引领、"锋帆渔合""东海渔嫂"等，我们也有一些特色，也做了好多工作。主要目的是提高安全生产系数，创建平安渔场，维护社区的和谐稳定、渔区的和谐稳定。

其中"海上枫桥"，我们就是把大事化小、小事化了，主要矛盾一般情况下都是我们自行解决，小事不离船，大事不出港，矛盾化解在船上。所以我们上访什么几乎是不太有的。

"海上枫桥"的主要工作是创建平安渔场、党建这块。我们前方（渔船上）有党支部，后方有"东海渔嫂"党支部，主要是为了促进安全生产，来保渔场平安和谐。现在合作社工作人员有 15 个，渔民前方党员老大将近有 50 个。前方党支部就是在海上，出海的党员老大有党支部书记的，我们最近刚刚还在扩建。

"锋帆渔合"和"东海渔嫂"是合作社打造的特色党建品牌。其活动内容主要包括：成立全县首家以合作社命名的抲鱼人先锋联盟中心，免费为渔民党员提供党性教育、调解互助、职业培训等系列党群服务；设立"红帆示范船"，开展海上党课，鼓励渔民党员在安全生产、矛盾调解、抢险救灾、文明守法、环境保护五大方面做表率。参与者除了有前方的党员船长或船东，还有后方的渔嫂。

合作社在全省率先成立渔嫂党支部，"吹好渔嫂枕边风"，引导渔嫂经常进渔村、访渔家、上甲板，向渔民宣传安全知识、调解矛盾纠纷、收集渔区信息，鼓励渔民当好"海上民兵"。

（三）科技兴渔 振兴渔场

问题 6：您作为全国人大代表，关注的面应该比较广，关于复兴渔场、发展海洋渔业乃至海洋经济，您有什么好的建议？

振兴渔场这块我们浙江内容是很多的，打击无证的、非法捕捞的、违规违法的、海上走私的。这个是我们浙江振兴浙江渔场，保护资源，保护海洋环境这方面的。这块我的建议意见提得比较多。

我作为人大代表不是只说我们这个单位的渔业，最起码说我们舟山的、浙江的渔业。渔业发展的形势现在是很严峻的。渔业总体上资源还是衰退的，海洋环境污染还是比较严重的。资源衰退还有人管，海洋环境，在洋面上、海底生活垃圾方面管的部门是没有的。第三个是渔船太多了，渔场是很拥挤的。那么还有柴油成本，柴油价格是太高了，从3500块到现在的8500块（每吨），成本成倍地增加。我们一年要1000桶柴油，1吨6桶，你说要多少？ 150吨①！所以说柴油成本是高得不得了。再一个劳动力很紧缺，劳动力现在工资也特别高，所以渔业成本已经高得好多渔船都是资不抵债②。

我们应该要做好减船这方面的政策，怎么把老旧的、不太好的渔船收购起来，国家收购，把它报销报备，这样是个好政策。现在渔业管的都是一些安全，上上下下都很重视，但是政策的研究——渔业怎么可持续发展，科技兴渔，渔民产业的发展是研究得不深的，管渔的力量也是不够的。

表3-2：关于振兴渔场抲鱼人合作社结合本社经验，提出了以下三方面建议：

（一）主动转变理念，推进转型升级。坚持发展现代渔业，引导渔业做精做强。目前，渔业发展已迎来了一个新的时期。绿色、生态、可持续已成为发展主流，要主动适应发展趋势，坚决改变掠夺式发展方式。重点把创建渔业强社作为发展渔业经济的重要方面抓紧抓好，着力培育渔业领头人，打造捕捞示范船。积极引导渔民转产转业，减船减人。要立足"守护家园，放眼世界"总要求，按照产业布局、结构调整和节能降耗等要求，加快渔业发展方式转变，引导渔民稳妥发展高效、低耗、逐年消减高危作业，逐步实现合作社捕捞作业多样化、专业化、钓业化发展。
（二）加强科技兴渔，发挥科技先导作用。推进渔船作业的升级改造，在合作社推广应用蟹笼渔船自动脱钩装置，实现机器换人，达到省支减人目的。加强对渔业资源保护型、生产高效型等作业方式的引进和推广，不断优化作业结构，淘汰老旧渔船，发展节能环保型渔船。紧紧扭住老大队伍这一牛鼻子，努力建立一支科技素质高、业务技术好、遵纪守法、精干高效的捕捞队伍。提高渔民综合素质，提升合作社规范化、组织化、产业化程度，提高科技对渔业发展的贡献率。

---

① 按1吨6桶算应为166.7吨，按每吨涨5000元计算，一年成本增加83万多元。
② "我们去年平均蟹笼船400万产值还要亏，大概要平均成本要420到430万，包括油的成本、劳工工资等都算进去。那么平均亏二三十万，差的还要亏100多万，盈利的也是不多的。我总结了一下的话，30%有一些盈利，40%是亏，30%是保平。"夏永祥说。

（续表）

（三）强化宣传教育，实现可持续发展。保护生态环境就是保护生产力，改善生态环境就是发展生产力。不仅要提高渔民的生产技能和安全意识，更要培养渔民保护好海洋资源的意识，海洋资源的可持续发展关系到渔业产业的壮大。在组织开展渔船老大面对面教育培训的同时，加大对职务船员和普通船员的培训力度，不断提高船员持证率，进一步提高船员的安全生产意识、生产操作技能和应急处置能力。

我呼吁推广我们浙江的做法，叫其他的沿海省市参照我们浙江做法。振兴渔场是我们浙江弄出来的，现在其他省份也在响应，但是他们动作是慢了些，我们浙江是走在前列。我们是起了一个表率的作用，做了一个很好的榜样。

（四）人才培育　蓝碳经济

问题 7：今年两会您又提出了新的建议，如《关于加强"新农人"队伍培育的建议》[①]、《关于建立全国首个"蓝碳经济示范区"的建议》等，请您就其中的重要建议具体讲解一下。

这些都有完整的书面建议，可以参考一下。

表 3-3：《关于加强"新农人"队伍培育的建议》（节选）

当前存在的困难和问题：
一是政策规划对新型农渔村产业支持不够。在土地规划上，缺少对农业开发模式、业态和产业链的整体规划，导致农村企业还是处于经营规模小、模式雷同单一、产品附加值较低等情况。在政策支持上，存在农业项目补助标准低、农业保险覆盖面不广以及环境、配套设施和水电网等服务保障不够等问题。
二是发展农渔村产业的吸引力不强。一直以来，因农业收入低、农村人口进城、流转困难、农民思想顾虑等多种因素影响，农村资源不断向城市聚集，返乡创业的人总体较少，少数农村甚至出现了严重的弃耕抛荒现象，主要原因还是农村的产业链、业态布局吸引力不足，引贤纳士的优势不突出。
三是缺乏系统全面的培训培育和技术指导。每年政府相关部门都会组织一些培训，给农渔民提供技术指导和技能培训，但这些培训主要是以传统农渔生产指导服务为主，属于普适性培训，且大部分是理论讲得多，实践经验少，缺乏对新型农渔产业方面的创业指导、政策解读和经验传授。

---

① 《建议》提出的背景：近年来，农村创新创业环境持续改善，外出农民工、高校毕业生、城市各类人才、退伍军人等返乡下乡创新创业的越来越多、规模越来越大，成为乡村产业发展的"新农人"。他们充分融合现代工具，采用更简单、有趣、实效的跨界手法做农业，为推进乡村振兴战略发挥了重要作用。但通过调研发现，当前"新农人"队伍发展还面临不少困难和问题，亟待关注和解决。

（续表）

建议：
一是加强顶层设计完善产业规划。建议国家农业农村部门在制定农业发展规划时，突出集群发展和农业产业链发展布局规划，规划要突出注重乡土文化的挖掘和利用、培育特色、丰富业态和产品，以科学指导智慧农业、休闲农业、创意农业、渔农产品电商的发展，鼓励农村发展多种经营模式，不仅是第一产业，要从二产业产品加工与三产的品牌销售及其他相关服务环节获得更多产品附加值。同时，农业产业的规划要与其它专项规划比如土地、城乡总体规划、旅游规划、农村基础设施提升规划等有机对接和融合，通过顶层设计来给更多的新农人从业创业提供空间，来指导和支撑现代农业产业高质量发展。
二是优化政策支持强化要素保障。建议国家农业农村、人力社保等部门出台政策法规，优化"新农人"队伍扶持政策体系，规定对新农人的认定、培育原则、要求、体制机制、考核和激励等，将扶持政策纳入法制化轨道。可以通过以奖代补等形式进行财政扶持，提高"新农人"创业积极性，通过加大税收优惠政策和加强金融保障，引导金融机构精准开发、创新金融产品，支持新农人创业项目，吸引更多优秀人才到农渔村干事创业。同时，建议农业农村部加大渔农产品推广和产品扶持，在搭建农产品公益宣传平台上加大投入，引导政府、学校、企业优先集中采购本地农产品，支持农业企业推动加工和配送链环节建设，提高特色品牌渔农产品知名度和影响力。
三是加强资源整合精准培训指导。建议国家农业农村、人力资源部门要有效整合专家和教育培训资源，从相关政府部门、渔农业科研院所及相关院校等征集成立培训分类专家资源库，以常态化集中培训和跟踪服务相结合，实行精准培训，精准服务指导，重点做好创业指导，解读各类政策和项目条件、补助标准、贷款、资金保险市场分析及现代农业指导服务以及渔农村电商营销技能等方面新农人较为关注的内容，同时在"互联网＋现代农业"背景下，要研究推行线上培训，根据"新农人"不同情况精准推送相关培训内容和线上服务，有效帮助"新农人"创新创业，力促乡村振兴。

表3-4 《关于建立全国首个"蓝碳经济示范区"的建议》（节选）

一、建立"蓝碳经济示范区"的重要意义
1.有利于海洋产业集聚。"蓝碳经济示范区"可实现生态价值转换为资产和资本，助力舟山抢抓海洋产业升级新赛道，推动风电、光伏、氢能、碳汇渔业等蓝碳产业成链、集群；同时还能为高耗能产业项目落地破解碳排放指标，搭建碳中和"蓝色通道"。有望成为千亿万亿的产业集群。
2.有利于"双碳"目标实现。《浙江省"双碳"方案》提出，2029年实现碳达峰，峰值4.7亿吨。当前全省碳排放量4.3亿吨，即浙石化二期和即将上马的四个火电碳排放量就接近0.4亿吨。迫切需要"蓝碳经济示范区"以市场化手段推进海洋碳汇产业，来推进碳中和。

3. 有利于海洋生态修复。"蓝碳经济示范区"引导社会资金投入蓝碳生态系统保护修复。可促进海洋碳汇产业集群化发展，从而提高固碳效率，实现对海洋空间资源的立体化开发和海洋经济的可持续发展。可有效平衡海洋开发利用活动和滨海湿地生态空间发展，破解滩涂围垦带来的近岸湿地面积逐步减少等问题。
4. 有利于依海富民探索。"蓝碳经济示范区"推动生态价值向经济价值高效转化，能将生态资源资产开发和村集体经济连结，实现"资源从渔农民中来，资金到渔农民中去"。将为渔民探索增产增收的新路径，让渔民实实在在享受经济发展和环境保护的双重红利。
二、存在难点
1. 底数不清。目前尚未开展蓝碳资源调查和监测研究，蓝碳监测体系还未建立，舟山蓝碳资源储量、固碳能力和增汇潜力底数不清，且还未对海草床、盐沼、红树林等近海岸蓝碳生态系统开展深入摸底调查。
2. 要素不足。舟山高校资源稀缺，专业人才匮乏，蓝碳生态价值转化所需的科技、人才要素不足。科研院所对蓝碳的研究尚不系统，在海洋碳汇核算、碳汇价值评估等领域研究权威性不足，对于蓝碳产生机制、监测管控、维护提升、评价计量等领域的标准技术体系缺失。
3. 机制缺失。蓝碳交易的体制机制尚不健全，规章制度、行业规范及技术标准亟须完善。目前，蓝碳交易主要还是集中在 IPCC（联合国政府间气候变化专门委员会）所承认的三种蓝碳生态系统，包括红树林、海草床、盐沼。舟山资源最丰富的渔业碳汇、清洁能源都还需要进一步建立标准。
三、建立"蓝碳经济示范区"的相关建议
建议国家发改委以浙江舟山为试点，建立"蓝碳经济示范区"，探索碳中和背景下海洋经济发展新路径。
1. 开展蓝色碳汇提升。加强综合海域治理，实现排海污染源总氮、总磷排放零增长。强化海岸带保护和滨海湿地自然保护区建设，形成高质量的海洋碳汇体系；推进红树林抚育、提质改造及各类海藻场和海草床建设，提升海洋碳汇增汇能力。加快"碳汇工厂"海洋牧场建设，加快构建以浅海贝藻养殖为载体的海洋碳汇渔业。
2. 布局清洁能源发展。加大海上风电、光电产业的发展，稳步推动潮汐能开发利用。扎实推动氢能技术发展和规模化应用，重点布局制氢、制氢设备制造、氢气储运及氢能辐射等项目，加快构建氢生态。加快推广 LNG 分布式能源应用，围绕 LNG 全产业链打造，推动"海上能源岛"建设。
3. 聚焦基础研究突破。搭建蓝碳经济科研创平台，强化低碳、零碳、负碳技术攻关，争取在绿色石化、海洋可再生能源开发与利用、储能、氢能、碳捕集利用与封存、海洋生态碳汇等领域取得重大科技成果。加强海洋碳汇计量监测、海洋碳汇核算评估等领域的研究运用，对舟山蓝碳资源储量、固碳能力和增汇潜力底数进行核定。建立蓝碳分类核算标准体系，评估蓝碳储量和排放的综合方法，为后续开展蓝碳交易、制定政策措施提供科学支撑。

（续表）

4.探索"蓝碳银行"运作。借鉴美国"湿地银行"、国内"两山银行"等模式，以生态补偿机制来实现"交易"。即通过建立碳中和、碳平衡交易机制，在区域生态功能量不降低的前提下，撮合碳汇供需双方主体匹配，实现碳汇指标的区域占补平衡。建议由政府和相关专业市场主体共同建立蓝碳产业基金，前期用于蓝碳银行对于蓝碳资源的收储。通过蓝碳资源整合、蓝碳资产注入，实现蓝碳综合资源库；后期加大对蓝碳交易参与主体的资金扶持。建立蓝碳经济引导政策，引导鼓励政策性银行、商业银行、基金、保险机构发展蓝碳领域绿色金融及其衍生品，探索建立蓝碳投融资标准规范。
5.构建蓝碳核算体系。一是构建GDP核算体系，通过重大蓝碳碳汇项目平衡高能耗项目，实现高能耗产业落地的可能性，拉动经济快速增长。计算蓝碳银行对于经济增长的拉动作用，辅助政府管理经济工作。二是构建GEP核算体系，通过交易品种确立，交易机制实现，形成系统的蓝碳价值确认方式，形成可度量、可计算的体系（GEP），核算掌握全市生态系统价值实现现状，让城市市民认识到生态系统所创造的价值，让政府能够有的放矢地提高生态系统服务能力。

采访手记

　　浙江是沿海省份，海洋经济是重要支柱，辖域内有著名的舟山渔场，因此在谈农业时，渔业不可不谈。在新时代浙籍农业全国劳模中也有来自渔业的，夏永祥就是其中的一位。夏永祥不仅是纯粹地致力于农渔业服务的劳模，更是渔业劳模中为数不多的全国人大代表。因此相信他对渔业乃至海洋经济有较深的见解，可以提供非常宝贵的信息。

　　约访夏代表时正值休渔期，渔船渔民都在港内，因此他工作实在繁忙，终于有幸与他通了电话。他一心为渔民分忧，没有多谈个人事迹，更多是在诉说当前渔业面临的严峻形势。既然谈"振兴"渔场，恰说明渔场现状不是太理想，需要振兴。然而岱山县依然是2021年浙江省城乡收入差距最小的县区，主要还是渔业的支撑。渔民收入是很高的，人均收入有十几万，面临亏损的是渔船老板。至于科技产品对渔业的帮助，主要还是体现在蟹笼渔船自动脱钩装置这一项，其他方面效果并不尽如人意，反而对渔民加重了一些负担，希望能够针对渔民的急难愁盼提供必要且好用的产品。本篇口述史本着实事求是的原则，如实地提渔民兄弟发声，希望渔业能得到各界更多关注和重视，协力解决难题。

五、何德兴：七一书记 振兴乡村

何德兴口述，周俊超采访撰写

采访时间：2022 年 7 月 30 日

采访地点：义乌市城西街道七一村

何德兴（1958 年出生），义乌市城西街道七一村党委书记，党的十九大代表，全国优秀党务工作者，2020 年全国劳动模范。采访聚焦七一村振兴之主题持续约 1 小时，此处撰写 6000 余字。

（一）创业有成 回村建设

问题 1：请简要介绍一下七一村的历史，七一村名字的由来。

我们七一村的名字产生于 1962 年。以前是叫东河村，东河是一个自然村，当时这个村庄比较大，有将近 3000 人，治理都很困难。最后在 1962 年的时候，大家就提出来这个村庄太大，就把我们东河村一分为三，分成了五一、六一、七一三个行政村，是这样的叫法，一直保留了下来。村名就是取自三个节日——五一、六一、七一，所以七一村的"七一"就是指七一建党节。外面进来的统称还是东河，东河有美食东河肉饼、东河甜鹅，这都是根据我们东河的地名来取的品牌。我们周边还有几个小村庄并起来了叫"八一村"。

问题 2：请介绍一下您个人的家庭背景和早年成长经历，以及如何成为村书记的？

自己整个都生在农村，长在农村，一直在农村。后来由于我们改革开放，我们东河人自己创业去搞物流。搞了几年物流（1993—1997）之后，讲实在话可以说是自己经济上也提高了，也可以叫做"淘到了第一桶金子"之后回到了家，就看到这个村里面环境很差，差在什么？走出去闻到的都是臭气熏天，每天晚上出去黑咕隆咚，因为没有路灯，道路高高低低、坑坑洼洼。

当时村里的老书记刚好年龄大了，他准备退休，所以在这个时候，老书记也跟我来说，这几个老党员也跟我来说，说叫我回来为村里做点事，在外面跑的人见识多，是这样的环境下。那么自己有三个愿望，我想我回去当一届村里的主要干部，当时有这么个想法。我主要就是三个目标。

第一个目标是什么？第一个目标就是要改变臭气熏天的情况。我们以前的粪便池都放在房子外面的，露天的，所以肯定臭嘛，这样的一个环境。但我想一定要想办法改变这样的面貌，露天的粪便池肯定不行，要加以整顿。我们要做一个厌氧池，把所有的粪便统一排到村里的厌氧池，厌氧之后再排出去这个水就不臭了。这是一个目标，必须改变露天厕所。

第二个想改变什么？要能够亮化亮起来。我们这个村比较大的，那么走来走去黑咕隆咚确实大家都不方便，经常会听到这个脚扭伤的，那个人丢去了什么，这样的环境想改变掉。

第三个就是把路面硬化，老百姓也期望。

所以自己走马上任确实是"新官上任三把火"，当时就动起来。所以这一动起来，得到了全体老百姓非常的拥护支持、老百姓的夸奖，我们终于改变了整个村庄的面貌。自己当时也认为好像这三个愿望实现有一种成就感，是这样的一种情况。

以上三件事还没有完成，老百姓对房屋的需求又开始了。我们有好多老房子、破房子，村中间都是"空心村"①，能不能够把老房子、破房子拆掉，统一规划一下？这个就是在做的当中出现的新情况。最后好了，一上马到现在退不下来。

因为大家最大的看法就是村庄的发展变化，老百姓在每次的换届选举给我的回报就是选票。这个不需要打招呼，自愿的，几乎是满票，也就是很高很高的高票，老百姓都把信任的目光都投给了我，手上的选票也支持了我，是这样的一个环境做到现在。我现在也年纪大了，所以确实自己感觉身体也好，各种方面也好，真的还需要……毕竟65岁了已经。

---

① 农村建设上，在农民新建住宅的过程中，由于村庄规划严重滞后等原因，农村居民点用地往往不能合理、有效地利用。新建住宅大部分都集中在村庄外围，而村庄内却存在大量的空闲宅基地和闲置土地，形成了内空外延的用地状况，即所谓的"空心村"。

图3-5：七一村农业生态园

何德兴带领村集体不仅实现了改厕所、设路灯、平路面三大目标，还于 2007 年 8 月动工建设了颇具特色的农业生态观光园。这个计划总投资 6000 余万元，总面积 400 余亩的生态观光园，囊括现代观光农业，包括湿地生态区、绿色农产品生产区、花卉观赏区、服务接待区四个功能区块。在七一村农业生态园里，游客可以搭乘"先锋号"游览小火车，抵达每一片特色作物种植区，每个区都以中欧班列所经城市命名。目前的农业生态园，集党建教育、休闲旅游、绿色农产品生产、花卉观赏、湿地生态于一体，是七一村集体经济发展的新模式。

问题 3：您当时修路、弄路灯的钱是哪来的呢？

钱一个是我们村两委干部的赞助，也有老板的赞助，村里的话当时也没有多少钱，村里也出一点。那么整个就把这三件事先做好。

那么后来三件事做好之后，村里考虑到发展，那没钱怎么发展？最后我们想了一个（办法）让它"养鸡生蛋"，就先解决市场，搞一个菜市场，因为我们村庄很大，以前都是马路市场。因为马路市场形势上跟不上，脏乱差，上面考核也不行，最后就形成一个室内的市场（东河综合市场，占地 6000 平方米）。所以我们把一个简易的市场首先建起来，投入 200 来万元把市场建好。

这个市场建好之后，每年的收益都要将近一两百万，效益很好。那么用了大概近十几年之后，也是要提高水平，又跟不上城市的管理了，这个市场要面临淘汰。我们又重新对这个市场进行了规划提升，现在成立了一个大的市场，是这样的一个发展。

考虑到村里的旧村改造，以往改的话都是按照抓阄，要么就是安排。安排的话讲实在话，肯定有利益驱动的了。为了体现公平、公开、公正，为了体现我们当干部的清正廉洁，最后我们把权力都交给老百姓。第一个就是承诺，老百姓没有 90% 以上的人住上新房，我们干部不建新房，这是一个承诺。

第二个承诺，地在村里的位置有好有坏，那么好的位置我们先把它理出来，这些属于好位置的，不能由村里干部来安排，统一都由村民来选位。哪几间好的，让老百姓谁出钱多的谁来建。通过这个模式的话，我们既公平，又公开，又公正，这样又取得了选位费，那么又用于建设里面的配套建设。

因为这个配套很费啊，整个现在管道就有很多管道，排水、排污，包括供水、电、气都是要通过管道，那个费用是很大很大的，没有通过选位的话我们就"死"了。所以通过选位减轻了老百姓建房的配套费，否则跟我们周边村一样每间房子要交 8 万、交 10 万的配套费啊！我们这个就不要交了，我通过选位有了嘛。那么穷的农户也高兴，其他抓阄的地方他们也乐意，有钱的农户好位置让他们去建去，因为他们这钱拿出来了。老百姓想着，最起码这样减轻了他们配套费。这样又壮大了村集体资金，又解决了配套的这些费用。

问题 4：最初建市场的 200 万也是这么筹集的？

对，当时没钱。那么在市场规划的时候建哪个位置，市场的边上就都是好地方。最后就规划了 50 间。首先第一批这 50 间把它规划起来，这 50 间先选位。那么通过选位我们就获得了近 300 万元。我们就用钱把市场建起来。市场形成了，那里位置更好了嘛。这些主意都是我们村两委集体想出来的。

（二）领导班子与文化建设

问题 5：除了这些，后面应该还有很多这方面的发展，带动村民乡村振兴，村两委是如何发挥领导作用的？

这个是很重要，这个村发展得好不好，关键的就是要看干部的能力强不强。所以我们一个村庄，好的村庄、要发展的村庄，要具备四个"好"。

第一个好是什么？就是要有一个好的政策支持你来发展。

现在我们政策一波接着一波，最早的时候是新农村建设，后续的是美丽乡村，之后是乡村振兴，现在是共同富裕。很多的政策出台都是便于农村的发展，所以要有一个好的政策。

第二个好是什么？就是要有一个好的领导班子。你没有好的班子，没形成战斗力，再好的政策也用不起来了，都会发生各种各样矛盾。这就必须要一套好的班子，所有的干部形成一个拳头的作用。这是要辛苦的，班子要团结的，要有战斗力了，要能够不怕得罪人的，这样的一个班子在政策实施当中才能做得好。

因为政策实施不是这么简单的。像我们土地流转非常难，当时有的老百姓也不同意。但是你不同意、不流转，我们建房子怎么建，规划怎么规划？这就是需要强有力的领导班子。如果几户人家不肯，土地调配不起来，我们怎么规划，怎么去实施？项目都是零的。所以要有一套好的班子。

第三个就是要有一个好的制度。你如果班子很好，花钱乱花，那就麻烦了，这要出问题。所以就是制度要好，国有国法，家有家规，必须要做到清正廉洁，否则要出问题的。

第四个是什么好？要思路好。村子的出路如何来谋划？我们这个村的发展不是近期发展，是远期发展，都要有一个目标的规划，要有一个自己的建设思路。跟国家一样，要有大的规划、远期的规划，我们再逐步地去实施，量力而行，这样一步一步把它做好，把它做成，这是很重要的。

问题6：您在文化建设方面也是非常重视，可以具体介绍一下。

文化建设是这样的。现在特别是经济条件好的地方，现在不是说考虑吃得饱、穿得暖，不是温饱问题了。现在可以说经济条件大家都已经不愁吃、不愁穿，日子很好过了，但是目前的环境缺的是什么？缺的是素质。素质怎么来提高？这个很重要。

素质的提高就是要靠文化来提升，文化可以提高人的一个素质，没有文化你怎么去提高？就像今天我看过一个学校的题目一样，这个老师提出来，大家看一个视频，然后让学生来分析。这是一个妇女，下着雨，抱了个小孩，还背了个包，在淋雨。这时走过去一个男的把他的伞撑起来，这个小孩把伞接了过来。最后让学生发言，有的说这个女的肯定有点生得漂亮，这个男想亲近；也有的说这个男人肯定有野心；有的学生说他肯定是想趁这个机会把她背上的包抢走，等等（偏负面的分析）。这是要教育的。

教育是什么？就是文化建设。

文化建设其实就是我们要来提升一个人的文化素质。文化不提升，人的素质不提升，你其他上去没用的。所以我们村里才会搞文化建设，包括我们在村里成立了一个文化创意园，又成立一个"一带一路"青少年教育基地。

文化创意园主要是引进工匠精神，就是把竹编大师何福礼、陶艺大师余晓球两位国家级大师的作品引进来，让大家看看他们为什么能够做成精品出来。

第一，人的境界要提升；第二，工匠精神不能忘。现在他们老是说义乌都是收摊位费，收房租，搓搓麻将过日子。这样下去人要堕落的，所以一定让大家来看看，工匠的作品都是很震撼的，有些都在故宫的。看看人家年纪这么大还在追求着完美，人家还在做这么精品的东西。这就是工匠精神，能够让大家都知道。现在我们每个村都在建文化礼堂，其实也是为了来提升弘扬我们的正气。

青少年教育基地就两个任务，一个是爱国主义教育，一个是素质教育。所以一定要让大家从素质上来提高，我们文化振兴了，那么整个社会的结构就都会好了。所以我前几年一直强调："让村民素质高一分，能让我们七一村的建设快十分。"目的只有一个，让大家都从素质上来提高，要重视去抓文化。

（三）对外帮扶 四海一家

问题 7：七一村吸引了不少外来建设者，他们主要从事哪些工作，怎么把他们留下来？

这很多，有些是打工的，有些开店的，有些办厂的，等等。所以现在有 9000 多号人在我们村里，我村里村民只有 1000 多人，他们 9 倍于我村民。但是这些人讲实在的，素质有高有低，所以我们也是在做，让这些外地人也来选先进，赶先进，让他们自我管理。我们每年年底会开展一次评选活动，我们的活动名称叫"我为第二故乡添光彩"。经过评比评选，他们外地人中的优秀青年在我村里可以入党。

这些形式就是来提升外地人的素质，也让他们要向好的看，向先进看，向先进学，这大大有力地促动了外地人跟本地人的和谐，也能够把他们留下来。所以我们就讲："本地人、外地人同为七一人，打工者、务工者同为建设者。"

问题8：七一村毗邻中欧班列始发站义乌西站，请问七一村的发展和义乌西站、中欧班列有没有关系？

因为我们这里还属于一个城乡接合部，现在还在发展中，没有几年的话，还不能形成按照城区发展的格局。现在正在建设中，我相信很快会纳入到我们市里主城区的范畴。

火车西站这一点肯定是提升的。它这些部门单位、火车站的用工建设都在我们村庄的后面，那么肯定势必会带来一些打工者、务工者，这些肯定要增加嘛。我们是讲，只要在义乌打工，不管在哪里打工，都是为义乌在做贡献的，所以我们要善待他们，要留住打工的人，他们是在义乌的发展中不可或缺的一部分。

问题9：目前全国村书记水平参差不齐，您认为作为一名称职的村书记应具备哪些条件，做好哪些方面？

最起码目前的环境下，我们浙江省委组织部推出了"治村名师"这个团队，现在我们浙江省是走在前列。今年央媒在报纸、电视上的报道也都出来了，浙江的治村导师团来引领乡村振兴、共同富裕。它就是通过这种治村的名师去指点，可以说手把手地教部分农村干部，发挥了实实在在的帮助扶持的作用。

> "导师帮带制"的价值不仅在于以老带新，让年轻干部少走弯路、加快成长，更在于通过组建以强带弱、抱团发展的党建联盟，充分发挥治村导师的辐射带动作用，通过理念共享、资源共享、成果共享，为壮大村集体经济、加快乡村振兴步伐提供强大动力。
>
> 浙江金华开发区越溪白鹤村党支部书记陈定粮通过结对帮带，与七一村党委书记何德兴结成师徒关系，取到了发展村集体经济的"真经"。"何书记给我们指明了一条因地制宜、利用资源壮大村集体经济的道路。"陈定粮抓住村里万亩良田的田园风光，将村里的一条溪、几棵树打造成为一个钓龙虾、抓泥鳅的亲子游避暑胜地。①

现在农村干部的素质确实是有差距的。一个村你如果村的主要干部

---

① 李丹：《浙江推行"导师帮带制"——强基层队伍促乡村振兴》，《经济日报》2021年2月8日。

不干事，干不成事，这个村也是很悲哀的。现在一个村主要靠谁？就是靠书记啊！书记不动，其他动得起吗，会动吗？你这个书记如果只占位子不干事的，就害了一个村，当了多少年，害了多少年。这个是很重要的一块。

所以现在整个我们义乌也是这样，先干事，后选人。这一届是前年下半年选的，要选的时候要先定事情，再来选干部。如果这个事你做不了，你别想来当干部。让你当就是把你候选，推到老百姓中去选。老百姓把你选起来了就要当好干部，你要把我们定的事完成掉，如果完成不掉，中途都可以罢免的。

所以我们当干部的确实都要靠他自己去评估，去衡量的。现在他如果认识到，这5年如果我一点事不干，就可以说延误了村里发展的5年，那个损失是不得了的。得让他有一种危机感，不干事的危机感。所以现在轰轰烈烈干事的都很多，但是有些干部需要素质上的提高、业务上的培养。

现在很多干部想干事，但是他就找不到一个目标，怎么干？他认为：我又没有发展的机遇，叫我怎么干？他看不到自己的一个发展的平台。哪个村现在没有平台？都有平台，关键要怎么去发掘。

习近平总书记那年到义乌来，总结义乌的发展用了三句话："义乌的发展是'莫名其妙'的发展、是'无中生有'的发展、是'点石成金'的发展。"[①] 义乌发展靠什么？义乌没靠啊！没东西可以靠，我们又不沿海。但是义乌就是这么闯出来的。"拨浪鼓"都很苦的，"拨浪鼓"要挑着担子，跋山涉水，挨村挨户上门这样去走的，去敲的，"鸡毛换糖"这样换出来的。我们当干部也要学会这种精神。我们自己来看看村里怎么规划，怎么能够带领老百姓致富，怎么能够壮大村集体，这是很重要的。

据《义乌县志》记载："早在清乾隆时，本县就有农民于每年冬春农闲季节，肩担'糖担'，手摇拨浪鼓，用本县土产红糖熬制成糖饼或生姜糖粒，去外地串村走巷，上门换取禽畜毛骨、旧衣破鞋、废铜烂铁等，博取微利。清咸丰、同治年间，糖担货色增售妇女所需针线脂粉、髻网木梳等小商品。抗日战争前夕，本县操此业人数增至近万，发展成为独特性行业敲糖帮（本县人呼'敲糖佬'）。糖担换回货物，分类剔选，公鸡三把毛（红鸡毛）和猪鬃，外销换

---

① 2006年6月8日习近平同志在义乌市城西街道横塘村座谈时的讲话。

汇；羽毛下脚，用以肥田；废铜烂铁，破布棕片，回销厂坊作工业原料。"①

问题 10：未来 5 年、10 年咱们村还有什么规划，发展的方向是什么？

现在按照村里的规划没办法去实施的，以前的规划讲大局的。现在你要去做发展，另外还有一些环境制约在这里。比如说你要发展，村里虽然有地，你怎么去发展，现在土地用地都控在政府当中。所以有些想发展，只能是比较成熟的项目这样去报报看，难度也很大。

所以我们的规划只能在村庄。现在老百姓大家都住上新房了，我们的主体经济还是农业。这种环境对我们来说的话，只能在其他的产业上我们再优化。比如说我们外地人多，外地人很喜欢晚上玩，现在我们准备要在村里面做一个夜市，把它建起来。通过这样来满足消费人群对夜生活的需要，也能够提升村里的集体经济。只能从这个方面去优化。

> **采访手记**
>
> 中国有数十万个行政村，就有数十万名村书记。村书记队伍庞大，工作要紧，不容小视。在村书记里选劳模，是非常必要且颇有意义的。何德兴书记便是新时代浙籍村书记劳模中有代表性的一位，其所在的七一村与党的生日同名，颇有象征意义，义乌又是浙江颇有国际影响力的城市之一，因此很适合作为采访对象。
>
> 作为兢兢业业的一村书记，又重视对外宣讲工作，何德兴平日很是繁忙。我们采取了通话方式完成了此次采访。此前关于何德兴书记和七一村的公开报道已有不少，但基本是对七一村发展状况的描述，对何书记的治村经验所述不多，而后者成为此次采访的重点。通过采访内容可见，何书记一心为公、忠诚为民，能干事、干实事，不仅个人能干，更能提升整个村领导班子的战斗力，作为治村导师的他，还帮助其他村书记提升业务能力、解决工作难题，为中国广大农村干部树立了榜样。

六、劳模视角看新时代农业发展

新时代农业发展是缩小城乡收入差距，实现共同富裕的必然要求和关键所在。在缩小城乡收入差距方面，浙江做得不错。以 2021 年为例，

---

① 义乌县志编纂委员会编：《义乌县志》，杭州：浙江人民出版社，1987 年，第 272 页。

当年浙江城乡居民人均可支配收入比约为 1.94 ：1[①]，远低于全国平均值约 2.50 ：1[②]。这也是浙江成为共同富裕先行示范区的重要因素之一。浙江能取得如此成绩，原因是多方面的，其中在科技赋能农业发展和农业人才培养等方面成效显著，劳模柴金甫、张继东等人便是受益者。然而在新时代农业发展的前沿智慧农业方向，仍面临人才短缺等问题。本节将从劳模视角出发，对智慧农业下的人才建设问题加以探讨。

（一）欲求才，先留人

"让愿意留在乡村、建设家乡的人留得安心，让愿意上山下乡、回报乡村的人更有信心，激励各类人才在农村广阔天地大施所能、大展才华、大显身手，打造一支强大的乡村人才队伍。"[③]

在采访劳模张继东时，他主动谈到一个问题，"吃苦"的问题："大家知道做农业现在年轻人是不太愿意做的，做农业其实蛮辛苦的，不管你技术好不好，不吃苦不行的。"当采访组追问道："现在年轻人不愿意种，以后总得有人种啊？"张继东也显得无奈，他提到了智慧农业，但话锋一转，又讲："可能像我们种蔬菜还是比较难。"[④]但最终还是回到智慧农业，并提到了机器人采摘播种——农业智能装备的应用。

可以看出，作为新型职业农民的张继东把未来农业发展的希望寄托在了智慧农业（含农业智能装备）上。所谓"智慧农业"是指"在信息时代中应用大数据、智能化、移动互联网和云计算等技术对传统农业经济实行产业化治理、实现农业生产供销全过程可追溯监管、培育职业农民的新型农业体系"[⑤]。智慧农业不仅可以在一定程度上减轻农业劳动强度，

---

① 根据年度统计调查结果，2021 年，城镇常住居民人均可支配收入 68487 元，农村常住居民人均可支配收入 35247 元。参见《2021 年度浙江省人民生活等相关统计数据公报》，"浙江省统计局"官网，http://tjj.zj.gov.cn/art/2022/2/11/art_1229129205_4874984.html，2022 年 2 月 11 日。

② 2021 年，全国城镇居民人均可支配收入 47412 元，农村居民人均可支配收入 18931 元。参见《2021 年居民收入和消费支出情况》，"国家统计局"官网，http://www.stats.gov.cn/tjsj/zxfb/202201/t20220117_1826403.html，2022 年 1 月 17 日。

③ 2018 年 3 月 8 日习近平在参加十三届全国人大一次会议山东代表团审议时发表的讲话。

④ 参见本章之"张继东：家庭农场 绿色标杆"。

⑤ 侯秀芳、王栋：《乡村振兴战略下"智慧农业"的发展路径》，青岛：中国海洋大学出版社，2019 年，第 23 页。

还带来了科技感和新意，确实更有可能吸引年轻人投身农业。然而，新的问题也随之产生。

1. 关于智慧农业的问题

首先，智慧农业由谁来做？智慧农业也需要有人来做，就像机器人也需要有人来研发和管理一样，那么势必要吸纳和培养年轻人来做，只依靠老一辈农民做是不可持续的。

其次，智慧农业也是农业，对于农业劳动者而言，一些该吃的苦还是要吃的，譬如张继东亲自给作物"把脉"等。如何使年轻人消除对于农业的排斥心理，树立吃苦耐劳精神，是一个难题。当前，国家对于乡村振兴非常重视，相关研究火热，成果丰硕，针对乡村人才振兴也提出了一揽子的方案和措施。但如果不能解决年轻人对于农业的态度问题，也还是难以落实。

再者，智慧农业是一门跨学科实用型新专业，入门的门槛高，对学习者的知识储备和实践能力都有较高要求。目前国内开设智慧农业本科专业（专业代码：090112T）的高校不足30所，相近的农业智能装备工程本科专业（专业代码：082307T）开设的高校也仅有10所。[①] 显然仅通过普通高等教育培养智慧农业人才，即便质量优、作用大，数量上也不足以满足全国农村的大量需要。如何推广智慧农业，降低其门槛，让更多年轻人参与进来，也是一大问题。

2020年，华中农业大学获批了国内首个智慧农业本科专业。"智慧农业专业是在传统农科专业基础上，实现深度学科交叉。利用现代生物技术、信息技术、工程技术、现代农业管理来改造传统农学专业，其也将带动农业机械化与自动化、生物信息学、数据科学与大数据技术等专业的协同发展。""智慧农业专业致力培养胜任现代农业及相关领域的教学科研、产业规划、经营管理、技术服务等工作的高素质创新型复合人才，学生需要具备较高的数理基础、文学素养以及英语功底。"[②]

---

① 参见"智慧农业"与"农业智能装备工程"专业"开设院校"，"中国教育在线"官网，https://www.gaokao.cn/special/8688?sort=1&special_type=3，2021年7月15日。

② 陈晓彤等：《华中农业大学开设全国第一个智慧农业本科专业》，《长江日报》2021年5月8日。

表3-5　智慧农业学习推荐书目

①中国电信智慧农业研究组编著:《智慧农业 信息通信技术引领绿色发展》,北京:电子工业出版社,2013年。
②李伟越等主编:《智慧农业》,北京:中国农业科学技术出版社,2019年。
③杨丹主编:《智慧农业实践》,北京:人民邮电出版社,2019年。
④柳开楼:《智能手机在智慧农业中的应用实践》,北京:中国农业科学技术出版社,2019年。
⑤侯秀芳、王栋:《乡村振兴战略下"智慧农业"的发展路径》,青岛:中国海洋大学出版社,2019年。
⑥龙陈锋等:《智慧农业农村关键技术研究与应用》,天津:天津大学出版社,2020年。
⑦李道亮编著:《无人农场——未来农业的新模式》,北京:机械工业出版社,2020年。
⑧滕桂法等编著:《智慧农业导论》,北京:高等教育出版社,2021年。
⑨郭顺义、杨子真编著:《数字乡村:数字经济时代的农业农村发展新范式》,北京:人民邮电出版社,2021年。
⑩马洪凯、白儒春主编:《物联网技术与应用——智慧农业项目实践指导》,北京:冶金工业出版社,2021年。
⑪黄伟峰、朱立学主编:《智慧农业测控技术与装备》,成都:西安交通大学出版社,2021年。
⑫辜丽川编著:《智慧农业应用场景》,合肥:安徽科学技术出版社,2022年。
⑬连卫民等编著:《智慧畜牧业技术》,北京:中国水利水电出版社,2022年。

2. 环境留人与产业留人

在引人留人方面,各种方案措施都离不开两样法宝——好的环境和好的产业,二者缺一不可。

好的环境方面,众人皆知改善农村人居环境,建设美丽乡村的重要性。确实环境好了,人就愿意来,来了就不想走。但值得注意的是,这里所谈的人居环境,自然景观和硬件设施只是一方面,人文环境更加重要。自然环境好,可以吸引人来参观旅游;人文环境好,才更让人想留下来生活。

义乌市城西街道七一村党委书记何德兴曾说:"村民素质高一分,新农村建设快十分!"他不仅打造了美丽的农业生态园——七一生态园,更重视本村的文化建设。"在我们七一村,远程宣教活动是设在广场上的,不光1200名本村村民,6000多名外来务工人员也能来参加学习;村里早就组建了青年篮球队、腰鼓队、秧歌队和锣鼓班;老年合唱团从最初的 20 多人发展到如今的 103 人，经常外出比赛、演出，远近闻名。"[1] 何德兴自豪地说。

郑户南，现杭州泗乡农业专业合作社理事长，浙江省人大代表，也十分关心农民教育，积极推动智慧农业。他说："如何让农民提高素质教育，发挥他的潜能，在新时代中能够更大地做出贡献，是我关心的问题。"[2] 郑户南期待通过打造"农村大脑"平台[3]，发挥其在产业发展、要素配置、金融服务、乡村治理、文化建设等方面的运用。2019 年 9 月，郑户南亲手创办了农村大脑（杭州）数字科技有限公司，并联络杭州市西湖职业高级中学也加入了建设"农村大脑"的队伍。西湖职高的茶文化特色专业专门培养精通茶叶营销和茶艺表演的复合型人才，而职高学生有很多就来自转塘、龙坞——西湖龙井的产地，恰是茶乡"农村大脑"需要的青年人才。

农村人文环境的极大提升，尤其是让人在农村也能得到较好的培养和发展，拥有并实现属于自己的中国梦，这对于年轻人，尤其是原本就出身农村的年轻人来说，势必产生不小的吸引力。当然除了好的环境，能提供好的就业创业机会，才是吸引人、留住人的关键。

农村引人留人的第二法宝便是好的产业。何德兴打造的农业生态园始建于 2007 年，占地近 500 亩。不仅有景观，也有产业。"生态园一期主打农业科技，有机种植的瓜果蔬菜行情向来走俏。""这个集科研生产、生态休闲、游览观光于一体的生态园，已经成了七一村引客进村、引项目进村、引人才进村的聚宝盆。"[4] 农旅融合的发展模式相比传统农业既美观又新颖，着实更吸引人。

当然，如果说七一村靠近义乌市区，区位优势太过明显，那么王金明所在的富阳区湘溪村则足够偏僻。因地处偏远，直到 2007 年时，湘溪村产业仍几乎为零，村集体经济负债已高达 200 多万元。身为村党支部

---

① 何晟、杨一凡：《义乌村官何德兴：当初骂得最凶的村民，最后投了他的票》，"浙江在线"网，https://zjnews.zjol.com.cn/zjnews/jhnews/201709/t20170914_5070891.shtml，2017 年 9 月 14 日。

② 王海鹏等：《代表委员说丨郑户南：数字技术赋能 提高农业经济效益》，"央广网"百家号官方号，https://baijiahao.baidu.com/s?id=1690098593379981339&wfr=spider&for=pc，2021 年 1 月 28 日。

③ 所谓"农村大脑"，"说的通俗点就是应用现代互联网和物联网技术助力乡村发展建设，利用网上平台让农村经济得到快速有效发展"。详见"农村大脑"简介，"农村大脑（杭州）数字科技有限公司"官网，http://www.sixianggs.com/article/list/1.html，2022 年 7 月 10 日。

④ 苗露：《20 年，唱一出"空心村"蜕变记——专访义乌城西街道七一村党委书记何德兴》，《浙江老年报》2017 年 9 月 22 日。

书记的王金明却立场坚定地认为："即使在最困难的时期，我也不轻易变卖集体土地和资产，就等着绿水青山格局打造完成，让所有村集体物业都随之升值出租。"①

2016年，湘溪村明确以"环境建村、生态立村、旅游富村"为发展方向，定位"十里湘溪，生态家园"，积极发展生态旅游。如今的湘溪村，生态环境、人居环境得到了很大改善，拥有了完善的乡村旅游基础设施，建有占地100余公顷的湘溪村生态观光园，由千年古银杏、云豹自然保护区、石门岭森林公园等各具特色的自然人文景观构成；通过大力发展生态农业，全村已建成竹笋、杨梅、猕猴桃基地5000余亩，注册了一批特色农产品品牌；成功举办多届杨梅节、山乡节，每年都能吸引……上万名游客及摄影爱好者纷纷前来游玩、观赏……实现了美丽乡村向美丽经济的历史性跨越。②

王金明的理想变为了现实。"2014年，杭州湘水湾文化策划有限公司承租湘溪村两幢农庄房屋和场地设施，开办湘水湾度假村；2015年，村里的旧村委办公大楼出租，引进众安集团开设又一邨·青庭民宿；2017年，湘溪村成立富阳首个房车基地，由杭州蓝狐房车俱乐部承租经营。"③2018年12月，湘溪村与浙江元墅养老服务有限公司合作的湘溪养生养老基地开业。王金明精准把握住了湘溪村地处偏远但风景好的特点，践行了"绿水青山就是金山银山"④的发展理念，通过出租物业的低风险方式引进产业和人员，实现了可持续发展。

综上，好环境是基础，好产业是关键，好环境与好产业融合打造的美丽产业是时下最吸引人、也最符合绿色低碳可持续发展理念的一种产业模式。当然，全国各地农村自然条件差异很大，对于没有什么资源和区位优势、难以开发旅游等特色产业的普通乡村来说，改善基本的人居环境，依靠农业本身谋发展，也依然可为。后者或许不易吸引外来人口，但至少能够留住本村人口。尤其受新冠疫情影响，城市就业一时间面临较大压力，各村可顺势发挥亲缘、人缘、地缘优势，积极召唤"农二代"返乡发展，为本村争取宝贵的人力资源。

---

① 倪华华等：《王金明：山村脱贫致富的"幸福领路人"》，《富阳日报》2018年12月3日。
② 倪华华等：《王金明：山村脱贫致富的"幸福领路人"》，《富阳日报》2018年12月3日。
③ 倪华华等：《王金明：山村脱贫致富的"幸福领路人"》，《富阳日报》2018年12月3日。
④ 2005年8月，时任浙江省委书记习近平于浙江湖州安吉考察时提出的科学论断。

（二）留住人，发展人

普通农村暂时没有产业如何留住人？这着实是一个难题。以往农村的家长普遍把返乡的"农二代"当做体力劳动者，直接令其下地干活，抑或者做一些其他营生，如到附近找个地方帮个忙、打个杂等等。在外面见过大世面的年轻人面对这些工作难免心里有落差，甚至会让他们觉得没有未来和希望，变得消极懈怠。

虽说劳动不分贵贱，但直接让充满潜力的年轻人从事这类简单劳动，确实在某种程度上扼杀了他们谋发展、求创新的可能。因此当人回来了，首先要想到并做的是发展人，鼓励他们去学习新知识、新技能，而不必急于利用他们。

1. 智慧农业是一大方向

朝哪个方向发展，学习哪些知识和技能？这需要发挥集体的力量，由村级以上集体根据集体的发展需要，联合外部优势资源组织相应的人才培训。如柴金甫在其口述史中提到的缪家村乡村振兴学院便是典型案例。

2019年9月，嘉善大云镇缪家村联合上海交通大学海外教育学院共建了全国首家实体运营的村级乡村振兴学院。该学院旨在"让农业更智慧、让农村更美好、让农民更幸福，打造以农为本，三产融合的创新实践基地"，此外"在首创践行、研究总结和培训传播的基础上，学院将立足大云，面向全国，面向各地政府、乡村、企业和新型农民群体，进一步提供各类专业咨询辅导和平台对接服务"[1]。

在这么好的资源条件面前，个人的发展当顺应集体发展的需要和方向，利用好集体资源，乘势而上；游离在集体发展方向之外"单打独斗"将事倍功半，失败风险高。而各地农村集体的发展方向也当顺应新时代全国农业发展的大方向，这一大方向就在智慧农业。

正如张继东所言："我们现在耕地、开沟这些机械化都有了，像滴水、肥水一体啊、喷管啊，能够机械化的全部已经用上了。"意思是说，现在农业的机械化程度已经相当高了，当农业的机械化达到饱和状态时，欲进一步提高生产效率，转向智慧化成必然趋势。智慧农业新平台呼唤新时代年轻人加入，新时代年轻人也需要有这样能带动自身发展的新平

---

① 《全国首家！小乡村里有了专业学院 嘉善县缪家乡村振兴学院正式亮相》，"中共嘉兴市委 嘉兴市人民政府"官网，http://www.jiaxing.gov.cn/art/2019/9/29/art_1592813_38537143.html，2019年9月29日。

台建立。于是，鼓励引导年轻人学习和投身智慧农业成为必要和可能。

上文讲到智慧农业专业门槛高，是针对本科以上专业技术人才培养而言的。对于广大农村普通学员，学习智慧农业第一目的在于应用，所学知识偏科普和实用。如此即便受教育程度仅在初高中水平，亦能入门。那么学习资源一部分依靠外部优势资源提供，包括线上线下组织的智慧农业培训班及相应课程、智慧农业专技人才下乡做的产品与技术推广等；另一部分就需要调动学习者的自主学习意识，配合培训课展开课下自学，或者在外部资源欠缺的情况下先以自学为起步。从以往农业劳模的经验来看，最容易被人忽视的自学竟是打开成功之门的钥匙。

2. 自学带动自主创新和发展

首先，自学是人的主动选择，是自发树立理想并自愿为之倾力奋斗的果敢。

叶建国，现任宁海县一市镇白荔枝枇杷山庄总经理，曾利用一株变异的白砂枇杷嫁接培育出更美味的白枇杷品种，成为"宁海白"枇杷的创始人。1994年，当叶建国偶然发现这株美味而神奇的枇杷变种时，他即冒出了一个想法："以这株枇杷为母本，对全园800株枇杷进行高位截枝嫁接，能否培育出如此美味的'白枇杷'果树呢？"说做就做，"尽管没有得到亲友的支持，却阻止不了他探索的脚步"。只有初中文化的他"一面自己摸索，一面远赴外地向一些农业专家'取经'求教。为了培育新品种，叶建国还卖掉了家中财产，背负巨债，一家人过着清苦的日子。面对困难与挫折，他从来没有抱怨过，因为他相信他的白枇杷终有一日会成功"[1]。终于在1997年，他嫁接的枇杷成功产果，取名"白荔枝"。

如果说叶建国的成功源自一次大自然的馈赠，多少有些偶然，那么泰顺县罗阳镇苏北村猕猴桃种植户彭尚进，则是有意识地去选育优质品种，耗时更久。"为了丰富猕猴桃栽培品种，提高农民收入水平，只有初中文化的彭尚进，克服种种困难，毅然决定挑起选育猕猴桃优良品种的重担。1999年，他选用泰顺县乡土毛花猕猴桃，通过8年时间成功选育出大果型新品种……'华特'猕猴桃。"[2]此后，彭尚进逐步成长为一名高级农民技师，除了猕猴桃，还创新了毛竹种植技术和养羊技术，获得诸多科技奖。

---

[1] 《我的名字叫建国 | 他是带领村民致富的"枇杷王"》，"中国宁波网"，http://news.cnnb.com.cn/system/2019/02/07/030025695.shtml，2019年2月7日。

[2] 《彭尚进 科技示范引领农民增收》，《浙江工人日报》2015年4月30日。

在叶建国、彭尚进等急切开发新品种的20世纪90年代，中国农技人才较之今日更加短缺。因而即便当时的农民文化程度普遍偏低，但也毅然靠着自学起步，自主探索，最终取得了个人成就，也带动了一方经济的发展。农业劳模的自学精神不仅令人敬佩，更值得弘扬。

其次，自学不是闭门造车，相反要求自学者主动向他人"求经"，提高学习效率。

许丽珍，三门县湫水花果专业合作社理事长，曾是一名下岗职工，"一个偶然的机会，她听了一位农业专家关于效益农业开发的讲座，很快意识到这是个前景光明的产业"。"说干就干。2001年，许丽珍承包了亭旁镇格水邵村50亩的杨梅低产园，经过园地清理和高接换种，实行低产林改造，当年就产生了效益。""初战告捷，但困难也接踵而来。果木生产周期长，前期效益低，幼林培育管理担子很重。为了提高技术，她先后到浙江省农科院、杭州中惠园林公司等地学习培训，邀请县内外农林专家实地面授，还订阅《农村新技术》《花木在线》等10多种农业科技书籍，掌握农技要领。"①

> "我一人成功算什么，大家都富才算好！"许丽珍是这么说的，也是这么做的。为了更快更好地带动当地农民致富，2002年6月，许丽珍投资17万元，联合县供销社及16位种植大户，创办浙江省三门县湫水花果专业合作社，走规模化经营、标准化生产、品牌化营销的道路。许丽珍自费邀请省市农业专家，为农民现场技术指导，为种植大户和下岗女工讲课，并发放技术资料。②

再者，自学不只是学习现有知识，也是一个探索未知的过程，可在追求实用的过程中，迸发出理论和技术的创新，进而从一名学习者进阶为专技人才。

朱屹峰，嘉兴市绿江葡萄专业合作社理事长，初中毕业后的他做过8年水泥匠，攒够了本钱，满怀理想，决定创业。他养过猪、养过黄鳝都失败了，但凭借坚持创业的决心和刻苦钻研技术，终于在葡萄种植方面取得了成功。"从一开始创业，我就想着以后自己富了，可不能忘记父老乡亲。因为我也是农民，我懂得农户们渴望脱贫致富的心情。而之前创业失败的经历，则让我明白了农民不能缺知识、少技术。"朱屹峰由衷

---

① 《全国五一劳动奖章获得者许丽珍："花果山"上的女掌门》，《台州日报》2015年5月1日。
② 《全国五一劳动奖章获得者许丽珍："花果山"上的女掌门》，《台州日报》2015年5月1日。

说道："我愿意把葡萄种植的经验无偿地传授给大家，让更多的人能成为葡萄种植能手。"①

为了让乡亲们自己掌握一套致富的过硬本领，朱屹峰到全国各地听课、"取经"，日夜专研技术，并汇集自己多年来的失败与成功经验，编成了《葡萄实用技术手册》作为农函大的教材，他也因此被评为高级农技师。在他的帮助和指导下，不少葡萄种植户的年收入节节上升。之后就连外地的农技、农经部门也邀请朱屹峰去讲课，他都欣然前往。他还主编"浙江省绿色农业丛书"（葡萄版）、《嘉兴市农函大葡萄实用栽培技术》《南方红地球实用栽培技术》《醉金香葡萄栽培技术》等，并在全国性刊物上多次发表论文，一名普通农民凭借自主学习和研究最终成长为了农业专家，并带动培育了一大批新的农技人才②。

上述浙籍农业劳模自学成才的时间虽然普遍发生在 20 余年前（说明浙籍农民致富早），但自学精神并不过时。新时代年轻人欲搭乘智慧农业之东风成为一代"新农人"，除了如夏永祥代表提出的政府层面要提供相应好的顶层设计、政策支持和精准指导，年轻人自己也要有主动求知进步的意识，从嗷嗷待哺进步为主动觅食，使成长更加茁壮。

（三）让人羡，让人爱

1. 让人羡慕是引人留人的最佳境界

现在嘉善县大云镇缪家村流行一句话："让城里人羡慕农村人，让农村人羡慕缪家人。"③确实调查数据显示，嘉兴市为 2021 年城乡收入差距全国最小的地级市，2021 年嘉兴市城乡居民人均可支配收入比约为 1.60：1④，其中嘉善县更是低至 1.59：1⑤。缪家村则"农民纯收入超过 5

---

① 《全国五一劳动奖章获得者许丽珍："花果山"上的女掌门》，《台州日报》2015 年 5 月 1 日。

② 《浙江省发力社区教育》，"中华人民共和国教育部"官网，http://www.moe.gov.cn/jyb_xwfb/s6319/zb_2016n/2016_zb06/16zb06_sqlnjy/201611/t20161108_288124_1.html，2016 年 11 月 8 日。

③ 《党代表通道｜张兵：嘉兴城乡收入差距全国最小》，"浙江日报"百家号官方号，https://haokan.baidu.com/v?pd=wisenatural&vid=4503235801964637747，2022 年 6 月 21 日。

④ 根据年度统计调查结果，2021 年，城镇常住居民人均可支配收入 68487 元，农村常住居民人均可支配收入 35247 元。参见《2021 年度浙江省人民生活等相关统计数据公报》，"浙江省统计局"官网，http://tjj.zj.gov.cn/art/2022/2/11/art_1229129205_4874984.html，2022 年 2 月 11 日。

⑤ 2021 年，嘉善全县城镇居民人均可支配收入 70428 元，农村居民人均可支配收入 44324 元。参见嘉善县统计局：《2021 嘉善县国民经济和社会发展统计公报》，"中共嘉善县委嘉善县人民政府"官网，http://www.jiashan.gov.cn/art/2022/4/14/art_1229373860_4912489.html，2022 年 4 月 14 日。值得说明的是，嘉善县还不是当年嘉兴乃至浙江城乡收入差距最小的县区（含县级市），嘉兴最小在桐乡市，浙江最小在岱山县。

万元"，"实现了全村退休年龄养老安置全覆盖，已连续两年为全村村民发放股金分红，每年各项福利累计总额超 400 万元"。令人艳羡的数字背后是在农村人口不断流失的背景下，党和政府关心带领留守农民潜心奋斗，终于实现肉眼可见的农村生活品质的提升。

以前人们提到农村，总和落后联系起来。如今时代变了，农村正在成为令人羡慕、心生向往的地方。环境好、福利高将成为新时代农村带给人们的新印象，从而引起人们审美旨趣的转变，至少课题组在采访农业劳模时是心生羡慕的。

农业劳模成功背后固然付出了太多他人看不到的艰辛，通过口述史表露的也只是其中一二，但如果把生活压力也考虑进去，其实如今在城市劳动和生活未见得比农村轻松。或许今天出身农村的年轻人仍然向往城市，但这并不意味着就要排斥农业和农村，后者并不妨碍前者，只是提供更多一种选择——向往城市的人可先留在城市一段时间之后可再做选择。

新时代中国农业正在科技赋能的助力下实现质的飞跃，智慧农业更是开拓了一片广阔天地，就连城市人亦可搭上科技的东风转而投向农业和农村。时代正在提供这样一个重新选择的良机。

2. 心生热爱是扎根发展的不竭动力

杭州红通樱桃专业合作社理事长周海东说，自己原本是个普通的果农，但正是因为爱好这个行业，便坚信这是一项值得付出的事业。"要干一行爱一行，如果对所做的事业没有感情，也绝对不会沉下心来钻研。我现在已经离不开它了，我甚至觉得它和我的生命一样重要。"[1]

的确，能够热爱自己从事的事业是种崇高的境界，这份热爱也是让人倾其一生为之奋斗的不竭动力。相比于传统说教式的或者强迫式的"吃苦教育"，如何让人爱上一项事业而不惧吃苦，才是更加高明的。

郑户南认为，可以在人文建设中，"借助数字技术让劳动成为快乐，转变生产关系，推动生产力出现根本性的提高；让社会资源得以高频参与，让劳动者实现各尽所能、按需收获；让新时代农民找到存在感、自豪感、荣誉感"[2]。这里提到的"快乐""存在感""自豪感""荣誉感"皆是令人产生喜爱、热爱之情的直接的美好感受。这些美好感受虽然不能

---

① 宋晗语等：《全国劳动模范周海东的"樱桃故事"》，《余杭晨报》2020 年 11 月 25 日。

② 《郑户南：我是农民的代表，我为乡村振兴发声》，"澎湃新闻"网，https://www.thepaper.cn/newsDetail_forward_5515006，2020 年 1 月 14 日。

完全消解身体上的劳苦，却至少可以让人心不苦，甚至心里甜，从而产生对劳动的热爱之情。

　　农业能够带来直观的收获，从结果看本就是令人喜悦的，其中的苦主要是劳动过程的辛苦。身体上的劳苦是可以随着休息消除的，更可怕的是心理上的"怕吃苦"——一种畏难情绪。很多人面对有挑战性的工作浅尝辄止，甚至未敢尝试就已经退缩了。他们之所以选择退缩，是因为他们认为还有不必吃苦的舒适区当退路。因此欲克服"怕吃苦"的情绪，除了爱好，还需破釜沉舟的勇气和坚定。或许又有人缺少勇气，害怕失败，怕坚定错了方向，最终劳而无功。然而任何一项事业唯有坚定地做下去，方能充分了解它，发现它的深层魅力，并在此过程中更加了解自己，从而最终找到那个适合自己、能够取得成功的方向。上述劳模们的案例无一不是明证。

第四章　新时代浙籍工业劳模口述史研究

浙江是位居国内前列的工业强省。2021年，浙江规模以上工业[1]增加值20248亿元，同比增长12.9%，两年平均增长9.1%，远超全国平均的9.6%和6.1%[2]。截至2022年2月，浙江规上工业企业数量突破5.4万家，创历史新高[3]。本章收录俞保云、沈守贤、万亚勇、施文美、廖洪德、王爱明等6位浙籍工业劳模[4]的口述史文本，并结合2015、2020两届共92位浙籍工业全国劳模的现有口述资料展开研究，通过劳模实例彰显新时代浙江乃至中国工业发展新成就，通过劳模视角探究新时代工业发展面临的新问题。

一、新时代浙籍工业劳模概况

164位新时代浙籍全国劳模中，人数最多的就是工业劳模，多达92位，占比56.1%。这也反映出工业经济之于浙江经济的重要地位。2021年，工业对浙江全省GDP增长的贡献率达48%[5]，2022年上半年更是高达60%[6]。尤其在新冠疫情带来的逆境中，以工业"压舱石"稳经济"基本盘"显得尤为重要。本节将以2015、2020两届92位浙籍工业全国劳模

---

① 中国规模以上工业是指年主营业务收入在2000万元以上的工业企业（自2011年起的新标准）。

② 浙江省统计局 国家统计局浙江调查总队:《2021年浙江省国民经济和社会发展统计公报》，"浙江省统计局"官网，http://tjj.zj.gov.cn/art/2022/2/24/art_1229129205_4883213.html，2022年2月24日。

③ 夏丹等:《最新成员542299家！浙江规上工业企业扩容了》，"浙江日报"百家号官方号，https://baijiahao.baidu.com/s?id=1729328321347915451&wfr=spider&for=pc，2022年4月6日。

④ 此"工业"泛指第二产业。92位浙籍工业全国劳模，皆工作在工业企业中，其所在行业是根据劳模获评"全国劳动模范"时的主要职务及工作内容划分的（不是根据其企业主营业务划分的，非严格的划分，仅供参考），先按行业、后按归属地分类排序。

⑤ 夏丹等:《三个关键数字 带你读懂浙江工业这一年》，"浙江日报"百家号官方号，https://baijiahao.baidu.com/s?id=1722933771899894315&wfr=spider&for=pc，2022年1月25日。

⑥ 甘居鹏:《天目观察 上半年GDP增长2.5%！浙江经济经受住超预期冲击 向好可期》，"天目新闻"百家号官方号，https://baijiahao.baidu.com/s?id=1739330700990975264&wfr=spider&for=pc，2022年7月25日。

（见下文表 4-1）为例，对新时代浙籍工业劳模的年龄结构、性别结构、行业与归属地结构等加以概述。

表 4-1　2015、2020 届浙籍工业全国劳模

姓名	行业	归属	获评"全国劳动模范"时的单位、职务与职称
於惠民	机械	杭州	杭州锅炉集团股份有限公司自动焊电焊班长、高级技师
吴国林	机械	杭州	杭州汽轮机股份有限公司班长、高级技师
叶金龙	机械	杭州	浙江万马股份有限公司技能大师工作室负责人、高级技师
雷建土	机械	杭州	杭州电缆股份有限公司中压交联制造部副部长、高级技师
徐俊昌	机械	杭州	杭州宸运环境工程有限公司电焊工
王荣栋	机械	杭州	杭州娃哈哈集团有限公司装备制造中心普铣组长、技师
高泽普	机械	宁波	宁波星箭航天机械有限公司总工程师、高级工程师
陈俭峰	机械	宁波	宁波明欣化工机械有限公司焊接负责人、高级技师
冯　闯	机械	宁波	金丰（中国）机械工业有限公司装卸班组长、中级工
叶辽宁	机械	宁波	舜宇集团有限公司董事长、高级经济师
虞成安	机械	宁波	宁波甬港拖轮有限公司技术设备部电气主管、高级技师
万亚勇	机械	宁波	宁波中大力德智能传动股份有限公司设备科科长、高级技师
黄顺祥	机械	绍兴	浙江锻压机械集团有限公司电工组长、技师
姚新义	机械	绍兴	盾安控股集团有限公司董事长、高级经济师
范国伟	机械	绍兴	卧龙控股集团有限公司微电机事业部设备主管、高级技师、工程师
王为明	机械	嘉兴	浙江威能消防器材股份有限公司生产副总经理、高级技师
钟耀权	机械	嘉兴	桐乡市恒泰精密机械有限公司生产技术部部长、高级技师
郭伟华	机械	省属	机械工业第二设计研究院院长、高级工程师
冯　明	机械	省属	中国铁路上海局集团有限公司杭州电务段信号工、高级技师
吴明锋	机械	台州	浙江双环传动机械股份有限公司高铁齿轮项目组副组长、高级技师
杨文杰	机械	台州	浙江新菱电机有限公司机电组组长、高级技师
胡东方	机械	温州	浙江晨泰科技股份有限公司模具设计师、工程师
张积贵	机械	温州	浙江温兄机械阀业有限公司机加工艺主管、技师
吴来红	机械	温州	温州中淳高科桩业有限公司维修主管
施文美	机械	湖州	湖州太平微特电机有限公司研发中心主任、高级工程师

（续表）

姓名	行业	归属	获评"全国劳动模范"时的单位、职务与职称
张仕恒	机械	金华	浙江恒友机电有限公司螺杆试制车间副主任、技师
郑裕财	机械	衢州	浙江矽盛电子有限公司设备部主任
徐冠巨	化工	杭州	传化集团有限公司董事长、正高级经济师
周曙光	化工	杭州	浙江新安化工集团股份有限公司技术中心副主任、高级工程师
羊少剑	化工	杭州	浙江正大控股集团有限公司董事长
王国平	化工	杭州	浙江大洋生物科技集团股份有限公司研发中心主任、高级工程师
李美霞	化工	杭州	杭州天道实业有限公司工会主席
王建荣	化工	湖州	珀莱雅化妆品股份有限公司湖州分公司首席质量官、高级工程师
丁丽英	化工	金华	浙江兰溪巨化氟化学有限公司质监成品班班长、化学检验工、助理工程师
吴 坚	化工	衢州	浙江衢州巨塑化工有限公司PVDC车间党支部副书记兼工艺员、助理工程师
欧定成	化工	绍兴	浙江绍兴三圆石化有限公司设备技术部部长
杨会娥	化工	省属	中化蓝天集团浙江省化工研究院有限公司氟碳研发技术中心主任、研究员
刘明辉	化工	舟山	浙江石油化工有限公司炼油芳烃事业部总经理、教授级高级工程师
洪健萍	纺织	绍兴	浙江精创超纤科技有限公司办公室主任、经济师
洪桂焕	纺织	绍兴	浙江新中天控股集团有限公司副总经理、高级工程师
屠永坚	纺织	绍兴	浙江巴贝领带有限公司副总经理、高级工艺美术师、高级工业设计师
沈国甫	纺织	嘉兴	宏达控股集团有限公司党委书记、宏达高科控股股份有限公司董事长
庄奎龙	纺织	嘉兴	新凤鸣集团股份有限公司董事长、党委书记、正高级经济师
朱三莲	纺织	金华	磐安县安文街道上章社区来料加工经纪人
章丽清	纺织	金华	兰溪市裕欣纺织有限公司车间主任
刘昌勇	纺织	温州	康奈集团有限公司副总经理、工艺师
刘海彬	纺织	温州	浙江人本鞋业有限公司人事部经理
程辉武	纺织	衢州	浙江民心生态科技股份有限公司研发中心主任、工程师
邵燕芬	纺织	舟山	浙江金鹰集团有限公司技术部长、助理工程师

（续表）

姓名	行业	归属	获评"全国劳动模范"时的单位、职务与职称
裘愉涛	电力	省属	国家电网浙江省电力公司电力调度控制中心继电保护处处长、高级工程师
叶建云	电力	省属	浙江省送变电工程有限公司副总工程师
宋振明	电力	省属	浙江浙能嘉华发电有限公司设备管理部仪控主管、工程师
吴志民	电力	金华	义乌市输变电工程有限公司八方电气分公司生产经理、高级工程师
张锡波	电力	宁波	宁波新胜中压电器有限公司研发中心主任、高级技师
曹　辉	电力	温州	浙江电力变压器有限公司生产副总经理、高级工程师
丁兆冈	电力	舟山	浙江舟山启明电力集团公司海缆工程公司项目经理、助理工程师
张天任	新能源	湖州	天能控股集团有限公司党委书记、董事长、高级经济师、高级工程师
刘孝伟	新能源	湖州	超威集团技术研究院主任、高级工程师
王剑浩	新能源	宁波	中银（宁波）电池有限公司党委书记、总经理、高级工程师
傅祥方	新能源	宁波	中银（宁波）电池有限公司工程部主任工程师、高级技师
俞保云	新能源	省属	物产中大集团嘉兴新嘉爱斯热电有限公司总经理、教授级高级工程师
徐小军	建筑	杭州	杭州交通土地开发有限公司开发办主任、高级工程师
徐玲玲	建筑	金华	浙江新华建设有限公司技术中心主任、教授级高级工程师
沈菲君	建筑	宁波	宁波城建投资控股有限公司副总工程师、高级工程师
刘中华	建筑	绍兴	浙江精工钢结构集团有限公司总工程师、工程师
王昌将	建筑	省属	浙江省交通规划设计研究院有限公司党委委员、副总经理、正高级工程师
陈加月	建筑	台州	浙江大洋建设集团有限公司安全生产组长、助理工程师
高兴江	材料	湖州	永兴特种材料科技股份有限公司董事长、党委书记、高级经济师
沈守贤	材料	嘉兴	浙江景兴纸业股份有限公司党委副书记、高级经济师
陈万平	材料	丽水	浙江凯恩特种材料股份有限公司总工程师、教授级高级工程师
冯焕锋	材料	绍兴	浙江海亮股份有限公司铜棒项目总设计师、工程师
邵宏斌	材料	省属	杭州钢铁集团公司炼铁厂烧结工、高级技师
章卡鹏	材料	台州	伟星集团有限公司董事长、总裁、高级经济师
曾富贵	电器	杭州	新华三技术有限公司路由器产品线总经理、工程师

（续表）

姓名	行业	归属	获评"全国劳动模范"时的单位、职务与职称
廖洪德	电器	嘉兴	浙江生辉照明有限公司技术经理
任建华	电器	杭州	杭州老板实业集团有限公司董事长、党委书记
吴张平	电器	嘉兴	嘉兴繁荣电器有限公司技术总监、技师、工程师
刘逢燕	电器	温州	民扬集团有限公司董事长、高级经济师
王爱明	汽车	杭州	杭州宝荣汽车销售服务有限公司钣喷副经理、技师
吴建中	汽车	金华	众泰控股集团有限公司董事长、党委书记、高级工程师
刘　华	汽车	宁波	浙江吉润汽车有限公司装备工程部部长、高级工程师
吕义聪	汽车	台州	浙江金刚汽车有限公司总装分厂技术质量员、技师
蒲　通	医药	台州	浙江车头制药股份有限公司副总经理、总工程师、教授级高级工程师
徐肖杰	医药	台州	浙江海正药业股份有限公司研发工程师
李春波	医药	绍兴	浙江医药股份有限公司董事长、教授级高级工程师、高级会计师
周小靖	仪器	台州	浙江福立分析仪器股份有限公司技术研究院院长
殷兴景	仪器	温州	浙江苍南仪表集团股份有限公司副总经理、高级工程师
李家庆	挂锁	金华	浙江省浦江金垒有限公司副总经理
吴　芳	童用品	金华	浙江奥特王儿童用品有限公司外贸开发组长
张春云	净水器	宁波	沁园集团股份有限公司项目经理、工程师
周　斌	食品	台州	浙江新银象生物工程有限公司技术中心主任、高级工程师
张爱光	雕刻	丽水	青田山口石雕行业协会党支部书记、会长

注：行业分类中的"机械"包含机械制造、加工、维修、技术研发等，"纺织"指纺织服装行业，"电力"指不含新能源的传统电力工业，"仪器"指仪器仪表行业，"童用品"单指婴童用品行业中的儿童用品。

（一）年龄结构

在 92 位浙籍工业全国劳模中，年龄最高者为高泽普，1954 年 10 月出生；年龄最低者为吕义聪 1983 年 10 月出生，2015 年获评"全国劳动模范"时年仅 32 周岁，也是 164 位浙籍全国劳模中获奖时年龄最小的。

92 位劳模出生年份的平均数约为 1969，中位数也约为 1969。其中，70 后（1970—1979）41 人为数最多，60 后（1960—1969）38 人紧随其后，50 后（1950—1959）9 人，80 后（1980—1989）5 人。总体呈现出年龄分布较集中、最长与最轻年龄差距大（相差 29 岁）的特点。

（二）性别结构

在92位浙籍工业全国劳模中，有10位女性劳模，占比约10.9%，略高于农业劳模中的约9.7%，显著低于服务业劳模中的约29.3%，也不及总占比的约15.2%。但在纺织服装行业，女性劳模多达3位，占比约27.3%。然而从另一角度看，纺织服装行业以外的女性工业劳模仅有7位，占比仅约8.4%。

工厂中女性职工并不少，但为何女性劳模如此之少？这与工科素来不是女性青睐的专业有很大关系。从表4–1中"获评'全国劳动模范'时的单位职务与职称"一栏可知，新时代浙籍工业全国劳模普遍为企业里的专业技术骨干，有技师、高级技师等职业资格，甚至工程师、高级工程师等中高级专业技术职称。作为工业上升到专业技术层面，门槛也相应提升，需要从业者有相应的工科专业教育背景（无论何种形式的教育），学习工科的女性少，自然也就导致专业技术岗位上女性占例小。当然也有像励志的女高级工程师施文美那样进企业后自学成才的，但能达到其如此高度的实不多见。

（三）行业与归属地结构

行业结构方面，在92位浙籍工业全国劳模中，机械行业（含制造、加工、维修、技术研发等）劳模为数最多，达27人；化工行业与纺织服装行业各11人；电力工业（不含新能源）7人，新能源行业5人；建筑业与材料工业各6人；电器行业5人；汽车工业4人；医药行业3人；仪器仪表行业2人；相对小众的挂锁、童用品、净水器、食品（添加剂）、雕刻行业各1人（见表4–2）。

表4–2：92位浙籍工业全国劳模的行业分布

行业	机械	纺织	化工	电力	材料	建筑	新能源	电器	汽车	医药	仪器	挂锁	童用品	净水器	食品	雕刻
人数	27	11	11	7	6	6	5	5	4	3	2	1	1	1	1	1

劳模所在行业与其归属地（所属城市，个别为省属企业）也存在一定关联。浙江各地市有其自身相对优势或特色的工业行业。譬如杭州和宁波的机械行业，尤其是宁波的高端制造业颇具实力，省属企业则在电力工业方面颇有建树，绍兴、嘉兴、温州的纺织业闻名遐迩，台州在医

药业深耕已久等等。其中，机械行业的劳模最多，也反映出机械乃现代工业之基，各个工业行业都离不开机械设备，当然也离不开研发、制造、操作、维修机械设备的人。

人的创新与匠心是推动整个工业不断向前发展的原动力，也是劳模们的共同品质与追求。因此，本章在选择采访对象和研究方向时，重点关注劳模的成长成才，透过他们的成长成才了解他们所在行业的发展。

二、俞保云：新嘉爱斯 环能创新

俞保云口述，周俊超、许源、韩笑琳采访，周俊超撰写

采访时间：2021 年 7 月 20 日

采访地点：嘉兴新嘉爱斯热电有限公司（省属企业）

俞保云（1962 年出生），浙江省物产中大集团股份有限公司旗下浙江物产环保能源股份有限公司总工程师，兼任嘉兴新嘉爱斯热电有限公司董事长，教授级高级工程师，浙江省特级专家，享受国务院政府特殊津贴，2020 年全国劳动模范，带领公司技术研发团队荣获"国家科学技术进步二等奖""华夏建设科学技术一等奖""浙江省科学技术进步一、二等奖""国家能源科技进步三等奖"等多项重要奖项。采访聚焦个人与企业发展的重要历程持续 1.5 小时，此处撰写 1 万余字。

（一）知识改变命运

问题 1：请介绍一下您的家庭背景和成长经历。

当时我家庭实际上很苦的。因为我父亲抗日战争的时候从浙江山门那边迁到平湖新埭，在还没解放的时候给人家当长工，那么新中国成立以后分了一间房子，这样成家以后一步步过来，所以实际上当时是很苦的。

我兄弟姐妹 5 个，刚上小学的时候只有一个老师上课，一年级跟二年级一起上课。我们是一年级，人家二年级。一年级坐在这边，二年级在那边，这样叫"复式班"。上了一年多时间以后，因为家里要领小孩，我弟弟妹妹年龄4岁和2岁，这么多小孩，父母都要干农活，所以我当时9岁入学到11岁的时候就不读了。

在家里停了半年不到。那么幸运的是什么呢？我们这个老师他妹妹下放在我们村，住在我们房子的后面。老师来看他妹妹路过跟我父亲讲，他说："你这样，实在不行嘛叫他半天读书，上午领小孩，下午你空了你自己管，叫他去读书。"我父亲当时是生产队喂猪的再加倒马桶，上午一家一户倒马桶。

就这样到学校去读了大概两年时间。读好以后，读初中。等初中毕业的时候，1979年，要读高中了，实际上竞争也很激烈。当时叫新埭中学，有4个名额，这是我们镇（新埭镇）中学。那么我们乡中心（公社中学）也有4个名额。

镇中学可以学英语。我们校长推荐我读乡中学，可以学中文、学工、学农、学拖拉机的，他说："你们家里穷，就学这个也蛮好。"我说："我最好学学英语的。"我当时读书还是比较努力的，担任班长而且成绩第一。然后我就去了新埭中学。

后来高考考得还不错，但是当时考上的人有超过1分半的很多都去读师范了。我当时想学铁路开开火车的。为什么想开火车呢？因为邻居说开火车更好，50岁就可以退休，退休金比上班工资还高。但后来实际上是没有录取。因为当时的时候你看看考得很好，在全国、全省究竟多少名次都不知道。实际上我是考了好多次，到1983年考上的。

1983年考上还是不错的，像我化学都考满分的，超过分数线70分还是71分。本来很天真想开火车不开了，开始学化学，因为化学100分，而且当时语文课本上卢嘉锡是厦门大学化学系主任，记得很清楚，化学家。当时还没概念，想着当化学家去学化学。后来我们老师说："你语文考得不及格，以后你写论文都不行的、弄不起来的。"

"那弄什么呢？"我说，"要么搞飞机发动机、涡轮机。"

当时是考西安交大。因为我们上一届有一个考到西安交大应用数学，有个人照应就去了。我后来是报的西安交大，考上以后才知道不是搞发动机的，搞发电设备的（汽轮机）！那么后来我说反正是只能去了。

当时读书的时候还是比较努力的，农村里出来的，还是比较勤快。所以当时叫我当系年级团总支书记，我年纪比较大，所以做了一段时间，再加上当时学习也比较努力，1986年毕业之前入了党。当时我们专业两个班，总共46个人，都是小班，有2个人能入党，所以我们2个人是一个班长，一个年级书记。当时是这样的。

毕业以后，好多人要留校读研究生，当时叫我留，我说不想留。说句实话，当时的交通跟现在不好比，从老家到西安交通不方便，而且钱也没有，如果是留在学校，父母根本看不到，我们家里很穷，我们想工作。

那么后来是分配。当时有几块可以分配，我的想法是回浙江。我们班主任老师是辅导员，他说："你家里很穷，要想工作，到省电力设计院去。"

我说："有吗？"

他说，有个同学比我们高两级，分到郑州电力设计院，年终奖有1500块！当时的工资只有57块，1000多块钱的年终奖，所以后来他说："你去。"

我说："跟谁说啊？"

他说："跟系主任讲。"

因为我们当时C9（九校联盟）是全国重点，直接分到单位。所以后来我跟系主任讲，他说："这个不是你的专业啊，是热能专业。"我们系实际上有4个专业，锅炉、汽轮机、核电，还有一个是热能动力。

我说："我也可以去啊！"

他说："我们有两个名额分浙江的。"

我说："我分去。"所以后来给我分到浙江省电力设计院。

当时80年代不是缺电嘛，正好国家要抢建一批发电项目，我们浙江省是在温州乐清市北白象镇投资5.6个亿，当时是温州有史以来最大的建设项目。由于时间紧我们就安排到北白象镇搞现场设计。我们组长是我的师傅，他并没有随我们一起去白象。我们专业组有两位老同志很好的，他们说："你师傅不来，你不懂问可以我们。"所以我们当时就住在一位医生家里画图。

当时白象刚刚流行看录像，晚上柴油机发起来看录像。我们没有，晚上加班画图。自己师傅不在嘛，只能加班画图。我的眼睛在大学毕业的时候是没戴眼镜的，1.5啊；图画好以后到年底的时候近视了，是工作以后近视的。到年底的时候有其他师傅的帮助，所以任务完成交差了。

我认为这个项目对我人生来讲确实是一大变化，特别是自己的师傅不在，交给我独立完成，确实对我的工作历练是很大的。

后来结婚了以后，因为我爱人是我高中同学，中专毕业以后分在南湖染织厂，分居两地交通也不方便（浙江省电力设计院在杭州），所以想把她调到杭州去。结果人控办说，结婚必须满 7 年以后才有资格调动。

所以后来是我要调回来，实际上我们设计院当时也不肯放，当时省电力设计院属于省电力公司。电力局的领导建议我："嘉兴发电厂将要开建，你先到嘉兴发电厂去，工作几年再回来好了。"当时嘉兴发电厂项目批文还没出来，在紫阳街那里有个筹建办，再过个半年估计能批下来。

后来我想："一方面没批下来，另一方面到乍浦以后，交通当时也不方便，乘公交车的，一乘至少有半天时间。"所以最后去了嘉兴热电厂。

1990 年春节期间联系打算到嘉兴热电厂，当时在筹建。调动工作难！向设计院提出调离申请后，不断向设计院领导解释自己的困难，磨了 6 个月，后来同意放了。所以是 1990 年 8 月份调到嘉兴热电厂的。当时工地正在打桩基建，我到嘉兴热电厂后先安排做热网规划，接到每家蒸汽用户去。工作一段时间以后，因负责汽轮机安装管理的两位同志可能不太适应，领导调我去管汽轮机，几个月后我担任主持工作的汽机分场副主任，再后来一步步到生技科科长、常务副总经理（兼研究院院长），这样一步步过来的。

（二）创新引领发展

问题 2：请讲讲新嘉爱斯的发展。

我认为创新这块我们是重点。

2006 年，我们企业成立了技术中心，作为传统行业成立技术中心的很少，所以当时有领导说："你成立它干吗？又没人。"

我说："弄着玩嘛，先成立一个技术中心，我们主要是考虑企业发展，经济发展不是要搞项目嘛，技术中心搞点研究是要的。"这是我的想法，我说："传统行业打造百年企业就需要不断创新！"

所以当时我们兼职在做，成立一个技术中心，再一步步来。后来 2007 年被评为区级技术中心，再后来创新取得好多成果。所以到 2010 年的时候我评上"嘉兴市十佳专业技术人才"，之后是"南湖百杰十大专业技术带头人"（2011）等等。我们创新团队后来是嘉兴市创新团队。技术中心后来是嘉兴市级技术中心，再后来 2009 年是到了省级技术中心，2014 年是省级企业研究院，所以是这样一步步来的。

图 4-1　嘉兴新嘉爱斯热电有限公司

当时为了新嘉爱斯的发展要扩建[①]。2003 年扩建的时候我们提出了要采用三台 220t/h 高温高压循环流化床燃煤锅炉。当时的年代上高温高压确实不容易，因为人家都是 75t/h 次高温次高压，我们就 220t/h 高温高压。当时我认为市长确实很支持，我们提了这个方案，国资嘛，他说："怎么想到这个？"

我们说："节能。"

他说："效率提高多少？"

我们说："至少 15%！"实际上远远高于 15%，至少 30%。

他说："为什么呢？"

我们说："现在资源价格在涨，热电厂刚开始的时候煤价 165，现在已经到 300 多了。"

他说："对的！可以！"

所以我们是采用高温高压。到省里批的时候，实际上是很大难度。上报的时候，负责审批的领导就讲："你做得这么大，人家的供汽量比你们的大，它们的炉子只有 75 吨，而且次高温次高压，你一下子上来这么大，技术可行吗？"

我说："行！"跟他讲了半天。

---

①　新嘉爱斯前身是位于二环北路嘉兴热电厂，1996 年 11 月 8 日，嘉兴热电厂与美国州际能源公司各 50% 股权合资成立了嘉兴嘉爱斯热电公司（又称"老嘉爱斯"，注册资本 2623.8 万美元）。2007 年 4 月，浙江物产燃料集团有限公司收购了老嘉爱斯的 50% 中方股权。2007 年 8 月，物产燃料集团公司和乐成投资公司分别受让外方持有的嘉爱斯公司 50% 股权，嘉爱斯公司变更为内资企业，注册成立了嘉兴新嘉爱斯热电有限公司，并由物产控股 70% 经营。2011 年 11 月 7 日，老嘉爱斯二环北路土地使用权终止，现仅存新嘉爱斯一厂，为物产中大集团旗下的国有控股企业，地址位于嘉兴市秀洲区王江泾镇 07 省道东侧，是基于老嘉爱斯另建立的新厂。

他说："你这样。要请专家提供咨询意见，否则我们不批的。"

那么我找专家写了一个认证意见，最后获批。这次异地技改扩建实际上对我们企业发展奠定了基础，真的。后来人家投资好几个亿的跟我们同时批建的，运行不到十年，再改成高温高压造成巨大浪费，而且效益也差很多。这是第一步。

第二步是 2006 年底的时候，我们市领导带队节能减排督查，我作为外聘专家叫我去看看。后来我们去了嘉善、海宁开发区和许村等企业督查。当时企业排放的水确实很清，但是有的企业污水处理出来的污泥堆放在仓库边上的地里，更有一块水田一片血红，死掉 1/3 的作物。

后来回来不是专家要提点意见嘛，我提了两条，我说："在节能方面要加强管理，有的数据不对，有的数据一看锅炉效率就超过 100%，统计数据不够真实。"我说，"政府出了这么多钱，水是清了，污泥还倒在这里不是一样的吗？应该对污泥进行处理。"

所以后来市领导有个批示，要对污泥进行处置，那么后来怎么办？想想你提的，叫你单位想办法去处理。然后批给市经信委牵头，由经信委联络新嘉爱斯、科技局、电力局、环保局组织调研，看怎么处置。2007 年春天我们去了一趟宁波和山东菏泽，回来以后我写了一个可行性研究报告，就是要投资估算近 3 亿。方案弄好以后，当时我们公司没有钱，投资不了，后来过了一段时间以后，我们加入了物产集团，跟董事长报告政府希望建设污泥综合利用项目，他就讲了："国有企业既要考虑经济效益，又要考虑社会效益。"

当时的情况下没有成熟的东西不敢做，所以我胆子是比较大的。我们成立了一个技术攻关小组，我带领新嘉爱斯的技术人员进行了大量的攻关、调研，集成创新了一套污泥处置的工艺。由于项目是国内首例，设计单位也没有相关经验。于是我负责设计项目实施总体方案和工艺，参与并配合设计单位开展各项技术工作，把好技术关，抓好项目建设进度、质量。从设备的选型、改型一步步来，2009 年 9 月底开工建设，到 2010 年项目顺利建成投产。最后我们成功了。

新嘉爱斯于 2009 年投资 3.5 亿元，建设污泥焚烧综合利用热电联产技改项目。项目新建日处理 2050 吨污泥干化生产线和 220t/h 高温高压循环流化床污泥焚烧锅炉，并配套 1 台 50MW 背压式汽轮发电机组。污泥焚烧锅炉采用低氮等清洁燃烧技术，烟气处理采用炉内喷石灰石粉一级脱硫 + 高效静电除尘 + 活性碳喷雾 + 布袋除尘

＋炉外烟气双碱法二级脱硫净化工艺，2016 年 5 月公司 2 台污泥焚烧锅炉全部完成烟气超低排放改造，烟气排放浓度达到燃气轮机组的排放要求。[①]

一成功了以后实际上两个礼拜，住建部的领导、国家级专家都来了，后来包括工信部、环保部、省长、市长都来看，都说好。目前新嘉爱斯年污泥处置量超 80 万吨，项目成功入选全国污泥处理处置十大推荐案例和国家示范项目，得了省科技进步二等奖、住建部"华夏建设科学技术一等奖"、国家科技进步二等奖。有了这些，才有我们博士后工作站、院士工作站（2017 年组建），人家愿意跟你合作。所以弄成了之后，我们市领导还是比较开心的，国有企业做成了这种事情。

后来我们做秸秆焚烧综合利用项目，做的过程当中也得到了省领导的积极重视。这个项目在国内处于领先水平，获多项发明专利。

后来我们又搞了集中供应压缩空气项目。做压缩空气这块是因为对能源双控[②] 有好处。特别是第一对于我们社会来讲，节能，缩短能源转化流程，提高能源综合利用效率。如果是每家每户用压缩空气的话，你先发电送出去再用多个小型空气压缩机供气，能源转化过程中造成浪费，并且小型空压机效率低。我就是用汽轮机直接拖动 1500m³/min 空气压缩机来集中供应压缩空气，效率提高了很多。第二块，从政府层面来讲，企业用压缩空气是不算能耗的，用能指标省下来更好发展，所以是很好的。现在我们全省都在推广，各地都来学习。

我被省政府表彰为"节能先进个人"和"省重点建设立功竞赛先进（个人）"，特别是浙江省国资国企庆祝改革开放 40 周年评了一个突出贡献个人奖，确实不容易。同时荣获"浙江省突出贡献中青年专家"，入选浙江省"万人计划"科技创业领军人才。

问题 3：介绍一下您的团队？

我认为最关键是我们有一个好的团队，特别是年轻人。我带的博士后刚刚出站一个，当时是到浙大去招的，现在又进了一个，是从上海交

---

① 俞保云：《科技创新 打造绿色生态热电企业——嘉兴新嘉爱斯热点转型升级之路》，《浙江节能》2019 年第 1 期，第 122—123 页。

② 能源双控指标指的是能源消费总量和工业增加值能耗强度。实行能源双控的目的在于建设环境友好型社会，创建绿色发展的经济环境，以更少的能源消耗来满足社会可持续性发展的需要。能源双控由国家政府部门向社会发布、实施和管辖，无论是企业还是群众个人，都要遵从相关的规定，坚持拥护国家的发展战略。

大引进的。我当时对来自浙大的博士说："你作为博士要有事干，如果没事干，到大学里混混也没意思啊。我们有很多实事可干，你还是过来。"

过来以后，桐乡热电开始筹建，刚开始他不在状态，胆子还太小，我说："你这不行，我们集团 2 万多人的企业，你是管技术的，人家说你技术好，好在哪里，拿出看看是吧？你必须有一点东西啊，你要么争取评个奖。人家都没奖，你'哗'评个国家奖、省一等奖、二等奖，人家知道了也行是吧？"

我说："你必须要有状态！"跟他交流多次。

他说："怎么弄？"

我说："你这样，马上申请一个省重大科技专项，你牵头。"

所以我们生物质项目拿了一个省重大科技专项，后来成果请院士组织鉴定。

院士一看："啊？这么小的年轻人，给第一署名啊？对评奖不利。"

我说："要培养年轻人，要付学费！"

他说："你这样的话，你评一等奖评不上了。"

我说："一等奖评不上，评二等奖也行，要给年轻人机会，鼓励年轻人快速成长。"其实署名的前 3 位都没有超过 35 岁，所以他说你这样评一等奖是肯定难。所以后来最终拿了浙江省科学技术进步二等奖（成果"秸秆类生物质高效热电联产与超低排放系统关键技术及产业化应用"，2019 年度浙江省科学技术进步奖）。后来我们进一步补充材料，希望中国发明协会争取评奖。最后去年年底在中国发明协会拿了个"发明创新一等奖"（成果"大规模工业化生物质绿色高效处置关键技术及产业化应用"）。

后来自动控制这块跟浙工大的合作，全国自动化学会每年只有 5 个一等奖，拿了一等奖（成果"大型农林生物质热电站高效、清洁燃烧控制关键技术及产业化应用"，2020 中国自动化学会科技进步奖一等奖）。

这些创新以后对社会有好处，并不只对一个企业有好处，真的。我认为节能、特别"双碳"建设——碳达峰、碳中和，还有新能源这块必须搞。

像我们这种小企业，一直都有任务。我们现在主要是什么？环能这块。从我们 1 个厂发展到 7 个电厂，领导班子成员大都是我们这里派出去的。所以我认为我们这个团队真的不错，现在下面年纪轻的都有干劲。我希望大家都能上去，我认为对大家有好处，对企业也有好处。

人才这块，我们现在有 3 个大师工作室，有检修类的、运行类的、污泥处置类的,大家依靠平台带动团队去干,有的还利用业余时间搞创新,大家有干劲,也能提升自己素质。跑出去很多人都说是我的学生,我说不是,是同事。我认为大家都积极向上有什么不好的,真的。

所以我认为我们新嘉爱斯创新这块确实应该还是可以的。你说规模大嘛?不大。但就像有一次开会,科技部一位领导讲的:"现在需要像你们这种企业,实实在在干的,你们有特色!"我们现在提出的口号是怎么呢?"市场有需求,政府有要求,就是我们明确的目标!"

团队发展实际上是相辅相成的,一个人荣誉的取得,第一个平台要好,第二个正好有事干,再一个要领导支持,要靠团队,还有我认为是机遇,还有一个人的心态跟为人很关键。不管工作也好,做人也好,这个心态一定要好,你刻意去做这个事情,实际上是有可能往往做不到,你想要这个东西要不到。

问题4:除了上述创新,企业还有哪些着力点?

接下去我们做两块,一块是碳中和、碳减排这块,节能减碳;第二块就是发展新能源——储能、光伏、风电、固废;还有数字化这块,做智慧绿色能源。我们现在创新项目比较多,现在正在做一个减碳的评估监测系统,我要求是国庆之前我们要做全国首个、要推出来,给领导们看我减了多少碳,累计排放了多少碳,一定要这样做,因为现在政府都非常重视。

我认为是我们中国政府这块办事能力确实强。我们想想,2009年温家宝总理在哥本哈根气候大会上提出,到2020年二氧化碳排放强度比2005年降低40%—45%的目标[①]。当时是不可想象,但是技术发展这块我们1996年就开始做超低排放。后来我们做好了,法国矿业大学来过两次,他们老师就讲说:"你们生物质电厂超低排放世界第一啊!人家都没搞,你生物质都搞上去了!"所以我认为这几年技术发展是快的。

问题5:在整个浙江物产集团里,新嘉爱斯处于什么位置?

在整个集团里单体利润最大。浙江物产集团是世界500强,2021年营收5625.4亿人民币,整个集团2万多人,我们单体利润最大。

---

① 该目标的承诺是根据国情采取的自主行为,不附加任何条件,不与任何国家的减排目标挂钩。截至2020年底,中国碳排放强度相比2005年降低48.4%,超额完成了中国向国际社会承诺的到2020年下降40%—45%的目标。

问题 6：关于产学研，公司都有哪些平台？

有省级企业博士后工作站、院士专家工作站、企业研究院，企业研究院是省科技厅平台，还有省级工程技术中心是省经信厅的，还有一个工程研发中心是省发改委的，我们省级平台都拿了。

我们合作的高校很多，长期合作的像浙大、浙工大、北大等等。我兼任几所大学的校外导师，校外导师有复旦大学能源这块的导师、浙大工程师学院的导师等，有博士和硕士，我有时候要去参加他们的开题，有时与他们交流，有聘书，但我退休之前不拿钱。

问题 7：那您现在不是 60 岁退休吗？

退不了，省特级专家在省内享受院士待遇。最早也要干到 65 岁，如果想要做下去，可以干到 70 岁退休，我准备干到 65 岁，给自己留点时间。

问题 8：关于公司未来的发展，还有您的个人的未来发展规划是怎么样的？现在已经做到董事长了。

我就培养人了，退居二线了，我能退得掉就要退啊。只要能退得掉，我肯定行政职务都不要了，做导师、顾问，最好是这样。但是现在暂时还不行，环能实业和储能这块还要协助一段时间。

所以我的想法一个是博士工作站这块，毕竟导师，我肯定要用起来的。那么还有一个研究院这块，我们新嘉爱斯研究院跟我们物产环能有一个创新研究院，这个肯定要给他们支撑起来，要弄好的。

第二块，支持企业要转型发展，因为我们环能这块是分拆上市，现在正在做分拆上市，排位在四十几位，很快了，估计下半年就能分拆上市了（2021 年 12 月已成功上市）。上市以后在"双碳"情况下我们也要转型。所以我刚才讲的，我们的目标一个就是减碳，做智慧绿色能源。第二块就是发展新能源系列，像储能、光伏、风能这块现在都在谋划，都在谈，所以大部分精力放在这一块。

再一块就是技术管理。因为现在实业这块实际上都是我在协调管理，下面有 7 家电厂，所以技术、生产、项目建设都要管好。我今天跟他们谈，我说："首先是搞好安全，再考虑效率，再考虑发展。"真的要这样做。

那么再一个是人才培养这块。我们集团要求也比较高，我认为是我们已经走在前面。昨天我们开会，就要求每个单位要有计划性，不要认为今年一下子人才弄到 5 个、6 个，弄好明年没有了，不行，一定要"五年规划"。譬如技师今年要几个，高级技师几个，高工几个，教高几个，一定要有计划性，这样培养一个梯队。我的想法是这样的。

（三）精神引领前行

问题9：您也是中共党员，回顾一下您的入党历程？

中共党员早了，我已经35年党龄了！我今天上午还在讲："再坚持15年，就有可能拿一块奖牌①！"

我当时是在大学里入的党。当时入党的很少，因为比例很低。我做学生干部，有这个积极性。当时入党没有这么快，所以我们当时入党确实也不容易，因为说句实话，当时不但第一要学习成绩还可以，第二还有组织工作，还有一个同学们的关系，都还可以，关键是我认为机会比较好。入党以后我们做工作还是比较努力的。

问题10：您在省属企业，但也是在嘉兴了。像红船精神您这边是不是也是学习到很多？

我认为是。实际上是我们浙江就是红船精神、首创精神。真的，我认为归根结底一点就是创新。有句话讲得好："浙江的今天就是中国的明天。"说明什么？浙江的创新走在前面，真的，我认为这点是很关键的。

作为我们企业发展来讲，也是不断创新的过程。你没有创新，如果是跟人家比规模，比不过人家。所以我说，作为百年企业也好，作为传统行业也好，都要不断创新。所以我刚刚就讲，我们的目标是什么？"市场有需求，政府有要求，就是我们追求的目标！"就是一定要结合起来。

像我们现在做什么，要根据国家的需要——"双碳"。那就往"双碳"方向努力。所以我4月份到北京去见院士就是探讨"双碳"的事情，他就讲："现在因为技术还没成型，有好多东西要完成。如果我们现在制氢有更好办法，那么氢储用怎么做，安全如何保障？"我们那天在探讨，如果发明一种材料，像核燃料棒一样，氢储存在燃料棒里，一插就发电，那不是很好了嘛。关键是你现在氢制了之后怎么储运，低成本做不了。

所以我认为现在就是创新，所以我们说红船精神是什么？关键是创新。

你看今天我们省内的发展，譬如"最多跑一次"，某省到浙江来学，学不会。我认为这个环境不一样。我们这里，这个环境就是干实事的。

---

① 指的是"光荣在党50年"纪念章，党中央2021年首次颁发，颁发对象是党龄达到50周年、一贯表现良好的党员。

所以那天我跟院士讲，他说："你们浙江就是领先一步，抢在之前，'碳达峰'刚刚提出，你们省内方案已经出来了！"是这样。

我认为政府是有前瞻性的，特别是我听了袁家军书记讲数字化。我认为是数字化这块比全国领先好多，但是也是需要做的，有的东西要有代价，都要有人去做。如果大家都怕，我这个东西不做，那永远没戏。肯定得做。

那么像科研创新有的能做成功，有的也不成功的。我认为做创新工作一定要踏踏实实地做，持之以恒地做，做成一点也是好的，逐步来改进就好了，要一步步来的。所以我对同事们就讲，首先你在工作范围之内认为哪里不合理，哪里可以改一下就创新，微创新集中于大创新。我也一直要求他们，我说："你想评奖，你微创新总结起来，一步步做起来，做成一个系统里边集成创新，总结起来评个奖。"

问题 11：您的创新精神、工匠精神是怎么养成的？

一步步来的。刚刚开始的时候我在总师室，当时的锅炉我们国家为了节能，推出次高温次高压，等于是在中温中压和高温高压之间加了一档是次高温次高压，为了提高小型锅炉热效率，1989年我们热电厂选用了国内首台 65t/h 次高温次高压双炉排抛煤链条锅炉，1991年投运初期根本不行啊，经常出问题，一个礼拜要停两三次。那么怎么办呢？我们总师还是不错的，他说："你钻研钻研去。"

当时无锡锅炉厂派了一个副总工程师，是搞设计的，我们两个人钻到锅炉里面去仔细研究，最终发现了问题：锅炉炉排后拱处没有从动轮，是固定式半圆形滑块，锅炉运行后炉排一方面受热膨胀，链条松了；另一方面炉渣卡在链条里面倒转炉排运转时受阻起拱，造成炉排无法转动停炉。后来怎么办？我设计院出来的，我说："这块拿掉，那块拿掉，加上托架和从动轮。"后来好了。

所以这样成功了以后，我们领导叫我组建生技科。生技科成立以后既要抓生产管理，又要搞项目建设，那么你必须动脑子，对存在问题要改啊，不改做不下去。企业要发展新项目必须去开发。

那么最大的创新就是污泥项目。2007年，在国内的污泥处置刚刚起步阶段，当时成熟设备、工艺还没有，我们通过与天通合作引进了日本三菱的技术进行创新优化制造。当时三菱的干化机每天处理 60 吨污泥的已经在投用了，我认为太小了，我们一天准备处置 2000 多吨怎么弄？三菱还有每天处理 120 吨的，图纸设计好了，没有生产过，起初三菱技术费要价太高了。我们说："你们不生产实际上没用。"因为什么？像欧盟、日本已经发展到一定程度了，污泥产生量没有这么大。"中国、亚洲地区能用就用了，不用实际上没有发挥作用。"后来他们同意天通引进他们的技术。

准备生产的时候，我们看了图纸不满意，我说："我们不像日本只处理自己污水处理厂的污泥，是很少有杂物的，而我们是千家万户拉过来的，各种垃圾、建筑物都有可能混在里面，如果杂物进去很难取出，会卡死不能运转。"本来我想干化机壳体设中分面，因壳体是通蒸汽的中空双层受压结构，中分难度大。所以后来提出在壳体下面开孔，我说："增加加强筋嘛，应该没有什么问题吧！"最终说服三菱同意开了3个孔，改进后先制造了3台。

一开始我们就认为："空心轴太细了，我们的污泥中杂质多，转动扭矩大会造成轴要断掉。"他们坚决不同意改啊！那么到生产的时候，我们一看这个盘片焊接这么简单啊。我胆子也大，我说这个要改，代价太高了。日本人有技术壁垒，他们盘片2.02米，我们国产的不锈钢板宽度只有2米，你要么拼接、要么进口，制造成本高。所以后的干化机我要求盘片直径改为1.98米，空心轴直径由90毫米改成110毫米并加长，同时增加了3片盘片。我们就这么做了以后，从2011年投运至今10多年，运行还是正常的。第一批3台，运行一年时间，轴统统断掉。所以我认为我们改得还是蛮好。通过对污泥超圆盘干化技术进行消化吸收和技术集成创新，实现了污泥处置装备国产化，填补了国内空白；污泥干化及与煤CFB混烧无害化联用的系统技术，具有污泥干化成本低、稳定性强、适用性广和污染物排放低等特点，技术处于国际领先水平，项目经专家评审列入了"国家示范项目""污泥处理处置十大推荐案例"和"国家能源科技进步三等奖"；其核心技术荣获"国家科学技术进步二等奖"等。

这个项目关键是系统这块。我们系统包括储存的、输送的和污染物控制和处理等，污泥处理最大的难度是输送的连续性。

我们这个项目成功以后，全国各地都来考察学习，真的。所以我们社会效益还是不错的。甚至包括德国的专家、孟加拉国资源部的一帮领导等都来过。2011年，我们分别在第六届中日节能环保综合论坛和环保部举办的污泥处置国际研讨会作了交流发言。

现在我们嘉兴有几百家企业污水处理站和几十家城市污水处理厂每天产生3000多吨污泥，我们嘉兴企业70%的污泥都要我们处理，污泥干化后焚烧发电，现在叫绿色转型。我们纯煤发电的收入只占百分之二十几，我们主要是做污泥、生物质、压缩空气、蒸汽，是能源综合服务。

生物质主要是几块，一个是树叶树枝、小区分拣下来的装修材料、木质废旧家具、废旧模板、拆迁的废旧木质料，还有农村的秸秆、稻草、芦苇都在这里，一年二十几万吨。原先是河边倒倒，现在你看有没有了？没有了，都烧光了，烧掉发电，是绿色低碳。

问题 12：您评上"全国劳动模范"的感想？

我认为这是一个代表。公司历史上第一个全国劳动模范，代表了一个公司，代表一个团队。如果你这个团队不好，你这个企业不好，连申报的资格都没有。我认为要有一个团队、有一个好的平台，还有就是领导的开明，再一个说句实话就是机会。

在表彰大会上，七常委全出席，给我们颁奖，讲劳动模范是"民族的精英、人民的楷模"，我们出来以后都说没感觉自己这么伟大，我们主要是代表了一种精神，我认为是这样的。

采访手记

新嘉爱斯距离我们嘉兴学院仅十几千米路程，作为"家门口"的企业和劳动模范，理应加强联络。况且新嘉爱斯是科技创新引领绿色低碳循环发展的代表性企业，其主打的环保、节能、减碳乃时代之主题，俞保云又是主抓实业的高层领导，非常具有采访调研价值。于是 2021 年 7 月 20 日，我、许源、韩笑琳一行三人驱车前往新嘉爱斯公司采访了俞保云。

俞保云评选全国劳模时的职位是总经理，采访时已升任董事长。他给我们的感觉就是亲和、实干且实事求是，全程语气平和，面带微笑，真情实意，学者气质中带有劳动的力量感。这也代表了新嘉爱斯的形象和特质——创新、务实，将前沿科技与劳动实践充分结合产生可观的社会价值。新嘉爱斯从传统燃煤热电企业完成绿色转型，成为创新型环保型能源企业，主要得益于三方面努力：其一是科研平台建设，高瞻远瞩、未雨绸缪；其二是人才培养，注重团队协作，激发人的潜能；其三是大胆创新，善于把握机遇，迎难而上，勇于担当。这三方面正应了"科技是第一生产力、人才是第一资源、创新是第一动力"。

三、沈守贤：景兴纸业 党建引领

沈守贤口述，周俊超采访撰写

采访时间：2021 年 7 月 6 日

采访地点：浙江景兴纸业股份有限公司（平湖市）

沈守贤（1962 年出生），时任浙江景兴纸业股份有限公司党委副书记、工会主席、科技协会主席、残疾人协会主席、监事会监事、总经理助理、行政部经理等职，获高级经济师、全国劳动模范（2015）、嘉兴市道德模范（2017）等各级各类荣誉和资格证书百余项。采访以民企党建工建和劳模精神为主题持续 2 小时，此处撰写 9000 余字。

（一）凭诚信进景兴

问题 1：请介绍下您的早年家庭背景及成长经历，以及怎么样进景兴的。

我 1962 年 5 月 19 号出生在平湖曹桥乡严家门村的一个农民家庭，目前户口还在乡下。6 岁开始上学，5 年小学、2 年初中、2 年高中，1977 年在浙江省平湖中学（重点中学）毕业，才 15 岁。

当时正逢"上山下乡"运动，包括城里面的知识分子都到农村来锻炼了，所以我高中毕业以后是待在乡下家里 3 年，必须锻炼 3 年以后才能够考中专、大专。3 年下来以后我是考了大学，没考上。因为家里面穷，我弟兄三个，我是老大，还要带两个兄弟，减少老爸老妈的压力，然后老二老三慢慢长大了他们也要上学。

后来我进了乡办企业，干了 1 年半企业倒闭了，倒闭以后去了砖瓦厂，又干了两年。我记得 1986 年开始收废纸，到上海去收，来回 3 天时间，赚 200 块钱也蛮不错了。

1990 年进公司（当时叫平湖第二造纸厂，乡镇集体企业）有一个契机。当年我在上海闵行西度一家布厂里面收了 6—7 床的纸管子，拿回来卖给了平湖第二造纸厂，正好是他们做半成品有用的。

平湖第二造纸厂管事的人说："看你管子都蛮好的，可以做半成品，渗水不要渗了（做废纸生意，渗水比较常见，纸是干燥的，渗水以后再卖重量要重一点），这个价格你来定好了，我们正好是缺这个东西，哪怕是市场的采购员到哪里采购都不知道，正好你过来卖给我们。"

所以后来我 1990 年上半年的时候把这几船纸管卖给了二纸厂，一点水都没加。他们看我这个人讲诚信，就介绍我到厂里来工作。当时我还犹豫不决，为什么？我感觉到厂里来做一个月只有 28 块钱，我卖废纸 3 天时间赚到 200 块——那个是不得了的事情。后来还是我选择到二纸厂。进厂的时间是 1990 年 11 月 1 日。

从 1990 年到现在，我也是苦的经历过来的。工作以后一直很忙，后来（2013—2015 年）参加网络教育取得了大专文凭已经够了。我已经 59 岁了，凭我的工作经验，凭我个人的向往，然后在这里面经历那么多的事情，不容易的，真的是农村农民的一个蜕变——从农村走出来进入乡镇企业，从 28 元月薪的普通员工到拥有 2000 多名员工的上市公司的高管。

问题 2：您早年的诚信品质是怎样养成的？

这跟家族有关系。因为我家族是比较贫困的，而且我们前辈也是下中农，人多，凝聚力高，家族在当地的村里面人际关系各方面都挺好的。

我举个例子，以前是大集体，种田或者干活时大家一起出工，收工以后大家又一起回来，我们家里人多，隔壁邻居吃饭吃好以后到我们家里来坐一坐、聊聊天。以前生活条件不好，都没有电风扇，夏天的时候一起坐在大树下面乘乘凉，多少和谐啊！尤其是我家一个大大的家族——爸爸姊妹 6 个住在 5 间平房里面——有一个牛磨坊，可以把大米碾成粉，所以大家都到我家里来磨的，以前牛都买不起的，我家里还好。

> 沈守贤天然生长在一个邻里和睦、团结互爱的大家庭，淳朴的家风也是整个嘉兴"勤善和美"民风的缩影。没有人刻意教沈守贤讲诚信，敦厚踏实、与人为善是他的天性。

（二）党建工建一肩挑

问题 3：您的入党过程，以及景兴党组织发展状况？

我是从生产一线上来的。刚进厂的时候做司炉工，就是烧锅炉，烧出来蒸汽造纸。1993 年成为入党积极分子，1994 年预备党员，培养 1 年，1995 年 11 月 1 日转正，所以我今年党龄是 25 年。

1996 年，平湖第二造纸厂转制为浙江景兴纸业集团，沈守贤先后担任平湖景兴包装材料厂副厂长、管理办公室副主任、景兴纸业工会副主席。2000 年 9 月 9 日，景兴纸业成立党委，同年 11 月起沈守贤开始担任景兴纸业党委副书记、工会主席。2001 年，浙江景兴纸业集团有限公司整体改制为浙江景兴纸业股份有限公司。

景兴从最初的 7 名党员一个党支部，发展到现在的 9 个党支部、230 名党员，还有现在写入申请书、要求入党的 21 人，6 名即将转正的预备党员。我是感觉在整个大的集体里面要培养人员、党员的话，尤其是技术人才这一块很不容易的。

我们企业比较顺，按照我这一块来说，像在劳动争议调解、劳动安全这一块，我们公司到目前为止，在我这个岗位上就体现了零纠纷、零投诉、零上访、零调解，没有纠纷，没有投诉，没有上访，自然也就没有需要调解的。就这四个"零"来说，能够证明我这个岗位在整个公司大的一个集体和团队里面是真的不容易的。

现在我的职务是党委副书记，兼了工会主席、科协主席、残协主席——因为我们有福利企业 ①，承担了 183 位残疾人（就业），这个也是社会公益，要发他们工资，要给他们吃饭，很不容易的。还有就是承担行政对外事务处理，对内的话就是要处理好工会与企业法人之间的关系，这种也不容易。一定要维护好员工的利益，还要维护好法人的利益，中间这个作用必须要做好的。

问题 4：我们通常理解的工会就是维护员工的利益，这里怎么还维护法人的利益？

工会为什么要维护法人的利益？有的时候乱来的人也有的。现在社会治安那么好，以前我们 1990 年进厂的，有小流氓来敲竹杠、推销，推销什么东西？茶叶香烟。你买不买？不买他不让你发展。这种情况治安不好的时候都有的，他们就是看你做厂长的比较有钱，就拿点东西来卖给你，低价买进来，然后高价卖给你。

那厂长肯定要帮企业的，我企业多少人要解决吃饭的问题呀，这种茶叶我用不着，所以这种情况下我们工会要站出来，维护法人，对不对？不让法人吃苦了。这个时候法人也是职工的一部分。现在工会主席就代表一个企业全体职工的娘家人，也就相当于一个家庭的户主了。站

---

① 专门为安置残疾人员而举办的社会福利性生产企业。

在工会的角度看，企业法人也是工会的一员，是这个意思。

2003 年我兼任工会主席的时候，曹桥乡工会组织（下辖）全部民企的工会主席，搞个活动去外面"取经"，去了温州温岭泽国镇，它里面有一个合资企业，叫荣时打火机厂。他们的工会工作确实做得真的好，党建也厉害。后来从中取经学到什么东西呢？就是工会维护法人的利益和员工的利益过程中间，建了一个"1+1"互助基金会。

什么概念？也就是说，企业法人拿出一份资金，其他一部分资金是从员工那里募集过来的。比如说我们 2000 多个职工，募到 12 万块钱，企业法人拿 12 万，这样变成 24 万。这 24 万要救济困难职工家庭，比如说自然灾害、生病的，还有火灾的，尤其是现在患癌症的人特别多，这笔钱就是拿出来救济的。

工会要维护好员工的合法利益和权益，包括劳动福利、劳动保障、劳动保护用品以及劳动工资、劳动纠纷等等，方方面面的东西都要维护，所以我刚刚讲的四个"零"——零纠纷、零投诉、零上访、零调解，一般企业是很难做到的。相比而言，我在这里干了 30 年，所有的员工对我都很尊重，他们经常都叫我沈书记，叫我老沈，真的很客气的，很完美、很和谐的。

有种把当年大家族的和美风气带到厂里来的感觉。

图 4-2　景兴纸业企业文化展示厅

问题 5：党建和工建有什么共通之处？

党建带工建实际上是一个组织建设的基础。

什么关系呢？就是说从 2015 年的时候，平湖市总工会在市委组织部的大力支持下，从抓组织建设入手，将党建与工建有机结合，打牢组织基础。打牢组织基础以后，对符合条件的新办企业，党工组织同批同建，然后对已建党组织、未建工会组织的，由党组织牵头，推动企业依法建会。也就是说工会肯定要建起来的。所以对不具备条件建立党组织的，先行组织工会。因为工会维护职工的利益，有工人就有工会。然后有了工会以后条件成熟了组建党组织。工会与党组织共建以后，共同配合，培养和推荐优秀员工加入党的组织。就是在这个关系当中，实际上是党组织领导工会。努力做到党员职工在哪里，党工组织就覆盖到哪里。

问题 6：党员职工是否在公司担任重要职务？或者说，发展党员成为培养提拔干部的一条路径？

这里面分了两块，入党这一块要积分的。现在入党写入党申请书以后就必须要由老党员培养，老党员培养好以后，认你这个人，可以先培养入党积极分子，就慢慢来了。看你学习情况怎么样，工作情况怎么样，社会公益情况怎么样。比如说作为公益这一块包括捐赠、无偿献血、义务劳动参加不参加等等。然后要积分的。

那么这个途径是这样子：培养优秀技术人员必须优先从党员或预备党员中培养，那么这反过来说，要吸收一批人员入党，你必须是生产技术一线的技术人员和优秀的员工，包括我们每年评的"优秀先进工作者""十佳员工"等等，从这种优秀的员工中来推荐加入党组织。

首先在平时的工作岗位上，你必须不同于一般普通职工，不然的话你谈不上先进，包括学习工作和生活。如果经常喝酒，去唱卡拉 OK，不顾家，在家里吵吵闹闹的，道德水准没有了，那肯定是不行的。

也就是说，入党和培育提拔干部是统一的、不矛盾的。你优秀就要培养你，当干部要提拔你，同时你也符合了党员的先进条件。

党组织的大门一直是敞开的。我想入党，那我必须要向党组织靠拢，靠拢要什么条件？就是按照党章所有的条款来对照，我在实践过程中间没有做到哪些，我做到了哪些，或者说我需要向老党员学习什么东西，要对照自己。

我举个例子，我们党组织里面，比如说我们现在公益事业这一块，无偿献血，你身体条件蛮好，人家都在组织无偿献血，你必须也要加入这个团队，因为我们为社会做贡献。这是举个例子。还有一个比如说我们以前汶川大地震的时候捐款，你应该捐出来的钱也要去捐出去；还有义务劳动，捡垃圾或者怎么样，也是社会公益事业。这样子的话，你就看一个人的走向是不是向党组织靠拢。

你是一个党员，加入党组织以后，有党章所有的条款制约的。比如酒后驾车，违法了，也违反党章了。所以入党以后必须以党章的标准来衡量自己。

入党和提拔干部有密切联系，但也不是说所有干部都得是党员，肯定要看你的信仰。比如说我们现在总经理不是党员，但是不影响的，因为他分管的是一个总公司的运行。

入了党也不一定能提干，还要看你的专业情况怎么样。比如说我们一线的老党员，有的文化水平低，你要叫他做领导干部要负责哪一块？不行的。现在设备都是智能化的，中文都看不懂，要去看英文更加不行，那么他只有靠自己的双手来努力劳动，做基层的党员，只要在他这个岗位上做好，全心全意地工作，也是好的。党员是为人民服务的。

我这里有张党员队伍分布表看一下（见表4-3）：

表4-3 中共浙江景兴纸业委员会党员队伍分布情况（2017年1月1日，节选）

按比例分类：
　　1. 按性别分：
　　男性：165人，占76%；
　　女性：51人，占24%。
　　2. 按年龄分：
　　25岁以下：4人，占2%；
　　25—30岁：28人，占13%；
　　31—40岁：83人，占38%；
　　41—50岁：78人，占36%；
　　51—65岁：23人，占11%。
按管理层次分：
　　高级管理人员占12%；　中级管理人员占18%；班组长的党员占23%；　生产一线的党员占45%。

这说明了什么？生产一线的党员占多数。入党是政治觉悟的问题（不是用来争名夺利的），这个时候就提到红船精神了。

问题7：作为革命红船启航地的企业，红船精神对企业党建有何重要意义？

现在搞党建的导向主要一个是红船精神，还有宣传学习习近平总书记"七一"重要讲话精神。今年我们有一套建党100周年学习活动的总体方案，然后加了一个党史学习教育。党史学习教育我们分了几块：一块是现场学习，240名党员分了5批，去上海朱泾陈云纪念馆现场学习；一块是内部培训，我们邀请了平湖市委党校的老师给我们上课。

那么红船精神第一次发布的是2005年6月21日，在《弘扬红船精神 走在时代前列》当中首次发布。（红船精神的内涵）我们学习之后都背得出来的："开天辟地、敢为人先的首创精神，坚定理想、百折不挠的奋斗精神，立党为公、忠诚为民的奉献精神。"学习红船精神以后，对咱们党员的影响肯定在的。尤其是平湖和嘉兴，平湖也是嘉兴的，嘉兴红船是党的诞生地，我们党员的自豪感很高，不管你跑到上海或者到国外，"浙江嘉兴是中国共产党诞生地"，有这句话已经分量不得了的。

那么包括"七一"讲话，包括这次的党史学习教育，还有红船精神学习，我们这里的党员确实思想上前进了一大步！真的。尤其在我们接下去要讲抗疫期间的"三道关"，从细节上来看，我们抗疫精神确实在企业里面表现很出色。

问题8：这些党员他们思想上前进了一大步，对他们的工作有什么直观的影响，您能看得到他们在学习前后是不是有工作作风的变化？

有。我举个例子，以前车间所有的设备很脏的，包括造纸的浆料刷在纸机上一塌糊涂，不清理的。现在几乎看不到了，地上的垃圾都没有了，都好得不得了。我们车间啊都是亮晶晶的。这些都是党员带头做的，党员带哪些人？带一批普通职工。党员不同于一般的普通老百姓、普通职工啊，党员带头干，职工有劲头。这么一个感觉。

这就是我们想要的局面。

我再举个例子，像我们这种公开的党员示范岗，车间里也有党员示范岗。好比工会这一块，就是师傅带徒弟，工会的技术人员是师傅，一般普通职工是徒弟。党员在每个场合、每个岗位党徽必须挂在胸口的（上班时）。假如说你这党员党徽没带，扣2分，最起码60块钱。分数和钱是跟工作质量挂钩的，但党员必须要把党徽挂起来，因为党员不同于普通职工，先进性要凸显出来的。

除了扣分扣钱，加分和加钱的也有。积分超过100分的部分就要加钱了，超过1分拿30块钱，罚1分也是30块，奖罚分明。

其实这种规定都是劝党员要带党徽，代表形象，一般都扣不到的，我们现在上班都是直接挂上去的，不要忘记自己的入党宣誓呀！

我做了党委副书记以后，受到这方面教育也多了，思想觉悟提高了，岗位工作方面该做的、不该做的拎得清楚的。尤其是向老党员学习这一块，老党员任劳任怨、努力工作、虚心好学，尤其是老党员那种无私的革命精神。

（三）疫情防控很及时

问题9：关于新冠疫情防控，有报道称您在公司里"筑起三道关，一道在车间，一道在门卫，一道在高层，层层把控，真正做到'企业疫情防控网格化'"。请问车间、门卫、高层三道关是怎样的联系，如何网格化？①

2020年1月27号，我们开会组织了一个防疫领导小组，我是执行副组长。筑起三道关，一道关门是门卫关了，第二道关就是车间里面了，车间里面主要是检查有没有带劳动保护用品、口罩，班组管理这一块。第三大块就是高层监督管理，高层监督的话主要是层层把关问题了。

第一道是门卫，第二道是车间，第三道是高层把关，你上班来每一道关都必须经过门卫，检查有没有戴口罩，有没有发烧，尤其是外来人员必须登记。车间里面就是说在防疫期间上班时候必须戴口罩，还有防护用品你带不带。高层把关就是轮流值班，每一天必须检查两次，第一次上午大概在9点到10点半，我们整个公司比如说检查11个门卫，所有的子公司都要去的，检验外来人员有没有进来过，这是一个。第二个，有没有体温高的人、发高烧的人。第三个有没有戴口罩，没有戴口罩的不能进去。还有就是我们供应商执行情况怎么样。方方面面都要了解的。

2020年1月30日，在疫情防控形势复杂严峻之际，景兴纸业

---

① 问这个问题是因为报道里面讲的"三道关"的顺序有疑问，它把车间放第一道，把门卫放第二道，把高层放第三道，不知道这里有何逻辑联系。参见胡彧等：《沈守贤：一句承诺，保住所有员工安全》，"嘉兴在线"，https://www.cnjxol.com/51/202007/t20200713_642251.shtml，2020年7月13日。

向中共嘉兴市委统战部、嘉兴市工商业联合会捐款 80 万元，捐献公司生产的"品萱"保湿抑菌生活用纸等物资 40 万元，为抗击疫情"雪中送炭"。

（四）坚持奋斗不停息

问题 10： 有报道称您"365 天以厂为家，坚持天天上岗"[①]？

这里我解释一下，我们按照每天上班工作 8 小时来推算，可能我上班天数超过 365 天（按全年总工时除以 8 来计算）。因为我不计较每天一定上班是 8 小时（不止 8 小时）。我现在的岗位工作是 24 小时负责制、8 小时工作制，真的就是天天上岗，一个电话就要过来的。就是说 8 小时工作范围内必须在这里公司里面，但是你在家里的话，也要负责这个岗位。我们公司就这样子。

问题 11： 您的热心负责、严谨无私的工作作风是如何形成的？

这个主要是热爱自己的本职工作，因为从原来的乡镇集体企业到一家上市公司不容易的，主要是以本职工作为重，还有就是几代人的家庭教育培养了我，要对得起家庭的。第三个就是在这个岗位上，尤其是我党委副书记，又兼任这么多职务，肯定要为社会做公益事业的。比如说无偿献血，赞助贫困学生，帮助乡下的老百姓修桥铺路——我当时资助了乡里面一条道路，我自己拿钱。

问题 12： 您个人的性格有没有对工作产生影响，您自己觉得您是什么性格？

我是一个比较急躁的人，性格比较开朗，在脑海里做每一项工作，在细心工作的情况下，就是把这件事情办好，早一点办好，不要拖拖拉拉。

我举个例子，有一次为了一个项目去北京，我一早 6 点多的嘉兴高铁过去，到北京大概 11 点多。那个时候我下午马上去了两个部门，一个是包装学会，还有一个是造纸学会。去了以后我中饭都没吃，我一边走一边打电话，我说赵秘书长你帮我弄好一杯茶，其他我没有要求，我在路上赶过来。

我到北京以后就打了个出租车，到了包装协会又到造纸协会，我这

[①] 《沈守贤 员工有困难就找他》，《浙江工人日报》2015 年 4 月 30 日。

个时候考虑我今天晚上肯定要回去。因为北京这边盖章盖好以后需要连夜回去，第二天我要拿到平湖和杭州去批的。

然后我弄好以后大概在（下午）3点多一点，马上赶到机场买飞机票，最后一趟买到了。到萧山机场，时间已经是下半夜的12点多了。萧山机场再到平湖家里差不多要两个小时，我睡觉时已经（凌晨）3点多了，早上起来先到平湖政协那里去盖章，8点25分盖完章，9点半赶到杭州去，驾驶员开车开得很快的。

问题13：之前报道中用了一个词"奔跑"，形容您是"奔跑者"[①]，很显然除了精神动力，身体条件、行动能力也是不可或缺的，请问您的行动力、执行力是如何养成的？

我身体现在还好，除了血压高了一点以外，其他都可以。至于行动力的养成，性格肯定是一方面，然后一个家族的遗传，还有就是通过这几年各方面的学习，外面的学习，线上学习与老师的培训，都有关的，思想觉悟提高了。还有一个就是说做了这么多年的岗位工作，讲实话，政治素质、政治觉悟有了以后，就感觉工作流利，干活比较得心应手，比较顺畅。

因为毕竟在一家企业里干活，青春都在里面，像现在31年了，从原来进厂的28块钱干过来的，现在已经到高管这个位置了，一定要做好这个工作，有感恩的心，做人不要忘记恩人，不要忘记革命的恩人，全身心地投入岗位上去。

明年我60岁就要退休了，我们老板不同意，我老板说你最起码还要干到65岁。因为他感觉我工作也是比较流利、比较顺畅了。

问题14：结合您这么多年的奋斗经验，给奋斗中的年轻人提几点建议？

关键的几个点，一个理论知识肯定要学的，包括党史在内的很多资料，以及现在我们正在学习的"七一"重要讲话精神。"七一"重要讲话精神里面，现在提炼了多少个重点话题和经典的话，我已经看了很多遍，包括这次领诵的冯琳，海盐人，小姑娘，她朗诵就一点点时间，但是给她的精神压力很大，她练了多少遍啊！像我刚刚所说的，要学习党史，学习习近平总书记的讲话精神，尤其是几代领导人，包括《邓小平文选》等都要学，有时间就学，这个叫理论学习。

实践学习方面，要注重专业知识，在理论学习的同时，必须跟专业

---

① 《沈守贤 员工有困难就找他》，《浙江工人日报》2015年4月30日。

知识结合起来。在这个过程中间，必须要在这个岗位上踏踏实实任劳任怨地做。这里面又要关系到能不能向党组织靠拢这个导向问题了，这个叫"入了党以后才有先进性"——党组织是职工群众的先锋队。像我们党组织就起到了突击队的作用，企业有什么困难，党组织党员往哪里冲，是这个意思。这方面就要教育好青年党员、青年职工向优秀的老党员、向技术人才学习，往好的方向走，努力做好自己的本职工作。

问题 15：请您谈谈现阶段及接下来的个人工作计划。

现在对我个人来讲，工作计划有几个方面：一个是围绕公司的生产经营目标开展工作；第二个就是安全目标，要达到安全环境，这个也很重要，包括环保事故不应该出现的——站在我这个角度讲，因为党是领导一切的；第三个就是党建工作，涵盖团委和宣教工作，还有纪检工作必须完成。

我们企业党风廉政建设这一块做得也是比较好的，而且我党委副书记还兼了纪委书记，这几年的党风廉政建设做得确实是相当可以的，接下去我们要半年度召开一次正风肃纪教育工作会议。内容有几个，一个针对1—6月份存在的问题，要正风肃纪，有些党员领导干部哪些作风不对，哪些党员吃里扒外，这种都要在大会上说出来的，这是一个话题。

第二个话题就是1—6月份企业的生产经营情况，这个也是与每一名党员领导干部有关系的。就是说1—6月份我们企业错了哪个地方，现在盈利多少，甚至产量多少，销售收入多少，还有哪些需要在党员队伍里面改进的，或者在每个人才基础岗位上要改进的，都要大会上一一罗列出来。

第三个话题，公司最高领导董事长做指示，就是把1—6月份存在的问题，然后接下去7—12月份该做什么工作，关系到每一个人，每一个领导干部。所以纪检工作也很重要的。

第四个就是外宣工作，内外宣传工作都是我来管。我给你看一份报纸，我们办的《景兴报》，内部报纸。我有一句话叫："内强交流，外讲评价。"

第五个就是行政后勤这一块，行政内部以及员工的后勤保障这一块必须确保的，让他们千方百计调动积极性。尤其是服务，包括我们买好了"五险两金"。在工作过程中间员工需要保护，员工需要鼓励成长，尤其是年轻的员工，把他们培养长大。因为我们毕竟要老的，培养下一代的。

上班是 8 小时工作制、三班倒，一共分四个班，三个班在运转，一个班在休息。平均一个月 30 天只上班 21 天，一线普通员工年收入达 8 万—9 万块，而且员工百分之六七十都是曹桥本地人。另外公司食堂用餐有补贴（每天管一顿饭），10 块钱的饭员工支付 2 块就够了。本来我们吃饭都是全部免费的，但是考虑大家节约一点，不要浪费，勉勉强强才收到 2 块钱。

第六个是员工意见收集和整理，我们每个月要召开一次员工座谈会的，党建这一块必须抓牢。

我除了自己本职工作以外，我们董事长、总经理临时工作任务布置给我，我全力做好，没有任何怨言的。我工作比较顺利的。

采访手记

2021 年 7 月 6 日，经平湖市总工会介绍，我如约采访到沈守贤书记。正如沈书记所言，企业中纯行政岗的人员不多，所以他身兼数职，工作繁忙。但他仍临时为我的采访腾出时间，并另外牺牲个人休息时间就我事先发送的问题做了很认真的准备。这让我很感动。沈守贤书记对此次访谈如此用心，并非想借此机会为企业做宣传。他很自信地告诉我，他们企业收入很可观，不需要做过多宣传，他完全是冲着"党"——这一关键词接受我的采访的。这就更让我感到"纯粹"。没错，"纯粹"是我在沈书记上感受到的最强烈的一点。

就具体的非公企业党建工作来讲，了解这方面工作的人不难看出，景兴纸业党员并不算多，党建工作做得也并非很花哨、很抢眼的那种。但在沈守贤书记的领导下，能保证每名党员职工从入党到发挥带头作用，都是纯粹的、超越功利的，没有形式主义，不搞繁文缛节，丝毫不影响党员职工发挥应有的作用。我当场就感慨，这就是我们党的组织建设应该有的理想状态。

四、万亚勇：中大电机 万能工匠

万亚勇口述，周俊超采访撰写

采访时间：2022 年 7 月 23 日

采访地点：宁波中大力德智能传动股份有限公司

万亚勇（1970 年出生），宁波中大力德智能传动股份有限公司设备科科长，高级工程师，浙江省第十四次党代会代表（2017），2020 年全国劳动模范。其在公司人称"万工"，意为"万能工匠"，帮助车间工人们解决机器上各种疑难杂症。采访以工匠养成之主题持续 2 小时，此处撰写 9000 余字。

（一）爱读书的"儒匠"

问题 1：您的早年成长经历，哪一年来的浙江，为什么选择到慈溪？

我老家在江西上饶鄱阳县，靠鄱阳湖边上。我有兄妹 9 个，4 个哥哥 4 个姐姐，老爸老妈都是地地道道的农民。

我来浙江很多年了，1999 年来浙江。因为我们江西跟浙江比较近，我们很多老乡在这边。所以当时 1999 年的时候，我正好也是生小孩，家里比较贫困，就想出来改变一下贫穷的面貌。没有专门去选择来慈溪，因为我们老乡都在慈溪这边，就是说"找老乡"（外出打工奔老乡）找到这边来了。

我 1992 到 1995 年读了民办职专，当时民办学校刚刚有点苗头。我们那个时间还包分配的（公立学校），但我是民办学校不包分配。当时我们农村里面学校缺老师，后来就到村子里面的小学去做代课老师。因为学历比较高一点，好歹上了一个大专，上的学多一点，就带学生。

我们是没有编制的，我们农村里面叫"赤脚"，为什么叫"赤脚"？穿不上鞋的，待遇很低，生活压力比较大。为什么想出来就是因为这个原因，然后就干到 1999 年走了。

我来慈溪进了两个企业，中大是我第二家企业，2010 年 3 月份来的；前面一家也是制造行业的，在观海卫镇。

问题2：您是如何从一名普通工人升级为万能维修匠，甚至是发明家的？

我在制造行业做过很多工作，做过铣床、磨床、车床、电焊等等，所以说我对制造行业还是比较熟悉的。

我为什么能够成功？它不是说我今天做了什么事，马上就能够成功了，都是一步一步来的。我做过的工作特别多，在第一家公司也待了10年，我在一个岗位上面都是勤勤恳恳去做的，因为我们毕竟做过老师也上过一点学，不说是高文凭，至少我们是上过点学的，所以我就知道了在一个岗位上要做好的话，一定要去多学习、多看书。所以我记得我烧电焊的时候，我都买了很多书，勤学习。

因为我是维修电工做起来的，也是机遇。首先老板看到我比较勤奋，因为我在厂里面都非常勤奋朴实，不怕脏、不怕苦、不怕累，这是我们农村里面的人的一种本性，我认为是原来那个老板就看着我比较勤奋，比较爱学习，他就说他正好也缺电工，就把我调了一个岗位去做电工，维修电的。我说要我做什么我都会服从公司安排。

就这样机缘巧合，我就做了电工。因为我原来在大专里面的时候学过一点点这些方面的知识，所以说我就很感兴趣，就慢慢去搞。比如我初级工考中级工、考高级工、考技师，考到高级技师，都是我一步一步慢慢学出来的，包括我后面在别的厂里面去进修，去学习那些东西，都是一步一步慢慢成长出来的。

当然每个人的成功路径不一样的，但是我认为看书一定会让你成功得更快。

我原来做电工的第一个师傅，他就是没上过多少学的，但是后面我跟了他三四年以后，我自己学的东西就超越师傅了。他看电路图什么基本上看不下来，但是我能看电路图，还都能画成。所以不同的设计我有很多种不同的方法，他就是凭经验做。当时我跟他的时候，他已经做了几十年了，也是我们所说的老电工。

我看书看得比较多，我当时考中级、考高级的时候，我就接触外面的东西更多。打一个简单的比方，修一个设备的时候，我师傅就是凭经验，但是我就从电路图上面去分析这个是为什么会出现故障，故障点在哪里。他按经验可能不一定准。他有经验，他可能知道这根线是接在哪里；但是我就根据我的理论，这个电路图为什么要这样接，我就搞得更快了，我可以改这个电路图，但是我师傅他就不敢改这个电路图。

问题 3：平时工作应该很忙、很累了，如何有时间精力自学？

我可以说学习的时间总会有的。我们鲁迅先生不是说了，"时间跟挤海绵一样的"。你不可能 24 小时都在工作，对吧？我们时间是挤出来的。你像我们下了班以后，晚上就可以在家里看看书，人家可能会喜欢干别的，别人有别人的兴趣。我们也不说兴趣好坏的问题，你像我的兴趣比较喜欢看书，下了班以后我在家里就可以多看一点书，人家可以看电视，我就可以看书。

我也有一个多年来的习惯，不管再忙我一天总要抽出一两个小时来看书（一边看一边做笔记）。我不但是看书喜欢做笔记，并且我在维修的过程中也喜欢做笔记。我把我所学的、我自己积累下来的东西写成"葵花宝典"（笔记本封面加一个名称），这个报道上面也有写过。

问题 4：您自学不只看理工类的书，还读文科类的？您觉得文科类书籍对您的工作和成长有何帮助？

看，我什么书都看，我家里的书很多，我可以给你看一下……我家就在公司，我住公司宿舍，这是我的宿舍（一家三口都住在这里）。我们生活区跟工作区是分开的，这是生活区。这里占地面积只有 50 亩，但是我们有好几个分公司，我们别的地方也还有。

其实每一本书对自己都有帮助的，你像我看得多的了，我喜欢看专业书，我看得最多的是专业书。为什么呢？因为我在工作的过程中碰到困难，我就会去翻书，我在自学的时候或者什么也会看书，所以工业专业书是看得最多的，因为专业书对我自己的技能帮助很大。但是我别的书也喜欢看，包括我们的国学，包括我们的唐诗宋词，包括很多很多的世界名著，这些东西我都喜欢看，因为我比较"杂"，很多记者也问过，他们说："你搞理工的人、搞技术的人为什么还喜欢看文学方面的书啊？"

我跟他们说："我喜欢看是为什么？因为文学方面的书对自己的情操，对自己的心情是有很大的帮助的。因为我们也有困惑的时候，也有心情急躁的时候，也有钻死胡同的时候。"当我们在工作中碰到不顺心的时候，或者是说我研究一个东西研究不出来的时候，心情非常不好的时候，就看看人家的唐诗宋词，看国学方面的书，对自己的情操是一种释放，对自己的压力也是一种释放，陶冶我们的情操。

特别是我们在困难的时候啊，看看人家的生平，你像我们王阳明啊、苏轼啊。看过他们的东西以后，心情也会豁然开朗。像苏轼的"也无风雨也无晴"这些诗词都是写得很好的，包括他生命中最后做的一首诗《庐山烟雨浙江潮》：

> 庐山烟雨浙江潮，
> 未至千般恨不消。
> 到得还来别无事，
> 庐山烟雨浙江潮。

你看看这些诗都写得很好，包括我们李白写的"长风破浪会有时，直挂云帆济沧海"，那些东西带自己的心情会有帮助的；包括我们看毕淑敏的散文诗，那些散文写得好的，散文诗也好，小说也好……小说要花更多时间去看，散文一般篇幅比较短，但是散文它写的很多东西都是颇有哲理性的。

问题5：现在的人手机、电脑用得多了，经常就抱着手机、电脑看，您看书还是喜欢看纸质的？

我喜欢看纸质书。纸质书特别好！我们说看书、读书有书香味、书香气啊！真的，纸质书上有。我们看东西，喜欢在纸上面写什么东西，那就方便一点。

我不喜欢看电子书可能跟我们年纪也有关系，因为我们一直都喜欢看纸质书。我们也说电子书一定不好，这个有个人的选择性，只要你读书，我认为纸质书、电子书都一样。但是多看看纸质书对自己还是帮助的。因为纸质书可以翻一下，书页翻一下它有一种声音的，特别是夜深人静的时候。

（二）扎根一线最要紧

问题6：我从此前的报道中看到您事业有成的因素有很多，有兴趣和热情，有攻坚克难的钻劲儿，有基础和才智，有公司的迫切需要，还有不断学习的好习惯。如果让您给这些因素按重要程度排序，您会怎么排，哪个因素最重要？

我认为第一个要有工作兴趣和热情，如果你没有工作兴趣和热情的话，我认为后面就没有了。因为你没有工作的热情，没有兴趣，你怎么去钻研？肯定不会钻研的，对吧？你有热情和兴趣才会刻苦钻研，以后才会有精益求精，才会在技术上面有进步。

你有钻劲才有才智，或者说你光有钻劲，你还得需要有基础，不然你没基础你钻研也很难。当然有的确实没基础，我认为在这个方面来说不是特别重要，刚刚我也说了我师傅他做电工做了几十年，他也没有什么理论基础，但是他有热情，热情和兴趣还是要紧的。像我们老一辈的钻劲他们肯定也有，但是没有理论基础的话，钻研就更困难一点。如果你想让自己成长得更快的话，就要有基础了。

问题 7：现在都说年轻人不愿意进工厂，这该怎么办？

因为原来我也是浙江省党代表，我们也讨论过，再加上我们跟慈溪职高校企结合，我在慈溪职高也有以我名字命名的工作室，所以我们也讨论学生的问题。现在的学生有一部分是不愿意进工厂的，只是说有一部分。因为现在随着我们社会对工匠认知度的提高，有的人也开始慢慢在转变思想。

图 4-3　万亚勇与青年职工在车间

现在的工人他们宁可送外卖、做网红，他们都不愿进工厂，可能这也是个不好的趋势。工业企业逐步也在慢慢改革，但是为什么会出现这个现象，跟教育、跟社会也是离不开的。现在年轻人的思维跟我们的思维也不完全一样。随着工匠社会地位慢慢提高，他们的待遇也在慢慢提高，现在也有很多人慢慢在转变这个思想。特别是技校生、职高生，他们会走入企业。但是他们走入企业以后，有的也选择性进办公室，也不喜欢下车间。这个具体是什么原因呢？我们也在分析，但是一直探讨不出来这是什么原因。

现在我们社会上还是总认为白领比蓝领好，白领工人、蓝领工人的概念还在。实际上我们慢慢会缩小办公室跟车间的差距。以后会缩小成什么样子？缩小成办公室的工资还没有车间高，这是第一个；第二个就是说没有蓝领跟白领之分，慢慢地把一线工人的社会地位提高，坐办公室的也不会总坐办公室，也要下车间的；第三个现在我们的企业、很多企业会慢慢地改善工厂的生产环境。现在我们公司就好，我们就有很多恒温车间，就车间里也有空调，不是像原来一样的汗流浃背或者怎么样，环境很艰苦的没有。所以说企业会慢慢地改变工厂的生产环境，这个也会吸引他们慢慢地下车间，也是吸引人才的一种措施。

还有现在这段时间不是有稻盛哲学？我们公司上下都在学习日本的稻盛哲学，不管你是一线的还是哪里的，都要去学习这本书，对于转变思想有帮助。企业现在慢慢也在创新，这个是很重要的。再一个，现在我们学习的目的是说把每个人都培养成企业家，每个人都有责任感，就跟我们原来国企一样的，但是这个路是有点长，为什么？毕竟是私企。私企的老板跟工人你说不对立？一直来说还是有这个的。企业员工每个人都有这个想法——老板是赚我们的剩余价值，是赚我们的钱。老板不赚这个钱，这个企业就不发展了，那肯定的嘛。所以说就慢慢在改变，改变成什么？自己是主人翁思想，就跟我们原来国企一样。国企有凝聚力，凝聚在哪里？它会分房，会有很多待遇的，有子弟学校，有子弟医院，你没有后顾之忧了，但是在私企还是有点难。

问题 8：咱们公司本科以上学历的人才多吗？

我们公司里大学本科是很多人，每年都在招的，因为我们公司有一个博士后站，我们公司的研究生是有很多，他们的收入都很高了。

问题 9：您是如何看待当前我国面临的"卡脖子"难题的？请讲讲您最近的几次打破国外技术垄断的创新事例。

这个"卡脖子"的地方很多很多，包括我们的芯片，这是炒得最厉害的。大家其实也知道，西方国家对中国一直都在进行技术封锁，包括我们制造行业里面的高精密的机器设备，他们也是在卡我们的脖子。包括我们现在所有的搞理工、搞技术的人都知道，我们的工业软件他们都一直在卡。我们现有的制造行业的 6 轴以上的高精密的设备，有的国家都不卖给中国，所以说"卡脖子"我们仅仅是看到了冰山一角，其实"卡脖子"的地方特别特别多。他不但是在技术上面，在经济方面，包括我们所说的贸易差，报道上面都有的，很多很多地方都在卡。

我们制造行业"卡脖子"这地方就更多，为什么？我们买一个设备过来，先进一点的，它就不给我们二次开发的权利。我们每一个系统过来要有二次开发，它二次开发不开放，有些高版本的东西要付钱去买。所有的这些东西都是一些"卡脖子"的东西。比如我们买的美国设备出现故障，只能由他给我们维修。打个简单的比方，加工中心里面的减速箱坏了，他说："你只把整个减速箱拆下来，不能拆里面，里面内部不能让你看到，你把这个东西寄到我那里去，我把新的给你报价多少。"他说："你拆了里面的我就不给你保修了。"所以说这个也是一个技术封锁，他就不让我们看它里面的结构或者是怎么样。

我是搞维修的，不是搞研发的。我在维修方面现在很多地方就不求助于他们了。我们有个三菱的机床买过来以后，它的要求跟我们实际加工的要求不一样，就涉及要改它的程序，要改它的软件。我们现在就不求于它了，它的电路图我可以改，我就不用它那个电路图了，我可以改成自己的，包括我们简单地改它的程序，用我们国产的电子元器件去代替，这个是可以的。但是在改的过程中，我们前期要做很多准备，包括它的原理是什么，我们为什么要这样改，这样改的结果是什么，我们不能损伤机床的精度嘛。我们在用三菱的时候，我们有一个动作要求是要二次夹紧，它没有二次夹紧，只有一次夹紧。就涉及要改它的程序，改它的软件。我们如果叫他们来的话，他们也可以给你搞好，就是要加钱。

问题 10：您现在主要负责的工作是？您一天的作息是怎样的？

主要负责的工作跟 10 年前刚来的时候一样，就是说我的技术在慢慢地增长。作息时间早上 7 点多钟起来，我们 8 点钟开始上班，工作时间都是一样的，在车间里面；我们一般是 5 点下班，但是我有可能会到 6 点，因为我要检查一下，车间里转转。我下班比别人会晚一点点，我一般在 5 点半到 6 点钟下班了。下班以后就在家里，有时间的时候就看看书，如果公司里面没有事的话。有事的话他们会打电话，因为我住在公司里面。我会在家里看看书，做做作业，再把公司里面白天遗留下来的东西做个总结，或者是说我们工作室里面还有一些材料做做，基本上我晚上一般会做到 12 点睡觉。

现在我们公司设备特别多，出了问题他们都会打电话给我的，我是24 小时待命。我们没有晚班，因为我住公司，出了问题他们都喜欢找我，我去了一般都能解决问题。

我部门也有其他员工，这个就涉及我们"传帮带"的问题。现在我也带了几个出来，他们也有几个人。因为他们是本地人不住在公司里面，下了班就回家了。回家了再叫他们的话，他们因为年轻嘛 80 后有小孩要带，所以说还是叫我比较方便。白天他们在车间里干活干得比较多一点，下了班以后都是我在干。

问题 11：请谈谈您带徒弟方面的经验。

讲起带徒弟，我们经验也是有的。你像我带徒弟，我们分为好多种。

第一个我要教他们技能方面，我把我自己几十年的工作经验、工作积累下来的一些技能技巧就毫无保留地教给他们；再一个，你看我不是说了我喜欢看一些书，做笔记，你看这是我做的笔记，我把我自己学习过程中做的一些笔记也会写下来让他们去看。这是技能方面，我会毫无保留地把我自己积累的所有的东西都交给他们，包括他们在工作中碰到困难的时候，我帮他们去解决。

还有素质教育，我们老是跟他们说，素质教育也是非常重要的。特别是现在的年轻人，他们有基础，因为他们最差的也是技校毕业的，有基础，但是没有实践。就是跟他们讲，你们要怎么去爱岗敬业，对公司要真诚忠诚，要懂得感恩。素质教育还是非常重要的。就刚刚我们一直在说为什么现在年轻人不愿意下车间？我们要多从各方面来引导他们，让他们知道一线是培养人才的摇篮，让他们真正地能够扎根一线，在一线成才。再者把自己怎么干活的，要带头做给他们看，让他们知道我们的劳模精神、劳动精神、工匠精神是什么含义。

现在学校可能也慢慢会重视素质教育，但是你到了企业以后，企业里面跟学校还是不同的。包括你怎么跟师傅拉好关系，怎么跟车间的人去沟通，也就是我们所说的"情商"，你怎么去提高自己的情商，这个也是很重要的，你在企业要待下去的话，有很多的人际关系，教他们怎么去适应这个企业，等等。

问题 12：辛辛苦苦培养出来的人才，会不会想着离开，去到更好的地方？

这个问题问得好。我们开始说了要培养他的忠诚度，但是也不能说人家跳槽就一定没有忠诚度，或者有各方面的原因。他要跳槽这也是个好事，为什么？

至少他掌握了技能，他敢跳槽的话说明他翅膀硬了嘛，也就是我们说的他的技能已经达到了一定要求。我们不是仅仅看到他跳槽这个事，而要看到他的技能提高了，他永远是在给社会做贡献。有的人就在说，我教出来他就走了。我们要想开一点，不要光为公司着想，也要为社会着想。

（三）为社会培养人才

问题 13：*请谈谈个人和企业未来的发展目标和规划，所在行业的发展前景。*

企业规划我就不知道了，因为这个方向太大了，我们老板他有规划的。

我们个人，我想把自己的东西再多写一点，现在我就注重"传帮带"了，多带一点徒弟出来，想多把自己的经验传授给他们，在这以后有基础的话，可以多写点东西出来，或者编一本书。我现在有很多是手写的东西，打个比方我能够整理成一本书出来或者是怎么样，让大家能够都看得到。

行业前景现在我们还一直在说，像我们制造行业一定要创新，不管从哪个方面，多打破国际垄断。我们不管研发方面还是技能方面，我估计也会慢慢突破的。我们不能说一下子就能够超越人家，或者是一下子都不依赖人家，这个是很难做得到的。但是我们是每天前进一步或者每天前进多少，现在国家也越来越重视，不能受制于人。国家有大的环境，我们整个行业里面我估计慢慢也会……发展还是要有创新的思维，我们党代会上也提到这个东西。

问题 14：*近日看您受聘宁波工人大学特聘教授，请介绍一下刚刚成立的宁波工人大学，它比原有的国家开放大学（电大）有哪些升级？*

现在是这样的，最早我们想要学历提升，一般通过国家开放大学或者函授。现在我们宁波市为了更方便我们企业工人的学历提升，就专门才成立了一个工人大学。

工人大学好在哪里呢？它是跟国开大学合作的，理论方面的知识是由国开大学的一些有丰富的教学经验的、有理论知识的教授聘请过来，讲述他们一些理论方面的知识。它提升在哪里呢？它把我们这些劳模工匠也成立一个特聘教授形式，专门跟他们讲技能培训。如果你讲技能培训的话，那些工人更容易接受。因为理论知识方面可能要不断地去跟他们讲，但是技能方面因为有很多是跟他的工作息息相关的，他们的进步就更快。所以说工人大学的优点体现在两个方面，第一个理论知识会提高，第二个技能会提高。

我现在也在考本科（国开大学）。我报的是计算机科学与技术，它现在讲的就是《数据库系统的应用》《理工英语》这些书，讲讲理论方面的东西，实践课不多。我们每年有中考、有会考，也有考试的。但是它实际上技能上是没有，因为它毕竟还是学历提高，强调理论知识。

宁波工人大学招的都是我们宁波工会系统里面的工人，在成立工人大学以前，我们宁波市总工会有个工匠沙龙，也是专门请我们这些劳模和工匠来讲课。我估计以后工匠沙龙就会在工人大学里面去讲。

问题 15：请您谈谈您对劳模精神、劳动精神、工匠精神的理解。

其实我一直在跟徒弟，包括我在外面也讲过，有的企业、有的学校也叫我去讲过，就讲工匠精神。其实我用 8 个字概括得很好的：一个就是敬业，爱岗敬业的敬业，还有就是勤勤恳恳的勤业，还有精益求精的精业，还有乐业。我认为这 8 个字就是对劳模精神、工匠精神的概括。

你看敬业，我们要爱岗敬业，刚刚我们说了要有热情和兴趣，这是最要紧的。它这个都是一环扣一环的。你有了热情、有兴趣了才会勤业，才会勤勤恳恳去做。你只有勤勤恳恳勤业以后才会有精业，你只有勤勤恳恳去实干、多学才会精益求精，不然你想达到精业是不可能的。你只有在自己有创造、有发明、有成就感以后才会乐业，才会在工作中感到快乐，才会感到喜悦。又回到了我们原来第一个（敬业），这个是紧紧相关的。所以我个人认为这 8 个字就是对于我们工匠精神、劳模精神的诠释，我一直也是这样讲。

问题 16：这应该也是您想对青年职工和在校大学生说的，作为一名导师，您还想对他们说些什么？

对，这是我想跟大家一起分享的。现在我跟大家讲，我们活在世上总要有自己的人生理想，总要有自己的抱负，你想实现自己的抱负，就跟上次交大的校长说过，25 年以后你们来怎么样……

> 西安交通大学 2022 年毕业典礼上校长王树国讲："我特别期待着 25 年后，在校园里能够再见到你们。你们想象过 25 年后的你是什么样的吗？我之所以和大家有这样一个约定，首先，是希望大家仰望星空，追逐梦想，心中有理想、有目标、有追求。人不能没有追求，没有追求就丧失了前进的动力，失去了生命价值。"[1]

我们也是同样的，你想实现自己的抱负，还是要进到一线。我们不

---

[1] 《王树国校长在西安交通大学 2022 届学生毕业典礼上的寄语》，"西安交通大学新闻网"，http://news.xjtu.edu.cn/info/1002/184512.htm，2022 年 7 月 3 日。

是说让所有的大学生全部进企业，不管你在各行各业一定要脚踏实地，一定要到一线，一线一定是创造人才的摇篮。

刚刚说了，不管是对自身的发展也好，对社会的发展也好，大学生到了一线，因为像大学生是属于技术型的人，我们是技能型的人，你们技术型的人要想转化，要想成为工匠是更容易的。因为你们有技术，想把技能学到手的话更容易，技术型往技能方向发展是特别容易的，所以你们一定要发挥自己的长处，要有抱负。

现在你一定要知道这个社会的发展离不开技术，离不开所有的基础学科，制造行业一定是一个国家的根本。所以我还是一直在跟现在的大学生在说，一线，你会发现不同的乐趣！还是希望欢迎他们到一线来，就是我们所讲的乐业。你工作以后你会发现很多不同的兴趣，也会有不同的快乐。

我总认为人不能太安逸了，也并不是坐办公室的人一定是不干活的，我们不是这个意思。就是说你坐办公室也要到一线去，你搞技术，你搞编辑，搞什么东西，你不到一线去，你这个程序怎么写？你是会走弯路的。

问题 17：你刚才说的"技术"和"技能"有什么区别吗？

当然有区别，技术注重的是"术"嘛。就像学术，为什么叫"学术研究"呢，"术"都有理论。为什么我们说今年的（高考）数学特别难？我们国家也会发现我们的基础学科落后了，我们现在大力地抓基础学科，数理化。我们原来上学的时候有一句话："学好数理化，走遍天下都不怕。"技能就是动手方面了，像我们一样的，它就是一种能力嘛。

问题 18：您作为党代表对最近召开的省市党代会有何领悟？

在 6 月份我们省十五次党代会刚刚结束，它这里面也讲了很多的东西，讲到了我们浙江成为共同富裕的示范区，讲到了"两个先行"、创新驱动、数字化改革，包括我们习近平总书记在浙江省当省委书记的时候提出来的"八八战略"，我们浙江又是我们党的一大的旧址——嘉兴红船所在地，所以说我们要守好我们的红色根脉。这些东西都是很重要的。这也是我们浙江省第十五次党代会上提出来的一些精神。

我是省第十四次党代会代表，也是宁波市第十四次党代会代表。包括在宁波党代会上我们也说了，我们宁波市是港口城市，是文明城市，连续几年获得了"中国最具幸福感城市"。在省党代会精神的指导下，我们自己也有自己的方向，我们港口是我们宁波最大的资源，开放是宁波最大的优势。

所以说我们还是要大力发展我们的港口城市，宁波是以制造行业为基础的，所以要大力地去发展我们的制造行业，尽量地引导企业去怎么转型、怎么升级，在新环境下有更大的发展。我们每一届省党代会上也会提出新的要求。

⌐- 采访手记

宁波是当今浙江第一大工业城市，尤其在高端制造业领域更是全国龙头城市。全国劳模万亚勇就是这座城市制造业领域一线工人的代表。他爱读书，有思想，又是教师出身，善于表达，因此成为课题组重点采访的对象之一。约访万老师非常顺利，他欣然同意我们的采访，并称让更多的人了解和认同工匠是一种社会责任。我们视频连线2小时，着重探讨了上述18个问题，让我对一名工匠的养成有了清晰的认识。

我们不仅需要关注科学家、高级工程师，了解一个行业发展的高度；也需要关心一线工人，了解一个行业根基的深度。在万亚勇身上我们看到，当一名工人绝不是当一天和尚撞一天钟，只想着出卖劳动力赚钱。当工人也需要利用业余时间提升自己，而且这种提升是主动的、出于乐业的坚持，为了提升自己的技艺，解决更多工作上的难题。这不是为了"向上爬"——万亚勇一直钉在技术科长的岗位上，而是往深处扎——让自己的专业本领更加厚实，进而靠实干获得不错的回报。

五、施文美：太平微特 女匠传奇

施文美口述，周俊超采访撰写

采访时间：2022年8月8日

采访地点：湖州太平微特电机有限公司

施文美（1970年出生），湖州太平微特电机有限公司研发中心主任，高级工程师，2014年全国职工职业道德建设先进个人，2020年全国劳动模范，从事微特电机设计研发工作至今，取得了100多项国家省市级科技成果。采访聚焦电机女匠的成才之路持续约1.5小时，此处撰写6000余字。

（一）能干好学是基础

问题1：请介绍一下您的早年家庭背景、学习成长经历。

我老家就是本地的，湖州练市镇农村的，我们家三个姐妹，我最小。

我其实挺简单的。我书也读不多少，初中毕业很小，才17岁（1986）就到杭州去了，去杭州做保姆去了。我在那边待了几年时间，然后就回到这里来了。因为当时（20世纪80年代）这里的农村还是比较穷的，路也没有，企业也很少，没地方可去。我们去杭州都是坐轮船的，要坐6个小时的轮船。后来这里有企业之后就回来了。

1993年回到这个厂子里面就开始做。当时的话，农村跟城市还是有差距的，心里面总觉得那时候城市里面的看不起乡下人的，我也挺单纯，他们叫我干什么我就干什么。

1993年刚进厂我是做嵌线工，1996年的时候企业就改制了，要自己研发产品。但没有人，技术人员、专家也请不到的。那么厂子需要发展就叫我做图纸，让一些老师带带我（远程指导）。我两位老师很优秀，一个军工的，一个是清华的。当时我图纸也看不懂，老师跟我讲，按这个一模一样描就可以。然后我就描了一个礼拜，我发现我这图纸能看懂的，之前担心得要命。

我认为自己做一样肯定要做好它，不是说随便忽悠一下——我觉得我还做不到的。后来自己做产品，自己画图，就一点点过来的。我反正什么活都干的，自己产品出去的时候，测试什么的全部我自己干的。我反正多干点，晚上画图计算，白天测试生产，反正各个车间转，然后老是担心自己做的产品有问题。

> 企业加工业务停止后，施文美便在师傅的指导下开始主力研发设计电梯开门系统专用的低噪音电机。那阵子她没日没夜熬了一个多月，从设计到制图，从编制工艺文件到制作生产配件，最后到装配成型。在经历了无数次失败和改进后，110SZ直流伺服电机终于以低噪音、高绝缘性、低振动的特性，赢得了客户的信赖，成为电梯行业当时最先进的开门系统电机。

当时啥也没有的，电脑也没有，网络也不发达，就一个电话机，守着个电话，出问题之后请教我师傅。因为我胆子小，害怕，哪怕一点点事情，我就要请教他："这个会不会出问题？"

我师傅老是说我："你们哪有那么多问题的？你们怎么能有那么多问题，别人都没有事情的，你怎么搞的？"我也不吭声了。

但好在是因为你自己害怕出事情，它反而就没事情的，一直其实做得还是蛮好的。当然第一次做的话还是不太顺利的，有很多的问题，因为你不懂的时候你发现不了问题。其实很多的时候合作的朋友会被感动，他们会感动你的认真、你对他们的诚信。

问题2：您当时什么都干，当时厂里总共有多少员工？

也就几十个人，后来又慢慢多起来了，现在有300多人。现在这个产品也不一样了。我们电梯行业开关门电机做到全球第一呀！现在配套的都是德国西门子、韩国现代、蒂森克虏伯这些大的用户，包括给军工单位配套产品，也是做精品的，我们现在行业里做得也还可以的。

太平微特现为工信部、财政部遴选的第一批列入中央财政重点支持的专精特新"小巨人"企业[1]，极具发展潜力。

问题3：您到公司之后的学习，主要是跟师傅学还是自学？这种高端制造应该比较难学，您是如何学懂弄通的？

其实每年师傅来一次，主要还是要靠自己的，这个师傅是外面的，不是在这里的。

我是认为自己胆子小，害怕出事情，所以就总想要凭自己最大的努力把它做到最好。我不跟别人比，就自己的任务要做到最好，让客户怎么样满意，不出问题。

（二）专精特新潜力足

问题4：您是如何看待当前我国面临的"卡脖子"难题的？

解决"卡脖子"都是要沉淀的。要有多年的沉淀，能够静下心来，如果光看到眼前的利益，你要想三年两年马上要出效益，那是不可能的。我们现在做了很多"卡脖子"的项目，那也是那么多年沉淀下来的，有这

---

[1] 按照工信部的定义，"专精特新"，是指企业具有专业化、精细化、特色化、新颖化的发展特征。2018年11月，《工业和信息化部办公厅关于开展专精特新"小巨人"企业培育工作的通知》明确了专精特新"小巨人"企业的概念，即"专精特新"中小企业中的佼佼者，是专注于细分市场、创新能力强、市场占有率高、掌握关键核心技术、质量效益优的排头兵企业。在2019—2021年期间，工信部公布了三批专精特新"小巨人"名单，浙江以470家的总数排名全国第一。

个基础在，否则也做不出来的。

电梯行业开关门电机从第一代开始到现在的第四代产品都是我们最早研发的。西门子的产品也是我们研发的。譬如这种地铁上的屏蔽门，西门子系统电屏蔽门上的电机全部配我们的。它在德国工业展上看到我们的产品之后，查了专利，查了我们企业之后，它才过来跟我们合作的。西门子自己也做电机的，它做的都是高端的，我们做的肯定跟西门子是配套的，因为你也要有竞争优势的产品的。它自己来做的话肯定也是。我们是西门子在国内那么多年唯一一家电机合作成功的企业。

我们电机很多，军工产品，精品上的，导弹、无人机都有。你看看我们的陈列室，你会感到很惊讶的。最新的产品很多都是涉密的。

中国人真正能够静下心来，能够沉淀下来的都能做好。其实像这种"卡脖子"的，除非是非常高精尖的、很难的，像光刻机这种有高难度的，一般的还是都能够做好的，只是没有沉下心来。

问题 5： 您现在主要负责的工作是什么，跟 1993 年来的时候一样吗？

不一样，九几年（20 世纪 90 年代）的时候是自己干，现在是带着他们干。现在是管理更多了，亲手干不多，只是他们碰到问题的时候，要帮他们去解决了，凭自己干了那么多年的经验。

其实我觉得主要还是要靠自己的。自发的跟你要求的其实还是不一样的。他们自发地想要做好，那才会去做的。我们单位很人性化的。

以前跟着我一起干的这些同事起来了，干了 10 多年的也能独当一面，在技术方面也可以做到大拿级的——就是独立地做一些项目，独立地带领团队干一些大的项目。

问题 6： 您的研发之路是比较顺利的，还是困难重重的？您印象深刻的有哪些困难？

因为我这个人心态很好，不管困难不困难，也反正就一路有困难了就解决。一路走过来总会有很多的困难。你如果没有遇到困难的话，你不可能成长。

印象深刻的有哪些困难？怎么讲，就是能够走过来就不算困难，我认为就很正常。当然也是很苦的，这一路走过来肯定是苦的，哪有那么容易。我以前一人身兼多个岗位。现在他们都有各自的负责人，但是有时候也会去帮帮他们。毕竟干了那么多年了。

问题7：您后来专职搞研发，在一段没有研发出来东西的时候，有没有觉得压力比较大？

当然有啊，但是基本上要么不干，干的基本上这些项目到现在都是干一个还是成一个。但是评上全国劳模以后，更有压力了。人得到荣誉越高，你的压力就更大，是真的，你怕自己干得不好。

我心态虽好，但是对自己我肯定也是有要求。我要求自己做到最好！做事情的话也不是说最好，是要让客户满意。做的产品你要跟客户沟通好，客户他们有时候提的不一定是对的，因为他们不是做电机的，他只能想用，怎么样用。但是这时候的你要帮他沟通好，要沟通到让他在使用当中能够满意，那么他们就会对你的产品满意，对你的服务也会满意。这属于产品对接、技术对接。

前期肯定都要技术对接的，要讨论这个项目怎么做的。他提了一些数据，你要去帮他来看待怎么做是最适合他的，有时候他们提的不一定是正确的。

> 客户来的时候只是有个想法，其他什么都还没有，施文美公司帮客户去实现。这时候施文美团队会发现客户想法中的问题，根据客户的想法和需要提出新的建议和方案，并向客户讲解。

我们的客户都是客户相互之间推荐的，他们帮我们推的。所以不管怎么说，像我们这种配套的单位，圈子还是蛮小的。我们是按照客户的需求来定制产品，我们的产品不是市场上统一的那种产品，不是市场上能够买到的，都是按照客户的需求来定制的。大家要认你，所以人品也很要紧的。你要诚信，你要能拿出好的产品，你答应他们的事情你要做到。

我们都是一个小单一个小单做，不是一个大单的，不像人家做一个大单拿几个亿，没有的，因为这种是个性化定制、一些细分行业的定制产品。我们配套的产品当然也不是很贵的，几百万、上千万的也有。

问题8：请谈谈个人和企业未来的发展目标和规划，所在行业的发展前景。

个人的话，我觉得要让整个团队里的这些人一个个都能成长起来，能独当一面，我们国家这种"卡脖子"的项目多做一些。

企业应该来讲，"十四五"期间也是我们一个黄金发展时期，是一个很好的发展时期。我们做电机已经30年了，前面做了一个基础，现在是

图4-4　施文美和她的团队在攻关

第二个发展阶段的起步。现在的产品跟以前不一样，现在的产品的层次更高了。

电梯行业我们肯定现在还是有在做的，但是这个不是我们的高科技产品。因为这么多年下来，九几年到现在一直我们是带领电梯行业的产品开发的，那么这个行业肯定会继续做下去的。但是后期研发的产品方向不一样，产品的要求更高，价值也是不一样的。现在主要转向医疗行业、无人机，包括其他比较专业的产品上面。我们还给院士做项目，配到他们的产品上。这种都是很新的，因为院士做的项目都是比较超前的。

（三）简简单单最纯粹

问题9：您也带徒弟了，作为一名导师，您想对青年女职工说些什么？我们知道工厂女职工很多，但是像您这样的自学成才的确实是很少。

女孩子对工科类的、像我们这种东西接受的过程要慢，因为跟从小接受的思想有关系。不是说谁刻意去叫你怎么样，因为女孩子总觉得还是比较弱的、要受照顾的、要持家的那一类。女孩子去拆个收音机，拆个电视机，拆个自行车，人家马上就有想法了——这是不是女孩子？

所以女孩子要干这个活，我自己知道的，肯定有一个接受的过程，刚开始接受的过程比男孩子要慢。当初我们老总也骂我的——"你怎么那么笨"。我是不吭声的，刚开始干不好，怎么弄也不懂，就是一张白纸。但是你如果非常努力，你照样可以干出一片天地来。有时候女性把自己看成弱者，其实不对的。你只要努力，家庭也可以兼顾好的，不是不可以。

至少我家庭里孩子要带好。我觉得我儿子我带得还是可以的，至少做人方面是不错的。其他你说什么叫"成才"？这也很难讲的。不是说挣多少钱了你就成才了，你当多大官了就成才了。我孩子叛逆期的时候每天上学都是我接送的。我出差回来，晚上叫他等一下我会去接他，每天早上我会送的。老师到最后对我的评价是跟我儿子讲："所有年级里面，你的妈妈是付出最多的一位！"

问题 10：这么厉害，您不会累吗？

累啊，怎么会不累？我的头发那时候都枯掉的。

问题 11：那您为什么没有选择以家庭为重，而是想要以事业为重？

我从来没想过，我就是叫我干这个事情了我要干好，又没人干，就我一个人在干，我不干好怎么行啊。我就那么简单，不是为了钱或者什么，没有其他的任何目的。就是为了今天要做这个产品了，我还没完成，我要把它干好。

问题 12：为什么没有其他人干？

你想想在我们这种乡下，以前最早是村办企业，在村里面的谁会来呀？当时交通都不发达，路也没有。这么偏僻的地方，请工程师又请不到，然后这里又没人干。像我们这种专业的话，我们这杭嘉湖都是鱼米之乡、丝绸之府，以纺织业为主的，谁会愿意来？没人来。

没人干怎么办？你进来干了你总要干好它咯，你要对得起别人的。我就是这里土生土长的村里人。当时村里有企业开心死了，我在城里面总觉得好像是城里面（的人）高人一等。

我们老总也是这个村里的，一开始也不懂这一行。因为我们村以前是个贫困村，当时八几年（20 世纪 80 年代）的时候贫困村对接，乡镇企业的一个企业对接，叫他做塑料风管，做了几年之后，觉得他这个人比较靠谱、聪明、勤劳，觉得很好，他们叫他加工电机产品。到 1996 年就是停止加工了。那么好了，停止加工了怎么办？厂子里有那么多人在，几十号人在的，怎么办？那就自己做产品了，做产品的话没有技术人员。我们做产品要有技术人员，两个老师不可能来这里的，那么中间要有一个人对接的——他们的图纸怎么样地转化成我们的产品。那么就开始叫我干。我（原先）也是个"备胎"、不被太好的人，想我肯定也干不出什么来的，就这么先干干吧（没想到干这么好）。

问题 13：您后来在专业上也接受了一些培训，比如说机电专业培训，那是学历吗？

对，大专学历，电大。

问题 14：您认同自己现在是个"女强人"吗？

我不认同，我更喜欢做个小女人，一日三餐有吃了，也有住了，我就不求其他的。孩子这种都要靠他自己的，我跟儿子讲过了："你肯定要靠自己的，靠我的话怎么行呢？我不是也靠自己的吗？"那他为什么就不能靠自己？我现在给他的基础已经很好了。以前我还真没考虑过，我很简单的，真的是，对物质、对金钱我的追求很小的，所以对名利我的追求不高的。

曾经我师傅给我一句话，他对我的评价是："无求而自得。"

所有的人其实自己的思想决定一切。我老是跟他们讲，苦啊、累啊，包括爱情什么，你想它好的时候就好了，其实都是人的思想决定的。你想自己的工作好，你就热爱它了。

我们湖州职业技术学院让我去当德育老师，平时要给他们讲课。前段时间讲到毕业之后找工作，我说："哪有那么多你喜欢的工作，我的工作刚开始做的时候，我肯定也不喜欢的。我是个女孩子，去干这个活，有啥好的？但是干干干干，你的那份责任心促使你想干好它。然后干完它之后，某一件事你做成了，你很快乐，你很开心啊！比你买个名牌包包，穿个大牌的衣服或者怎么样的都快乐！"其实他们（指听课学生）感受不到你这种快乐的，是真的。

问题 15：您是党员吗？

不是党员，群众。我这么大年龄应该年轻人上了，动员他们去入党，他们今年几个年轻的都入党了。党在我心中了！

我们企业也有党支部的。我们企业进来有一句标语："国家利益高于一切！"

问题 16：请你谈谈您对劳模精神、劳动精神、工匠精神，包括浙江精神的理解。

劳模精神、劳动精神、工匠精神这些都是相辅相成的。我觉得首先你要勤劳，因为你爱劳动，你才会动手能力强，你才会做到工匠，然后你才能成为劳模，成为人家的模范。我觉得还是要从热爱劳动开始，这些都是相辅相成的。我是除了工作之外也没有其他爱好的。

浙江精神就是勤奋、包容、开放①。浙江当地的人是比较勤劳的，比较开放，比较能够接纳新的东西。

---

① 2000 年 7 月，浙江省委把浙江精神概括为"自强不息、坚韧不拔、勇于创新、讲求实效"。2005 年 7 月，习近平同志在浙江工作期间明确提出与时俱进地倡导和弘扬"求真务实、诚信和谐、开放图强"的精神。2016 年，习近平总书记在"G20 杭州峰会"，对浙江提出了秉持浙江精神的新要求："干在实处、走在前列、勇立潮头"的新要求。

问题 17：以您的能力，有没有想过跳槽去更大的平台？

没有，我觉得一个人频繁地跳槽对自己的发展一点都不利。现在招工也一样的，你把他挖过来的人，明天照样有人可以把他挖走。

其实我们更倾向于培养自己本地的那种学校刚毕业的学生。因为一个对你的企业文化的认同，还有一个你一步一步走过来的话，可能就是像我一样的，对公司的忠诚度要高，因为你在这里成长起来了。如果换一个新的环境，人家怎么样对你也不知道的。

很多年以前，有一个人给我打电话说叫我去帮他们干，我第一个想到，我说："哎呀，这样的话怎么对得起我们老板！"对不起他的。

我们公司其实接触的平台的人都是层次很高的。我们现在的话，像军工单位的最起码 985 学校毕业的。最次最次是研究生毕业，要么是博士，像清华、北航、南航或者北理工的，接触的都是这些层次的人。所以他们到我们企业来，其实对他们的成长都很好。我说："你们选择了一个好的平台，然后有这个平台你们就好好去干！"

采访手记

施文美是为数不多的新时代女性工业劳模中的代表。初中起点、做过保姆的她没有天赋异禀，竟在自家村中企业成长为高端微特电机领域里的研发中心主任、高级工程师，而她所在企业也从一座"村企"跃升为专精特新"小巨人"企业。仅就个案来看，由低起点到高精尖，充满传奇色彩；但她从事的高端微特电机行业是时下颇具潜力的朝阳产业，吸引了一批高层次人才加盟，踏实能干的人遇上好的产业与好的平台，成功便并非遥不可及。

施文美现在的工作非常繁忙，只有晚上方有时间与我视频连线。她虽然工作忙碌，但人却一点不显急躁，语气温柔，谦虚内敛，貌似平凡却不失可爱。透过施文美的口述史可知，她本人的经历就像师傅的评语一样"无求而自得"，显得有些平淡。其实中间也不乏艰难曲折，之所以当事人不愿多讲，只因为当经历过、成长后，再回首只觉云淡风轻。

六、廖洪德：进城打工 生辉蝶变

廖洪德口述，周俊超、许源采访，周俊超撰写

采访时间：2021年7月2日

采访地点：浙江生辉照明有限公司（嘉兴市秀洲区）

廖洪德（1968年出生），中共党员，浙江生辉照明有限公司技术经理、工会主席，获全国劳动模范（2020）等荣誉。采访聚焦廖先生成长经历、党员作风及行业发展之主题持续1小时，此处撰写7000余字。

（一）汽配厂到生辉照明

问题1：报道称"您的感人之处，在于从平凡到非凡的蝶变"[1]，所以想听听您感人的蝶变经历，先了解一下您早年家庭情况。

我是1968年3月7号出生的，出生地是在（嘉兴市）南湖区凤桥镇永红村，当时那里叫"三组"。我家庭关系就是父亲、母亲，还有个妹妹，后来自己成立了家庭，老婆加两个孩子。

我父亲就是土生土长的农民，中间改革开放初期做了点小生意。那么我真正的学历是高中毕业（后来在职读了大学专科），毕业于凤桥镇中学。凤桥镇中学现在是没有高中的，当时是有高中的。高中毕业之后跟老爸做了两年小生意。

由于自身的原因，当时年轻的时候比较瘦，个子比较小，我很清楚地记得我20岁的时候还只有88斤，很瘦小的，不适合在农村，也不适合再跟父亲一起做小生意。正好当时双佳汽车配件厂，属于集体企业，到凤桥招工，我去报名了。

招聘的老师对我有怀疑度："你这么小的人，适合在工厂里去做吗？"

我说："你给我一个机会，我可能会给你一个惊喜！为什么？我有这样一个韧劲、一个冲劲！"

那么他说："你进去尝试一下，我给你一个尝试的机会，尝试一下行

---

[1] 陈曦等：《廖洪德：在平凡岗位上坚守初心实现自我价值》，《嘉兴日报》2019年8月16日。

不行。"

就这样，当时我就进入到双佳汽配厂里面工作了。工作之后到车间里面去，车间的老师傅都笑我："你这么瘦小的人来做这个机器行不呀？"

我当时意志很坚强的，我说："你们不要笑我，若干年以后，你们肯定是对我另眼相看的！"

我为什么有这样的思想呢？一个，确实我有一个好胜的心理；第二个，确实也是自身的原因——人个子太小，不适合在农村，当时就拼命地希望到城市来。

进入公司之后，经过5年的努力，通过自己的摸索，钻研，向老师傅请教，成了车间里的技术人员。之前不看好我的、包括老师傅也慢慢认可我了。

然后我通过自身努力，1995年，我记得很清楚，七一之前，我加入了中国共产党。当年9月份，公司觉得我可以再塑造，就让我去在职就读了大学专科。当时的学校叫丽水学院，它有一个专科班。因为我是做机械的，就学了自动数控车技术的，两年就拿到了大学专科的文凭。

我结婚是1992年，爱人也是我们老家那边的。我是一直在城里工作、学技术，整个家庭的重担就有她来负责了。真的，我的成长过程有我爱人一半功劳。特别是2018年我还生过一场大病，当时长了肿瘤，到杭州去做了手术，整个过程都是她来照顾的。当然当时这个肿瘤是早期的，割掉之后现在一直也蛮健康的。

问题2：报道中说您第一个公司解体破产？

对，是的。2000年的时候，双佳汽配厂是与东风集团联营的大型集体企业，集体企业当时都面临转制嘛，就倒闭了。

倒闭之后，就来到第二家公司（新中南汽车零部件公司）。第二家公司的老板原来也是这家汽配厂的技术人员，那么他出来创业了之后，我跟他一起从"小"做到"大"，就是这样创业做过来的。

问题3：报道中说在第二家公司您就获得了不少荣誉，都是哪些荣誉？

第二家公司也在秀洲国家高新区的，在新农路那边。当时我人缘比较好，老板也对我放心，让我主持工会这一块工作。"先进工会工作者"，还有"优秀共产党员"，都是高新区来评定的。原先，我在东风联营集团里面就是"质量标兵""先进工作者"。

然后到2012年，入职浙江生辉照明有限公司，担任技术经理。当时为什么离开呢？由于各种主观和客观原因吧，正好我们这里沈总向我发出邀请书，我综合考虑之后还是到这里来了。

实际上，我跟我们沈总早在 2008 年就认识了，他知道我的为人，知道我的技术。我出于感情上的也好，自己的考虑也好，一直是没过来。然后 2012 年的时候再次邀请了我，综合考虑之后还是转到这里来了。

问题 4：之前不是汽车零部件，这边不是照明吗，两者相通吗？

对，很多人问我为什么一个汽车零部件的怎么会转到照明那里？我在汽车零部件行业最主攻的就是技术加工这一块。那么生辉照明呢，照明的灯体（称为"散热体"）也牵涉到技术加工、材料学这一块。两边加工工艺是通的，无非就是加工中心、压铸机、喷粉线、表面处理，技术是一样的，只是加工的产品不一样。

当时沈总创立了一个前加工中心，它从压铸、金加工、前处理到最后是喷粉，那么正好我对整个流程的工艺是精通的。沈总要成立这样一个车间，目的是把控这块技术领域，2012 年车间成立时就把我挖过来，让我做技术经理这一块的。

当然，其间遇到困难肯定是有的。我原先是做汽车零部件行业的，汽车零部件的特性跟我们照明行业的特性又不一样，包括是材料的、力学的，但加工工艺是相通的，最终还算大同小异。

（二）技术攻关成劳模

问题 5：请讲讲您在生辉的突出贡献。

转到生辉之后，自己努力去攻克各项技术难关。这里面有几个大的技术攻关可以拎出来说说的，比如把原先外购的技术攻关攻克掉了，节能减排这一块创收了效益。

例如负责前加工中心期间，由于研磨工序对零件磕碰严重，环保很难达标，廖洪德就提议公司引进抛丸机，对压铸件进行抛丸处理，去除工件表面的毛刺、污垢等，使工件表面呈现金属本质，提高工件抗疲劳性能，保证工件表面与内在质量。该项目减少了压铸件喷涂前处理的人员和工序，产品抛丸后直接能进行喷涂，无污染排放，噪声污染得到有效控制，原先研磨单件费用是 0.06866 元，改为抛丸后单件费用减至 0.04 元，做到 600 万件时可收回成本投入。抛丸工序在为公司创造财富的同时，也为节能减排做出了贡献，不仅效率提高了 30%，每天也减少了 9 立方米废水的排放。[①]

然后 2013 年的时候，由于成绩优异，包括区里面也好，高新区也好，知道这个事迹，就把我推送到嘉兴市，成为嘉兴市劳动模范。

后来我把整个前加工车间弄得很规范了，加上我有好学精神，有拼搏精神，又转到另一块。我了解到我们公司生产的 LED 灯牵涉到成品装配，牵涉到各类治具、载具的支撑，当时这一块全部用外购技术的，一年外购的成本要八九百万元人民币。

那么我在前加工车间弄顺当之后，又去攻克另一个领域。我经常跑到总装车间去看他们怎么来治具更优化、更支持，怎么来解决他们的困难，这是第一个。

第二个我觉得怎样为公司节省成本，毕竟自制跟外购相比更节约。怎么说，如果你不懂某个技术的话，供应商可能对某个载具报价标高，你没办法去控制。我自制的话，我整个工艺就知道了，那么可以成本降下来。

就这样 2015 年，我又向沈总主动请缨了，提出我要成立这样一个治具中心，来完成装配的治具的制作，包括测试治具、装配治具等。

我们老板很赞同的，当时我也处于求稳的状态，我说："你先小投入，小投入之后，感觉我这一块还可以的，那么你逐步再加大投入。"毕竟是要投入设备、投入人力。这样一开始我买了 3 台设备，招了 4 个人。那么就这样开始了，我们称为"开始营业了"，就接受总装车间的治具的制作。

经过了 8 个月，整个运行下来成本方面，自己做一副治具算下来跟外购比可以便宜到 30%—40%。一副治具，假如是我外面买过来 100 块的，我自己制作大概 60 块、70 块就够了。我们公司有成本管理部的，我自己核算了不对，管理部再来跟我核实，确实有这么大的空间，那么老板马上再拍板，马上再投入。

当时峰值的时候，我知道有二十几台设备，将近 18 号人，整个团队就是为我们嘉兴工厂、生迪光电桐乡总公司，上海还有 1 个公司，就是为 3 个公司[②]制作治具、装配治具、测试治具，各种载体。这样运行下来，每年节省两三百万。

[①] 陈曦等：《廖洪德：在平凡岗位上坚守初心实现自我价值》，《嘉兴日报》2019 年 8 月 16 日。

[②] 浙江生辉照明有限公司（嘉兴秀洲区），是生迪光电科技股份有限公司（桐乡市）的子公司，生迪光电另在上海设有生迪智慧科技有限公司。

这个事迹我们老板也对外在宣传，就是我们公司有这样的一个项目，那么高新区、秀洲区都是知道这样的事迹，要把我推到省里。通过综合考评之后——都到现场来考评的——觉得有这样的资格入选浙江省劳模。

在这期间我也比较有担当，像是做其他工作的，不光是做这一块技术工作的。我人缘比较好的，看到人都笑嘻嘻的，在之前的公司做工会主席做得蛮不错，老板提议我继续做我们生辉的工会主席。当然工会主席后来是经过整个员工投票当选的，那么我为职工就是排忧解难。到后来在 2017 年当选了嘉兴市第八届人大代表，获评高新区"优秀党员"等等。

2019 年 11 月份的时候，秀洲区觉得我有资格推送到全国劳模的，就把我的材料全部送上去。那么省里面接下来政审、考评、年审。当时通过还不知道，然后到 2020 年春节，疫情来了，我又主动担当起抗疫这一块。为了自己公司也好，为了整个团队也好，请缨做了抗疫小组的组长。然后这个事迹又被区里面知道了，当时的时候全国劳模还没下来，然后我抗疫这一块成绩比较突出，也比较好。包括我们整个公司六七百号人住在宿舍里面，当时隔离等等这一块作为是整个秀洲区可以参考的对象。所以秀洲区更加觉得我这个人做事还比较靠谱的，我们嘉兴人就比较靠谱的，然后再次对省里说我完全有资格当选全国劳模的。

本来 2020 年 5 月 1 号之前通知下来了，因为疫情一直延后到 11 月 24 号我们去北京的。我们到北京隔离了两天然后再参加会议，我没上台领奖，上台领奖只有少部分代表，会议时间也很短。当时浙江省防疫担子也很重。我记得我们回到杭州隔离了 3 天。

问题 6：您这种勤奋执着、一丝不苟、脚踏实地、敬业奉献的精神，是从哪里来的？

也不是说这种是精神（谦虚地笑），我就是注重从平凡的岗位上精益求精做，要么不去做，要做就要认认真真做好每一件事。本来自然的性格就要强，然后在工作当中遇到一些困难，就想要把它攻克了。

问题 7：报道里面说您有一个梦想是"依靠自己的技术，不断地在全新的领域突破自我，在平凡的岗位上为企业创造财富"[1]？还有其他梦想吗？

对，这就是我的梦想，这也是为什么我以技术突破为快乐。其他梦

---

[1]　陈曦等：《廖洪德：在平凡岗位上坚守初心实现自我价值》，《嘉兴日报》2019 年 8 月 16 日。

想就是生活越来越好，女儿们孝顺，读书读得又好。

（三）党员身份激励奉献

问题8：您是兼职工会主席，请具体谈谈工会主席工作都包含哪些内容？

包括公司谋福利，每年由公司签订集体合同，我们称为"三合一"合同，一个是妇女的保障，第二个是集体工资，第三个是工伤保险，然后监管公司的福利发放。有住宿的要管修食堂，有困难职工要安抚，整个公司里总会有纠纷的要调解，女职工的关爱，像搞一些文体活动，还有特别是我向区里面争取的妈咪小屋的创建，给哺乳期的女员工有独立的空间可以哺乳，相当于母婴室，可以休息，奶粉啊、冰箱啊都给她们配备好。

我们工会工作人员现在有7个人，都是兼职（主职还是生产工作）。我的工作累肯定是累的，接的东西太多了，身兼的职务还不止工会主席，当然最主打还是技术攻关。

我现在主要负责技术把关这一块，他们（一线员工）觉得有碰到什么难题了，需要我来解决的，我下车间全力去做，最主要还是这一块工作。第二块工作，工会的管理工作。第三块工作，后勤部，现在是管整个公司的基建，就是我们厂区修修补补，有些要造造房子，管理这些。还有现在是人大代表，当然也要有活动，要经常参加市里面的、区里面的活动。还有今年刚刚当选的嘉兴市人大司法监察委委员。说明随着荣誉的到来，各部门可能会觉得是你这个人做事还是比较靠谱的，相关的工作也会来找你。

问题9：这么多工作您都愿意做？

共产党员嘛！

为什么老板让我做基建这一块呢？基建这一块牵涉到的资金比较大，那说白了，有些私营企业里面有的一些人不靠谱的话，还是水比较深的，我这个人比较实在，交给我放心。然后公司党支部里我还兼任纪检委员。

问题10：请谈谈公司党支部的情况，以及您为什么想到要入党。

我们公司党员有23个，整个公司的在职员工有1000多人。我们属于劳动密集型企业，一条生产线基本上都是年轻人。因为电子元器件，单件比较小，年纪大了看不了，所以年轻人多，那么党员占比是比较少的。

党员活动方面，每个月我们会开党员会议，党支部书记不是我，党支部书记对我们也有要求的，就是每个月要开展一次活动，每年也要搞一次大型的活动。

我是1995年入党的，当时的集体企业里党员先锋模范作用很大。整个工厂里以厂为家的有几个先进典型，我很尊重他们，敬重他们，于是积极地向党组织靠拢。

问题11： 党员的身份在您后面二十多年的工作当中，对工作上有什么影响？

当然，共产党员了，完全不一样了！完全以党员的身份来对照自己，包括做事做人，以共产党员的标准来衡量自己了。你做的事，说的话，完全是不能像平常百姓这样了，当然不是贬低平常百姓的说法，就是要起模范带头作用。比如2015年的时候成立治具组，我看到公司的账款（想为公司节约成本），我都是出于共产党员的担当主动请缨去的。

问题12： 贵公司是不是也讲红船精神和党史？请谈谈红船精神和党史学习教育对个人和企业的影响。

红船精神肯定要讲了。我们也有党群服务中心的（如图4-2），最主要是我们共产党员学习这一块。我们公司党群服务中心在高新区是做得早的，还做得是比较好的。在私营企业里面有这样的党群服务中心的不多。

我对红船精神的理解，敢作敢为、敢为人先了，作为共产党员一定要冲在前面，要有刻苦精神，不要专门为自己着想，就是一定要站在共产党员的立场去做每一件事。

红船精神在公司宣讲，对增加员工党史知识、提高工作积极性肯定是有帮助的。我今年还被聘请为秀洲区的党史宣讲员，因为我是劳动模范，他们觉得是有模范引领作用。我还出去宣讲，宣讲对象就是企业的员工，不仅仅是党员。宣讲内容一方面是党史，能够让年轻人了解到共产党是怎么一路不平凡地走过来的，今天的新生活是怎么来之不易的；另一方面是自己的成长经历，让年轻工人知道一个普通的员工也可以成长为全国劳模，这中间是怎么转变过来的，这个经验就分享给他们。

图 4-5 浙江生辉照明有限公司党群服务中心

（四）行业发展趋势

问题 13 : 请谈谈照明电器行业的发展趋势和未来的前景。

我记得我们老板是 2004 年进入 LED 照明的（2000 年桐乡市生辉照明电器有限公司成立）。当时基本上是卤素灯，那么 LED 比卤素要节能到 8 倍以上，包括光亮度、环保等更好，现在都是 LED 的趋向。

发展前景呢，通过这几年发展 LED 太多了，整个嘉兴我估计上百家做 LED 的，特别是王店那边，基本上以面板灯为主的，就是家里、办公室里面那种平板灯为主。我们基本上是给飞利浦、欧司朗做 ODM。什么叫 ODM？就是我们研发出一款产品，他们来买断，他们的品牌，然后是销往国外。

ODM 这几年下来竞争也是非常大，那么我们老板意识到这一点，于是 2014 年他转到智慧照明这一块。然后智慧照明这一块我感觉是前景很大，为什么？它通过观感、电感等，包括现在的 APP 智慧控制、语音控制这一块。然后我们 2017 年推出的产品，可以去我们网站查一下，获得德国红点设计大奖。

2015 年，全球首款具备人工智能的、视觉集成识别系统的 LED

智能家居照明产品 Snap，获得了美国 CES 智能家居类最佳创新奖，是智能家居类唯一获奖的中国品牌。

同年，全球首款内置 Wi—Fi 扩展功能的 LED 智能照明产品 Boost 和 Wi—Fi 音乐智能灯 FLex 悦动，荣获 CES 国际消费类电子产品展"创新荣誉奖"。

2017 年，Wi—Fi 音乐智能灯 Flex 悦动，又荣膺德国红点设计大奖；Element 智能照明系统和智能音乐灯 Pulse Link 悦音，双双荣获 CES 2017 年最佳荣誉奖。

2019 年，Element PAR38 室外智能感应灯和 Element A19 100W 等效智能球泡灯凭借独特的产品创新理念与行业技术优势，双双斩获 CES 2019 年度创新大奖。[1]

通过这几个奖项，更加证实了智慧照明的发展趋势很好。我们现在逐步逐步都在转智慧照明这一块，当然 ODM 是没放掉，智慧照明这一块做得风生水起的，还是比较好的。怎么说呢，就普通照明的话，现在利润点已经很少，无非是靠冲量来维持了。

问题 14：贵公司在嘉兴这个行业里属于什么排位？

我们在全国是前 10 强，排名是有分类的。我们以研发为主的，其他以 OEM 为主。OEM 纯粹是人家的技术就是给你加工，所以它产值可能大，但是它没技术。我们这是国家级的高新技术企业。待会带你们去参观我们企业的展厅，里面有更详细的介绍。

除了国家级高新技术企业，企业荣誉墙上还挂有更多省级荣誉：浙江省重点企业研究院、浙江省企业技术中心、浙江省专利示范企业、浙江省进出口质量诚信企业、浙江省工商企业信用 AAA 级守合同重信用单位、浙江省绿色企业、浙江省著名商标等。

问题 15：您现在还关注之前的汽车配件行业吗？对这个行业有什么看法？

关注的。有时候他们（之前就职的新中南汽车零部件有限公司）来，包括其他公司，碰到技术难点的，也还会来找我。技术你学会了不会忘

---

[1] 《生迪"品牌荣誉"》，"生迪智慧科技有限公司"官网，https://cn.sengled.com/gs/company/，2021 年 7 月 2 日。

掉的，他们还是会过来咨询的，那么我还是把知道的都教给他们。

汽车行业属于基础工业了。我学的机械也是基础工业，基础工业都是相通的。机械是整个工业最根本的基础，任何工业产品，电子产品也好，包括生活用品也好，制造整个过程是离不开机械行业的，所以机械是根本。所以机械知识通了，学得精了，使用的地方更加多了。我到生辉公司来，我不是去钻研光学电子类的，我是钻研加工技术类的。包括你去看食品厂，人家跟机械有什么关系？他做的过程中还是要机械的支持。机械你永远淘汰不了的。

所以德国他们的机械加工为什么这么高端？（因为他们很注重机械制造）我们国家这几年也上来了。我刚接触的加工中心都是进口的，他们的尺寸达到了0.001级。现在当然我们国内这些加工设备出来了，也能达到的。当时我们中国这一块我感觉还是不太注重。现在慢慢地，东西都是自己生产。

我在第二家公司的时候，我引进了10台日本兄弟（品牌名）的加工中心，在整个行业我那老板脸上也很风光，人家供应商一看，你有这么高端的设备在为我们做这种零部件，对它的质量就放心了。现在仅就我了解的行业的机械设备而言，基本上都是国产，进口的机械设备很少了。这是因为我们中国的技术也上来了，能达到他们外国的水平，国产化是一个趋势。

采访手记

2021年7月2日，建党一百周年庆祝大会召开后的第二天，经秀洲区总工会介绍，我和许源便一同前往生辉照明有限公司采访身兼工会主席等多职的廖洪德。廖主席和景兴纸业的沈守贤书记、中大电机的万亚勇老师一样，都属于农民进城打工的代表。我们从他们身上既能看到淳朴的乡土民风，又能看到城镇化后，这份淳朴被带出农村、带到城里、带进工厂，去浸润更多的人，转化为更大的新能量。

廖洪德甚至经历过企业倒闭，但他并没有下过岗，这一点也给了当代打工人以很大启示：遭遇企业倒闭不可怕，只要有技能、有才干，就有更强的抗风险能力，换一个更合适的平台，反能破茧成蝶。

七、王爱明：来杭务工 宝荣成才

王爱明口述，周俊超、韩笑琳采访，周俊超撰写

采访时间：2021 年 7 月 28 日

采访地点：杭州宝荣汽车销售服务有限公司（杭州市拱墅区）

王爱明（1977 年出生），杭州宝荣汽车销售服务有限公司喷漆主管，2015 年全国劳动模范，获宝马中国区钣喷大赛第二名、宝马中国区钣喷大赛最佳彩绘奖等众多奖项。本次采访就王爱明成才之路、工匠精神及汽车行业等话题展开，持续 1.5 小时，此处撰写约 7000 字。

（一）来杭务工加盟宝马

问题 1：请您简单介绍一下您的家庭的背景和早年的成长？

我出生在一个普通的农民家庭，直到来杭州之前都跟父母生活在一起。父亲是一个老实手艺人，经常到处给别人修房造屋，十里八乡的只要哪家有需要，都会来找他，在家里也是什么都干，从来没有听他抱怨过。记得父亲从小就教我做人要老实本分，做事情要认真负责，不能投机取巧。

我差不多是在 1999 年的样子我跟着亲戚朋友来到杭州打工。当时我们老家在外面有一批打工人，据他说到杭州这边工作可能稍微会好一点，然后就跟着亲戚朋友一起来了，就是没有什么特别的目的要跑到这里来。

问题 2：作为早期外来务工人员，您对浙江这个省份、杭州这座城市的生活感受如何？

杭州给人的第一感觉就是城市很美丽，街道很干净。有山有水，有美食，充满诗情画意。这里的人不排外，对外地人也很包容，政府对外地人也很照顾。生活在杭州我感到很幸福。

问题 3：您是如何想到加入汽车喷漆行业？

刚来到杭州一开始我做过服务员，做过仓管……做了很多工作，工地上我也去做过，但都没有坚持下来，都做得不是很长。

后来踏入汽车维修这一行，因为有个老乡他是做这个的，刚开始我对这个行业也不太了解，后来老乡说他是做这个的，才慢慢对这个行业有一点了解。那个时候汽车也不是很多，但是看到这个趋势好像是越来越多的那种感觉，想想这个行业到后面应该还不错，那时候其实也没想多，就一直干到现在。

问题 4：您是怎么加入宝德集团的？

浙江金湖是浙江省首家宝马 4S 店，隶属于宝德集团——这是一家台资企业，总部在上海。

2004 年我通过应聘加入浙江金湖，记得当时给我应聘考试的是一位来自台湾的高级技师，他对维修细节特别挑剔，我自认为做得不错的东西他都能"鸡蛋里挑出骨头来"，这让我看到了自己的不足，也越发坚定了我要进入这家公司的念头。

加入宝德集团后我认真、虚心地向公司里的台湾技师学习请教，学习他们规范的操作流程，对细节的注重，以及认真严谨、一丝不苟的工作态度。

目前王爱明所在的宝荣宝马 4S 店也隶属于宝德集团，他已在该集团持续工作了 17 年。

（二）从一线喷漆工到钣喷主管

问题 5：您 2008 年通过宝马喷漆技师认证，2011 年又获得宝马钣喷技能全国大赛第二名，2013 年宝马中国售后服务技能大赛中，再次获得宝马中国区钣喷主管答辩优胜奖。谈谈您的成功心得，为什么参加的都是宝马体系内的比赛？

技能大赛考验的是选手对喷漆技能的熟练程度以及细节方面的处理，我能获得全国第二名当然离不开公司领导平常的严格要求，以及台湾技师那种做事一丝不苟的工作态度的影响，我也会把这种工作态度一直传承下去。

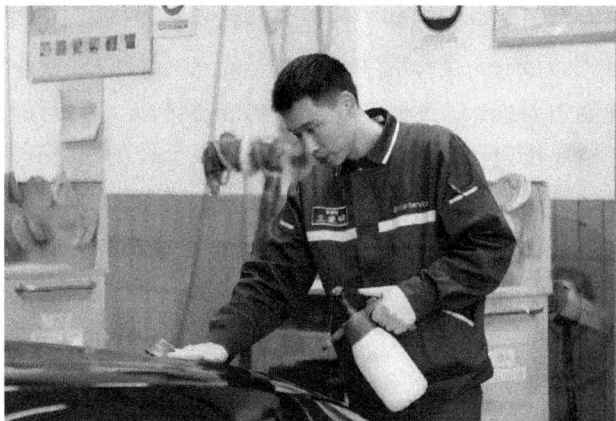

图 4-7　王爱明在工作中

　　主管答辩考验的是管理方面的经验和技巧，相对来说就更广泛一些，比如成本的管控、质量的管控、工作效率、工作流程的管控以及人员设备管控等。当然，任何成功都必须是由平常一点一滴的积累而得到的，没有捷径可走。

　　之所以参加的都是宝马体系内的比赛，一个是因为每个店跟每个店（指每个汽车品牌的标准）都不一样；再一个作为外资企业，跟当地政府的这种黏性可能稍微小一些（所以参加政府组织的比赛少）；还有一个，我们在宝马品牌，更多的是注重我们品牌里面的东西。也有那种各个品牌在一起比的比赛，全国的、省里、市里都有，但宝马的评判标准比其他比赛的评判标准要更严格、更严谨一些。我是这么觉得。因为我参加过他们市里的比赛，我觉得应该比政府部门办得都要更严谨一点。能在宝马组织的比赛上获奖，我觉得是对一个宝马维修技师的最大肯定。

　　　　从王爱明的表达看得出，他对宝德集团和宝马汽车的认同度都非常高，他十分热爱这份职业。

问题 6：2013 年，您带领的宝荣钣喷团队在宝马中国区钣喷大赛中获得了前十名的好成绩，请谈谈您的主管职务内容及团队管理经验？

　　我主要的是负责钣喷车间的现场管理、监督维修质量、理顺维修流程、核算维修成本、人员管理、工具设备管理、部门之间的协作等工作，但我最注重的就是细节管理、质量管理，因为质量就是企业的命脉。

管理能力主要来自实践和工作经验的积累，我认为要管理好一个团队以下几点很重要：一是作为主管首先自己专业技能、专业知识要强，解决问题的能力要强；二是遵守职业道德，要自律，有责任心，任何事情首先要严格要求自己；第三是做好日常维修工作的质量管理，努力提高员工维修质量，维修质量是一个企业的核心竞争力之一，也是员工自身的核心竞争力之一；第四是给员工搭建舞台，充分发挥每位员工长处，使他们有机会展示自己，增强员工的自信心和成就感，激发更大积极性和工作热情；第五是需要有一套完整的规章制度以及行为准则，让日常的管理工作有章可循。

问题 7：您现在下面这个团队有多少人，还亲手喷漆吗？

现在我们总共有 20 个人。亲手喷漆不喷了，因为根本就没那么多事情——车子保有量是比以前多了，总体的维修量各方面肯定是比以前上升了，但是现在很多客户出了险（指漆面刮蹭）不报保险了，就一点点刮痕他们不去修复，因为修了报了保险第二年保费会增加（自费维修成本也较高）。

现在属于管理岗了，比如说对他们进行一些技术指导。我们下面可能有好多人，有技术好的、技术不好的，包括有新进的员工，刚刚开始他们可能很多没有在正规的地方学过，有些汽车品牌里的师傅，他们的要求也不一定符合很高的要求。所以说这种新进来的，我们要对他们进行工作当中的指导，包括一些针对性的培训，还有他们在工作当中遇到了什么困难，搞不定了，不知道怎么弄了，那去指导一下就行了。

问题 8：宝马喷漆明显要比一般品牌、国产品牌贵，为什么？

这个说起来可能就比较复杂，一个是它的成本，这个我觉得是最主要的，再一个是它的工艺。

说到成本，人有成本，材料有成本。材料成本可能一般的车、国产的车它用国产的油漆也就几十块钱、一百块钱。但是宝马它是有指定的油漆品牌的，用什么品牌的油漆它是有规定的，不能随便什么拿来就用的。然后用的都是知名度比较高的油漆，相对来说它的材料成本就贵了。

再一个人工的成本，像来宝马，你这个师傅进来一段时间之后，最开始是在公司里面自己可以简单地做一些培训，然后到一定程度之后会让你脱产，到宝马专门的培训中心去培训，一次差不多一个礼拜，就是说你这一个礼拜全在那儿培训，然后这个培训是要这个店里付费的。比方说它一天要 2000 块钱，我送这个人去培训，我这个店里就要出 1 万多块钱的培训费。

工艺方面，可能要求比国产品牌更高一点，细节做得更好一点。我做了这么多年，可能我们几个师傅都会做，但是怎么去评价师傅们做得好不好，就是去看他们做的细节。因为很多东西你在外面、表面上也看得到，客户过来看看，很直观的，你怎么样这里有尘点，或者哪里没弄好，你可能其他的99%做得很完美，就这边上有个尘点，你是不是所有都前功尽弃，对吧？客户觉得你还是没给我做好。

喷漆是很难做的，而且没有标准。没有标准说我上面喷好之后，有几个尘点是合理的，比方说我这个有色差，色差值相差在多少之内是可以的。这个都是凭客户主观的。像我们平常来讲基本上看不出来什么，客户有时候能看得出来。再一个还有什么？客户有种心理感觉，特别是比较新一点的车，很难弄。有时候客户也看不出来什么问题，就是觉得原厂的好，修过的肯定不如原来的好。所以说很多时候并不是真的有问题，只是他们心理上不太接受。

问题9：所以您对自己的标准就是力求完美？

对，因为我这个人说实话做事情可能也比较认真，然后对自己的要求比较高一点，因为喷漆这东西没有说谁说我这个是做得最好的，没有人敢这么讲，只有说是更好，我能尽量把它做得更好一点。

就喷漆这个行业来讲的话，不要说我们人工喷，就机器喷，它的各种参数是一模一样的，它出来喷可能都会有问题，可能有时候还不如人工喷。因为我们拿着喷枪，我们跟板件之间的距离也会对油漆的厚薄、颜色产生影响，然后我们走这个速度也会对它影响，我们影响质量的因素很多很多，很多东西都是你不可控的。

入行20多年来，我觉得进入宝德集团这17年对我的影响是最大的，通过这些年的不断学习、实践和经验的积累，我对油漆色差辨别得特别敏感，微调颜色的匹配度也得到了提高。

记得宝马刚推出白珍珠这个颜色的时候，有一个女车主为了不让维修后的车辆有色差，她几乎跑遍了杭城所有的宝马4S店，都没能如愿。后来听说我们店能处理好她的问题，最终在我们店里把色差问题完美地解决，客户非常感激。

汽车喷漆维修这项工作前前后后、里里外外需要经过10多道工序，每一道工序都是需要手工完成，任何一项工序的失误最后都可能导致前功尽弃。尽管客户最终只能看得到最外面一层，但我们也要力求完美，认真做好每一个维修细节，因为我知道喷漆维修这项工作真的是细节决定成败。

当然，这也就给我们的工作提出了更高的要求。首先我们要遵守职业道德，不能偷工减料；要严把质量关，保质保量完成维修工作；要从细节出发，提高服务质量；对工作负责，对客户负责。客户满意了企业才能受益，才能长久地立于不败之地，团队以及个人也才能长久受益。

问题10： 从4S店评上全国劳模的非常少，而且店内维修售后不止喷漆一个工序，是不是正因为喷漆对细节要求更高，才更容易脱颖而出？

当然首先肯定自己要有出彩的地方，跟人家有不一样的地方。再一个，汽车维修售后的话主要分为机修、钣金、喷漆这三大块，喷漆这一块相对来说劳动强度、对工作环境的要求、对身体的伤害可能会比另外两块稍微多一点。当然越是在恶劣的地方，可能更容易体现出你这个人的劳动价值。

因为我们喷漆是在烤房里、一个密闭的环境下进行，对无尘和灯光都有要求。像我们现在房间里的空气看上去很干净，其实这上面可能还有很多小尘点在飞。然后经过我们喷漆枪一喷——喷漆枪是什么，里面装有漆料，通过高压空气顺带着把漆料以雾化状态喷到车身上——空气中的尘点就会跟着被喷到车身上。

因为是密闭环境，一到夏天烤房里的气温是非常高的。

在烤干环节，我们这个板件最少要烤到七八十度，但是到七八十度这个时候，人是不会在里面的，人在里面是肯定吃不消的（是用机器烤干）。但是像夏天就算我们把它烤好之后，排风排好，把温度降下来，那里面也得有四五十多度，劳动强度很大。

问题11： 关于您的报道大多发表于2018年之前，请谈谈您和公司近两三年的工作和发展？

这几年没有刻意地去发表一些报道，主要专注在一线管理工作，帮带新人，把自己的技术教授给更多需要的人。

2019年年末开始，公司为了配合城市的建设，慢慢搬离了原来的地址，现在的新址虽然是过渡店，但不管从内部环境上还是服务质量上都有了很大的提升。但为了能更好地服务广大宝马车主，以及积极参与地方经济建设，宝德集团准备投资 6 个亿在原址边上建造新的生产车间及办公大楼，这让员工看到更大的希望，对企业充满信心。目前新店正在紧锣密鼓地建造当中，未来可期。

问题 12：请谈谈在互联网 +、人工智能代背景下，汽车维修行业未来发展前景、个人影响？毕竟喷漆工作对人的身体影响不好，可以用机器人取代人工。

虽然汽车维修是偏传统的行业，但是在快速发展的互联网时代，制造工厂大部分工作已经由工业机器人来完成，当然随着时代的变迁，相信在不久的将来 4S 店的部分维修工作也会慢慢地被人工智能所代替，所以我也应当顺应时代的发展，不断学习、提升自己。

从目前来看，汽车维修市场的前景还是很广阔的，但维修技能人才的紧缺以及用工成本的增加将是汽修行业面临的挑战。毕竟人工智能在有些环节可能可以取代传统人工，但有些环节要说完全取代人工那是不可能的。因为你再怎么智能也没有人智能。

至于工作环境对人身体的影响。怎么说，你说一点影响没有，我倒也不这么认为，但是你说有很大的影响，也没有感受得到。我觉得其实最主要的是有防护物品和劳保用品的，这个东西我觉得是非常重要的。你说你不带，该保护的不保护，这个肯定是要出问题的。

（三）发挥党员模范引领作用

问题 13：请谈谈全国劳模先锋示范岗、全国劳模党员服务日的工作情况？

先锋示范岗是我们有一个团队，这个团队有各方面的人在里面，有机修的、有钣金的、有油漆的，可能还有接待的。遇到有一些重要的客户，或者说比较挑剔的客户，那可能就由我们这些人去。比方说该到哪个环节就去处理相应的事情，相对来说可能会比较好处理一点。你说每个人我们都去接待那是不现实的，因为每天来来往往很多人。

> 宝荣宝马 4s 店里只有王爱明一位全国劳模，所谓"全国劳模先锋示范岗"，是指由他这位全国劳模牵头的、其他同事参与的先锋示范岗。

全国劳模党员服务日，主要是把我们的服务送到社区，我们会定期到社区或者到一些大型的企业，去给客户做一些免费服务。比方说车辆漆面的养护、油液的添加、简单故障的排出，以及用车方面的咨询等。

另外我们还有钣喷车间开放日活动，主要是给客户讲解一些关于钣喷维修方面的基础知识，带领客户了解我们的钣喷维修工艺，解答客户疑惑等。

问题 14：请介绍一下您的入党历程，以及如何发挥党员先锋模范作用的。

2013 年的时候，我们公司应该也是响应国家政策①，就是非公企业也要成立党支部，于是我们成立了党支部。我们党支部只有 9 名党员（员工总人数 180 人），人数不多。

在台资公司里面成立党支部，可能是一个比较敏感的事情，但宝德集团的领导非常的开明，不但没有反对，反而大力支持，因为他们知道共产党员的先进性和积极性会给公司带来正面的影响。

我是属于先评上全国劳模，然后入的党。2015 年我评上全国劳模的时候，还不是党员，但也算是一个先进积极分子了，那么就觉得应该可以再先进一点。于是党组织就来发展我。

2018 年 6 月 15 日，我正式成为了一名共产党员。这一天我终生难忘。转眼间已经过去 3 年了，这 3 年来在党组织教育和关怀下，我的思想政治觉悟得到了提高，懂得了责任和担当。

在今后的工作、学习和生活中，我会时刻以党员的标准来严格要求自己，不断进取，爱岗敬业，努力成为行业里的行家里手，做好"传帮带"，为公司的发展，为汽修行业的发展做出自己应有的贡献。

问题 15：您先后获得了"技术能手""工人先锋号""杭州市劳动模范""浙江省劳动模范""我们身边的好人"等诸多荣誉，您的获奖感想及收获是什么？

获得这些荣誉对我来说，既是一种鼓励，又是一种鞭策。今天评的任何荣誉，当然是对过去的一些成绩的肯定，是包括公司、政府和社会对我过去工作的肯定，我要感谢公司，感谢政府和社会的肯定。但这些荣誉不能代表将来，只能代表过去。荣誉属于过去，未来肯定还是要继续努力。

---

① 参见 2012 年 3 月；中共中央办公厅印发的《关于加强和改进非公有制企业党的建设工作的意见（试行）》（中办发〔2012〕11 号）。

作为一名劳动工人，在今后的工作中我将不忘初心，奋力前行，努力为公司、为社会做出自己更大的贡献。

问题 16：谈谈您对劳模精神、劳动精神、工匠精神的认识及如何身体力行来传承发扬的。

我觉得劳模精神、劳动精神跟工匠精神是融会贯通的。

像我们做技术的这种一线工人，肯定得爱岗敬业，这是最起码的。然后自己干一行、爱一行。假如说你自己干的行业你都不喜欢，好像在混日子一样，就是为了应付，我觉得你肯定干不好，你必须喜欢你自己这个行业。

　　提到爱岗敬业，我们通常会想到加班，但王爱明有他的见解。

加班的话，我觉得这个是要根据自己的实际生产需要。比方说有时候我不需要加班，当然我们提倡不加班。那毕竟不是一个正常的工作，就是说该休息的我们一定要休息，但如果真的是生产任务重了，因为需要，该加的也得加。

我们现在是一周上 6 天班，有 1 天可算加班。具体哪一天休息，我们公司没有统一（各员工轮流休息 1 天）。因为我们相对来说也是属于一个服务性的行业，说实话现在很多客户他可能平常也没时间，周末才有时间。所以说我们这里面的人是这样子的，比方说我们 5 个人，今天你星期一休息，明天我星期二休息，后天他星期三休息，就是轮班休，不固定统一哪一天休。因为那样可能会对工作产生影响。

我们最早刚开始我进宝德的时候，都是双休，晚上不加班的。然后到周末了全部没人了，就跟政府公务员一样的，那时候车也少，没现在多，这也是一个方面。

现在我们每天工作时间是从早上 8 点半到晚上 5 点半，然后中间中午吃饭的时候有 1 个小时的休息时间，反正就 8 个小时。

我的理念就是，把简单的事情重复去做，重复的事情用心去做，做到精益求精、精雕细琢，在自己本职工作岗位上诚实劳动、创新劳动，为社会主义建设贡献出自己的力量。

采访手记

　　王爱明属于外地人来杭务工人员中的楷模，他早已在杭州买房安家，融入这座城市，过上了许多"杭漂人"憧憬的生活。这一切都是他靠勤劳灵巧的双手奋斗取得的。和许多外来打工人一样，王爱明初来杭州时也做过多份不同的工作，起点很低。终于，他找到了一份适合他的工作，进入德宝集团从事宝马喷漆工作。这也是一个能够培养他发展成才的好平台。

　　在浙江，国际品牌和外资企业有很多，它们为浙江经济发展、人才培养等做出了不小贡献。我们在推崇自主品牌和本土企业的同时，也不应忽视它们的贡献。从采访中可以看出，王爱明很爱这份工作，也很爱公司，很认可宝马品牌，他懂得满足和感恩，看起来很幸福。他的成才之路启示广大外出务工、打工者，工作不能不讲职业只图挣钱，而应寻找并坚定那个能使你倾注一生的志业，如此方能实现安居乐业的美好愿望。

八、劳模视角看新时代工业发展

　　新时代呼唤大国工匠。2019 年 8 月 20 日习近平总书记在甘肃省张掖市山丹县考察时强调："我国经济要靠实体经济作支撑，这就需要大量专业技术人才，需要大批大国工匠。"[①] 新时代浙籍工业全国劳模是便以专业技术人才为主体的，他们的奋斗经历生动诠释了一名名普通工人向大国工匠的蝶变，新时代中国工业也在随着中国工人的蝶变而腾飞。中国智造改变了中国工业劳动强度高、收入水平低的旧貌，使之成为一片大有可为的蓝海，同时对新时代工业人才的需求和要求也显著提高。因此，如何更多更好地培养新时代工业人才成为必谈话题。

（一）勇于攻坚克难

　　当前，不少中国企业和个人正处在高不成低不就的尴尬境地，即企业在转型升级中放弃了低端模式，却达不到高端水平；青年群体在就业过程中嫌弃低门槛、低收入工作，却达不到高门槛、高收入工作的要求。企业能够顺利实现转型升级走向高端，青年劳动者也能成长为相应的高

---

① 《习近平：发展职业教育，我支持你们！》，"人民网"，http://politics.people.com.cn/n1/2019/0821/
　　c1024—31308810.html，2019 年 8 月 21 日。

级技术人才，是我们想要达到的理想局面。然而，残酷的现实让不少企业和个人倍感压力。其中一部分选择随波逐流、消极度日，当然也总有一部分坚持攻坚克难、争取成功。劳模和他们所在的企业无疑属于后者。于国家和社会而言，唯有更多的人积极进取、勇攀高峰，才会有更多人才脱颖而出。评选劳模的初衷就是要鼓励带动更多人争先创优。无论是低起点的底层打工者，还是高起点的名校高材生，唯有扎根一线，坚持学习，不惧失败，方能创造佳绩，成长为新时代工业人才。这也是劳模们给出的一致建议。

1. 底层打工者要敢于逆袭

现实中有多少底层打工者消极地认为，自己每天的工作就是像机器一样做机械重复，学不到东西，也没有思想和感情，完全为了谋生，谈不上任何发展。这其实是自身在工作中丧失理想信念的表现。

"现在有些年轻人，迷失自我，没有正确的价值观、人生观，他们只懂得讲条件、要回报，却不知道自己应该奉献什么，应该做些什么，这样下去，是无法为社会创造财富，也不可能有出彩的人生。"浙江海正药业股份有限公司新药研发者徐肖杰（1977 年出生），年仅 38 岁时便获评全国劳模。专科起点的他在新药研发的道路上困难重重，却初生牛犊不怕虎。"前三年的时间，我们什么东西都没做出来，化合物做得一塌糊涂，或者没有药效，或是药效很差。当时特别灰心，也想过放弃算了。"徐肖杰回忆说，"白骅总裁鼓励我，新药研发再难，不做，那么永远都是零，只有敢于尝试，才有成功的可能和希望。公司的支持，给了我信心和勇气。我相信别人能做出创新药，我们也能。"[1]

不错，不做永远都是零，做了才有成功的可能，反正本来就是零，为什么不做呢？

初中文化、电机研发零基础的嵌线工施文美，在 1996 年湖州太平微特电机厂加工业务停止、企业陷入生死存亡危机时，并没有坐以待毙，而是自告奋勇担起了电机研发的重担，体现了"企业兴亡，人人有责"的担当精神。在老师的指导下，她从描图开始一点点学习，只近一年时间便开始主力研发设计电梯开门系统专用的低噪音电机。那阵子她没日没夜熬了一个多月，从设计到制图，从编制工艺到制作生产配件，最后到装配成型。在经历了无数次失败和改进后，110SZ 直流伺服电机终

---

[1] 《科协会员日人物（八）：路漫修远，上下求索——徐肖杰新药梦想》，"浙江省科学技术协会"官网，https://www.zast.org.cn/art/2016/4/1/art_1670294_36731524.html，2016 年 4 月 1 日。

于以低噪音、高绝缘性、低振动的特性，赢得了客户的信赖，成为电梯行业当时最先进的开门系统电机①。

"一线工人并不是机械重复的'机器'，他们有感情、有理想、有自己的创新与创意，他们完全可以写自己的'说明书'。"现浙江电力变压器有限公司生产副总经理曹辉，人称电网工人的"说明书"，从一名普通检修工到浙江省首席技师，夏天"日光浴"，冬天"西北风"，一年300多天泡在外面。他却说："工作是修行，创新是修炼，这样才能让我们不浮不殆，不急不躁。""20多年来，每年他的工作手套都磨破得比别人多好几倍；他闲来还爱看大量的专业书籍，每一本书都被他'啃'得卷了边；他向其他专业工种的师傅讨教经验，从不觉得有什么不好意思；他喜欢记工作日记，每次完成任务，总要将心得和技术要领记录下来。"②

当然有些坚持未必终获成功，但即使发现一条路不通，多换几条，总能找到适合自己的路。

王爱明刚来到杭州时也做过服务员、仓管，跑过工地，都没有坚持下来也仍不气馁。最终他接触到了汽车维修，彻底发掘了自己的潜力。此前的工作没坚持下来，只能说明不适合他，并不代表他成不了才③。

早年身材瘦小的廖洪德不适合在农村劳动，转而应聘工厂。招聘的老师怀疑他："适合在工厂里去做吗？"他却说："你给我一个机会，我可能会给你一个惊喜！为什么？我有这样一个韧劲、一个冲劲！"④果然，投身工厂的廖洪德通过刻苦钻研学习走上了专技道路并施展出优秀的管理才能，身兼多职，奖誉颇丰，令人无比惊喜。

上述劳模的案例皆说明，底层打工者即便起点低，也要敢于逆袭，不可自暴自弃，要相信"你给我一个机会，我可能会给你一个惊喜"，用不屈的奋斗书写最美的传奇。

2. 高起点人才更要有担当

1987年，刚刚本科毕业参加工作的俞保云随即被安排参与设计温州5.6亿规模的发电项目。组长师傅不在，他毅然顶上来，顶着煤油灯画设计图，不惜画到眼睛近视。入职新嘉爱斯后，他独具慧眼地力谏领导引

---

① 参见本章之"施文美：太平微特 女匠传奇"。

② 《坚守一线20多年！温州这位电网工人把自己写成了"说明书"》，"浙江日报"百家号官方号，https://baijiahao.baidu.com/s?id=1704433536349114030&wfr=spider&for=pc，2021年7月5日。

③ 参见本章之"王爱明：来杭务工 宝荣成才"。

④ 参见本章之"廖洪德：进城打工 生辉蝶变"。

进 220t/h 高温高压循环流化床燃煤锅炉，并以"传统行业打造百年企业不断创新"的雄心，较早地发起成立了企业技术中心①。今天看来结果都是好的，我们会说俞保云善于把握机遇；但在当时他主动提议，涉及巨额的成本投入，也承担了不小的责任和压力。

高起点人才能力越大，责任越大，更应该在企业有需要时冲锋陷阵、敢于担当，拒绝明哲保身、无所作为。

徐玲玲（1978 年出生，浙江新华建设有限公司技术中心主任、教授级高级工程师，建筑学本科学历，她说："科研工作者就是要到一线去，我始终坚信一线是科研的主战场。我要求自己既当指挥员，又当战斗员，深入基层，深入项目部。工作近 20 年，我对公司的每一项精品工程都十分熟悉，每一个项目现场都有我的足迹和身影。"②

2001 年，上海华东理工大学化学工程专业研究生毕业的蒲通（1971 年出生）毅然做出了从上海大公司辞职到仙居的决定，加盟了当时并不起眼的浙江仙居车头制药厂。该企业初创于 1988 年，其前身为浙江省仙居县制药厂三分厂。"公司走到 2000 年时，受到了严峻的考验。厂里唯一的拳头产品是萘普生，受到国际市场的影响，产销不畅。厂里技术创新也停滞不前，技术人员匮乏，规章制度不全。"在危难之际，蒲通初进公司便临危受命担任研发部部长，责任、压力重大。他调整好心态，一头扎入车间。"除了吃饭、睡觉，只要工人们去了车间，必定看得到他忙碌的身影。"终于"挽狂澜于既倒"，不仅让老产品重焕生机，更不断研发出新产品，成果丰硕③。

（二）坚持终身学习

毕业离开学校不代表学习的结束，有多少毕业生工作没几年就已经是不再读书、"把所学的知识还给了老师"的状态。理想信念的丧失和学习的废弛形成了一个恶性循环，越丧失理想信念，越缺乏学习的动力；越不学习，则越无法重树理想信念。

万亚勇有一个多年的习惯，不管再忙，一天总要抽出一两个小时来看书，所以他能在其岗位上一直保持领先④。徐玲玲也是如此，"每天都

---

① 参见本章之"俞保云：新嘉爱斯 减碳创新"。
② 《全国劳模徐玲玲：建筑科技领域勇于创新的"领路人"》，"浙江抽屉"浙报融媒体腾讯新闻官方号，https://view.inews.qq.com/a/20210929A09IIS00，2021 年 9 月 29 日。
③ 《蒲通：我是普通人，遇到一家好企业》，《台州日报》2019 年 12 月 5 日。
④ 参见本章之"万亚勇：中大电机 万能工匠"。

坚持用 2 个小时时间学习建筑工程法律、规范、标准，以及施工新技术、新工艺等专业知识，并积极参加各类专业培训和专业技术论坛"①。劳模们不只是爱学习，甚至伴随着他们不断开拓进取、精益求精的工作，已经达到了终身学习的境界。

"坚持多学习总是没错的。"傅祥方（1977 年出生），中银（宁波）电池有限公司工程部主任工程师、高级技师，"黑灯生产线"②的主要设计者之一。职高起点的他扎根一线，跨专业坚持学习。"1993 年进入我们公司跟学校合作办的一个电池专业的职高班，然后 1995 年毕业就进入这家单位——中银宁波电子有限公司实习。当时到的是钳工车间学做钳工的，但我学电池专业的，一开始对机械一点也不懂，连搓刀和榔头都握不稳，那时候白天就在车间学艺，晚上就自己花钱去参加夜校补课。"傅祥方自述道，"差不多 4 年对机修技术这方面就掌握得差不多了，我一直觉得做得越多，肯定学到的东西就越多。"③傅祥方的不甘心让他学到了第一门技术。2007 年，傅祥方转入工程研发部门，工作压力和劳动强度都很大，"经常在车间一坐就是十几个小时"。但最初的进展并不顺利，一些核心研发技术受到国外封锁，是迎难而上，还是随波逐流，他和他的团队毅然选择了前者——"坚持下去，走自主研发道路"④。又一次不甘心，傅祥方和他的团队终于依靠自己的力量让电池生产实现高度自动化。

确实，多掌握一些知识和技能总是好的，很可能在某个关键时刻就能派上用场。

巴贝领带有限公司的屠永坚（1964 年出生）主持开发的丝织长卷《清明上河图》是数码丝织技术的代表作，曾创下丝织工艺制造史之先河，获得过大世界吉尼斯之最，但当时开发这一巨作是很难的。屠永坚说："我们虽然计算机设计花型了，但是当时计算机内存只有 260 兆，织机的硬盘只有 20 兆，当时我们就为了这个事情请教了很多软件专家和国外的

---

① 《全国劳模徐玲玲：建筑科技领域勇于创新的"领路人"》，"浙江抽屉"浙报融媒体腾讯新闻官方号，https://view.inews.qq.com/a/20210929A09IIS00，2021 年 9 月 29 日。

② "黑灯生产线"代表的是现代化制造业的尖端形态，"黑灯"意味着车间生产过程中不需要工人，还可以实现全天候不间断，将节能和智能最大化。

③ 《在漆黑中开创技术革命，这位宁波的电池工匠打造超级"黑灯工厂"》，"抽屉视频"浙报融媒体百家号官方号，https://baijiahao.baidu.com/s?id=1709215427897225042&wfr=spider&for=pc，2021 年 8 月 27 日。

④ 《在漆黑中开创技术革命，这位宁波的电池工匠打造超级"黑灯工厂"》，"抽屉视频"浙报融媒体百家号官方号，https://baijiahao.baidu.com/s?id=1709215427897225042&wfr=spider&for=pc，2021 年 8 月 27 日。

设计师。他们认为你们要设计清明上河图完全是不可能的。我原来做过机修工，把机修工学到的知识应用到机器上，把修理机器和纺织品设计结合起来，把整幅的清明上河图完成了。"①

企业也是一所大学，"一线是培养人才的摇篮"。终身学习不仅是一种主动选择，也是新时代中国工业对于人才提出的高标准、严要求。工业不同于农业有赖于动植物的自然生长，也不同于服务业只要做好自己的岗位不惧平凡。工业，尤其是当今工业总是在追求从 0 到 1 的突破创新，平庸落后就意味着被淘汰。但同时工业也是最能创造奇迹的地方，且创造奇迹之大、速度之快惊艳世人，值得更多的人去追逐梦想。

正如舟山 500 千伏联网输变电工程西堠门大跨越项目总工程师叶建云（1968 年出生）所言所行："不断突破，逐梦前行，挑战未知，是梦想给了我充足的勇气。入职浙江省送变电工程有限公司近 30 年来，从扎根施工一线到建成 370 米原舟山世界第一输电高塔，再到 380 米世界第一输电高塔，突破已知，望见未来。"②

现任浙江民心生态科技股份有限公司研发中心主任的程辉武（1975 年出生）也说："不管在什么岗位，只有奋发有为，才能实现梦想。"程辉武从一名普通的土窑烧炭工，一边劳动一边摸索，通过不间断地学习加实践，成长为了一名竹炭专家。他的机遇源自他捕捉信息的能力，"当他听说张齐生院士主持发明了处理城镇污水的生物改性竹炭，马上向专家请教，自行研发载钛竹炭，并设计制作竹炭载钛流化床装置，成功应用于小型河道的污水处理"。成功是可以被不断传递的，程辉武取得个人成功还不忘"传帮带"，他和其他员工签订人才培养责任书，"从基础技能的掌握到产品技术的创新等各方面，尽心帮助他们成长"③。

职业教育不止在企业内部延续，政府和社会力量也在大力支持职业教育终身化发展。工人大学的相继成立，让职业教育与成人教育高度融合，给予更多在职员工学历技能双提升的机会，促进职工的全面发展。

（三）正确看待成败得失

我们追求成功，但也会遭遇失败，只要尽力拼搏，便是青春无悔，

① 《全国劳动模范屠永坚：39 年，专注丝织工艺技术创新！》，"浙江抽屉"浙报融媒体腾讯新闻官方号，https://xw.qq.com/cmsid/20210922A0BBO600?pgv_ref=baidutw，2021 年 9 月 22 日。
② 《浙江工匠在东海上空铸就奇迹，中国建成世界第一高塔！》，"浙江日报"百家号官方号，https://baijiahao.baidu.com/s?id=1693562068907635421&wfr=spider&for=pc，2021 年 3 月 7 日。
③ 沈吟：《一片痴情付竹炭 记衢州全国劳动模范程辉武》，《浙江日报》2015 年 5 月 5 日。

正确看待成败得失，方能乐得其所。正如俞保云所言："不管工作也好，做人也好，这个心态一定要好，你刻意去做这个事情，实际上是有可能往往做不到，你想要这个东西要不到。"①

社会主义社会以按劳分配为主体处理劳动中的得失矛盾。马克思在《哥达纲领批判》中写道："在共产主义社会第一阶段，每一个生产者，在作了各项扣除之后，从社会领回的，正好是他给予社会的，他以一种形式给予社会化的劳动量，又以另一种形式领回来。"②这里不仅揭示了先付出劳动再获得回报的道理，同时表达了只要付出劳动就能获得相应回报而无所谓"失败"。

诚然，市场经济下风险与机遇并存，收益未必总是大于投入，但这也恰恰告诫劳动者要认清自身优势与不足，慎重择业，踏实劳动，摒弃投机心理，坚持积累进步。

"现在的孩子大多数都不愿意当工人，都想当老板，沉不下心钻研技术。实体经济就是靠技术、靠工匠干出来的。"浙江温兄机械阀业有限公司的技术工匠兼党支部书记张积贵说，"在我的字典中，'工匠精神'有两大特点，一是精益求精，二是勇于创新，核心在于创新。传统制造要跟上智能制造的转型步伐，就要培养更多有创新意识的复合型技术工人，来推动产品和装备制造手段的持续创新。"③

沈守贤，20世纪80年代做废纸生意，3天赚200块，收入已是相当不错。1990年卖纸管给平湖第二造纸厂，不贪便宜，信守承诺，没有加一丁点水。获得纸厂招募后，毅然放弃废纸生意，选择进厂做月薪28元的普通工人。或许无论当时还是现在，都会有人不能理解。但显然沈守贤没有贪图眼前利益，他做出的选择是慎重的。此后他以厂为家，将自家的优良家风带进厂里，又积极入党，用党建引领企业创先争优，实现了全体职工的"勤善和美，勇猛精进"④。

以服务人民、奉献社会为志向，让成功惠及更多人，是劳模们做出的又一高尚示范，同时也顺应了实现全体人民共同富裕的美好愿望。

1992年，王国平（1974年出生）高中毕业就进入大洋化工（后更名

---

① 参见本章之"俞保云：新嘉爱斯 减碳创新"。

② 马克思恩格斯列宁斯大林著作中共中央编译局编：《马克思恩格斯选集》（第3卷），北京：人民出版社，2012年，第304页。

③ 《十九大代表｜张积贵：左手蓝领专家 右手红领书记》，"浙江日报"百家号官方号，https://baijiahao.baidu.com/s?id=1581948859696782829&wfr=spider&for=pc，2017年10月22日。

④ 参见本章之"沈守贤：景兴纸业 党建引领"。

为"大洋生物")上班。他很有化学天赋，并以此为志业。"这就是我的第一份工作，也是我二十多年来一直没有换过的工作单位。"王国平说，"在科研的路上，我始终怀抱着这样的理想和斗志：我要让生产环境改善、要提高技术水平，我们工人要进步！"①王国平的理想中并没有提及个人，而体现了崇高的社会理想。

康奈集团的刘昌勇（1971 年出生）2010 年 8 月 14 日上午上班前，提着一个装着 5 万元奖金的塑料袋来到工会主席面前，要将他获得的省十佳杰出职工"金锤奖"奖金 5 万元捐献给工会，以帮助和救济那些在生活中碰到暂时困难的员工，并建议工会设立困难职工补助基金会。他说："捐献这笔钱就算我'带个头'，以此践行自己在创先争优中做关爱职工模范的诺言。"3 天之后，成型二车间女工熊某因女儿今年考上大学，学费未落实，她申请拿到临时困难补助金 2000 元，成为刘昌勇捐款的第一个受益者②。

宏达集团董事长沈国甫（1956 年出生）30 岁以前做过 10 年体育老师，1985 年开始创业，积累了一定物质回报后，1999 年出资创办海宁宏达实验学校。他认为，"回报社会最好方式就是反哺教育"。于是，他在2003 年又组建了海宁市宏达高级中学，2006 年投资创办同济大学浙江学院。"这个社会多一座大楼不算什么，但多一所学校能为社会创造多大的贡献！"沈国甫说，"作为发展很多年的企业，金钱不是我们最大的追求，事业的追求肯定比金钱的追求更高。我希望宏达这些学校在我的管理下，今后都能成为名校，这是我最大的目标，也是最大的快乐。"③

的确，新时代中国工业发展对于人才的需求空前高涨，读书还是打工，不再是青年人非此即彼的两难选择，二者正合而为一。因此，做有思想、有知识、有技能的高素质劳动者，应成为新时代青年共同追求的目标，且目标达到以后仍需与时俱进，继续学习，坚持奋斗。"只有奋斗的人生才称得上最幸福的人生。"④

① 《建德市：我们的学长是全国劳模，听他说奋斗的这些年》，"杭州日报"百家号官方号，https://baijiahao.baidu.com/s?id=1685242832708138474&wfr=spider&for=pc，2020 年 12 月 5日。

② 夏晓茵：《"金锤奖"得主"康奈"刘昌勇：5 万奖金捐给困难员工》，《浙江工人日报》2010 年8 月 21 日。

③ 《沈国甫：识时务者为俊杰》，"浙江在线"网，https://zjnews.zjol.com.cn/05zjnews/system/2008/10/21/010049842.shtml，2008 年 10 月 21 日。

④ 《中共中央国务院举行春节团拜会 习近平发表重要讲话》，"新华网"，http://www.xinhuanet.com/politics/leaders/2018-02/14/c_1122419710.htm，2018 年 2 月 14 日。

第五章　新时代浙籍服务业劳模口述史研究

服务业是当前中国国民经济结构中的最大产业，已成为推动中国经济发展的主动力，发展前景长期向好。本章收录陈美芳、周明娟、叶兰花、陈腊英等 4 位新时代浙籍服务业劳模的口述史文本，并结合 2015、2020 两届 41 位浙籍服务业全国劳模 [①] 的现有口述资料展开研究，通过劳模实例彰显新时代浙江乃至中国服务业发展新成就，通过劳模视角研究新时代服务业发展带来的新问题。

一、新时代浙籍服务业劳模概况

新时代浙籍服务业劳模相比于农业劳模和工业劳模，家庭出身更加多样，工作内容也更加丰富。本书定义的服务业劳模，严格来讲并不是一类劳模，而是除农、工业劳模之外的其他所有劳模的集合。他们从事的岗位可分为技术性岗位和直接服务人的岗位两大类。技术性岗位，即通过操作机器设备服务于人的岗位，强调技术运用与创新研发，近似于工业；直接服务人的岗位，则更多体现出人的能动性，比之农业和工业，受自然条件的约束较小。至于服务意识和奉献精神，非服务业劳模所独有，农业、工业劳模同样兼具。本节将以 2015、2020 两届 41 位浙籍服务业全国劳模（见下文表 5-1）为例，对新时代浙籍服务业劳模的年龄结构、性别结构、行业与职业结构等加以概述。

表 5-1　2015、2020 届浙籍服务业全国劳模

姓名	性别	生年	获评"全国劳动模范"时的单位、职务与职称
潘廉耻	男	1951	浙江衢州东方集团股份有限公司董事长、高级经济师
阮诗科	男	1957	温州交运集团董事长、党委书记、高级经济师
林长春	男	1957	中国移动通信集团浙江有限公司杭州分公司总经理、高级经济师

---

① 本书界定的"服务业劳模"，特指工作在城镇的、从事第三产业的劳模，工作在农村的被归于农业劳模之列。41 位浙籍服务业全国劳模，是根据劳模获评"全国劳动模范"时的主要职务及工作内容划分的（非严格的划分，仅供参考），按出生年月排序。

（续表）

姓名	性别	生年	获评"全国劳动模范"时的单位、职务与职称
黄炎水	男	1958	哈工大首创科技股份有限公司宁波第二百货商店总经理、高级经济师
陈腊英	女	1962	杭州市环境集团有限公司园区物业保洁员
许　彪	男	1962	博世电动工具（中国）有限公司车队队长、工会主席
李旺荣	男	1963	浙江大公律师事务所律师、一级律师
袁　云	男	1963	绍兴报业传媒集团首席记者、主任记者
潘建乔	男	1964	国家电网浙江平湖市供电有限公司运维检修中心变电运检班班长、高级技师
杨作军	男	1964	温州市现代服务业发展集团有限公司党委书记、董事长、高级经济师
沈新华	男	1964	杭州古荡街道益乐股份经济合作社党委书记
袁海滨	男	1965	舟山交通投资集团有限公司党委书记、董事长、高级经济师
刘同礼	男	1965	杭州市上城区清波市容环境卫生管理所班组长
郑素芝	女	1965	松阳县长运有限公司计财部经理、会计师
黄军民	男	1966	台州银行股份有限公司党委副书记、副董事长、行长、经济师
叶兰花	女	1966	衢州市柯城区兰花热线工作室主任
郭文标	男	1967	温岭市石塘镇平安海上救助站站长
王月英	女	1967	湖州市公共交通有限公司自行车服务有限公司营运副经理
王永斌	男	1968	浙江永安水务集团有限公司工人、助理工程师
沈　刚	男	1969	绍兴市自来水有限公司检漏一班班长、技师
阳丽平	女	1969	嘉善县魏塘街道新居民事务所镇北中心站站长
钱海军	男	1970	国家电网浙江慈溪市供电公司客户服务中心钱海军服务班班长、技师、工程师
赵国新	男	1970	温州港龙湾港务有限公司安全管理部经理、助理工程师
赵永红	男	1970	桐庐县万里长运有限公司客运站站长、技师、助理工程师
周明娟	女	1970	杭州解百集团有限公司特聘培训师、技师
张益平	男	1971	嘉兴市乍浦港口经营有限公司集装箱作业队队长
韩宝国	男	1972	文成县殡仪馆火化师
杨瑞军	男	1975	温州市图盛供电服务有限公司平阳分公司配网监测班班长、工程师
张春娟	女	1975	中国建设银行股份有限公司温州分行私人银行中心主任、国际金融理财师
楼丁阳	男	1975	中国邮政集团有限公司浙江省信息技术中心班组长、高级工程师
王凌飞	男	1975	义乌市国际陆港集团有限公司第二分公司办公室主任
林小群	女	1975	中国工商银行股份有限公司永嘉支行大堂经理

（续表）

姓名	性别	生年	获评"全国劳动模范"时的单位、职务与职称
陈霞娜	女	1975	宁波市公共交通集团有限公司36路班组长、技师
严华菊	女	1976	宁波雅戈尔动物园有限公司育幼员、兽医师
顾卫林	男	1977	浙江沪杭甬高速公路股份有限公司大云管理所所务、中级工
吴日根	男	1977	中国移动通信集团浙江有限公司计费账务大班长、工程师
何 贝	男	1979	国家电网浙江诸暨市供电公司客户服务中心营业班班长、助理工程师
陈美芳	女	1979	上海铁路局杭州客运段列车长
竺士杰	男	1980	宁波港吉码头经营有限公司桥吊操作副队长、高级技师
徐川子	女	1985	国家电网浙江省电力有限公司杭州供电公司滨江供电分公司市场客户部主任
王 斌	男	1986	宁波金洋化工物流有限公司信息科技事业部副总经理

（一）年龄结构

在41位浙籍服务业全国劳模中，年龄最高者潘廉耻，1951年9月出生；年龄最低者王斌，1986年1月出生，二者相差多达35岁。

41位劳模的出生年份平均数约为1969，中位数也为1969。其中，70后（1970—1979）与60后（1960—1969）各17人，50后（1950—1959）4人，80后（1980—1989）3人。值得注意的是，85后（1985—1989）青年有2人。总体呈现出年龄分布较集中、最高与最低年龄差距大的特点。其中，年龄分布较集中，以60、70后为主体是新时代全国劳模的共同特征。

服务业劳模之所以年龄跨度大，跟服务业的行业特点有关。

首先，服务业相较于农业、工业包含的行业种类广、从业人口多、年龄门槛宽，自然也就更有可能产生年龄跨度大的劳模。

其次，服务业新动能——科技创新催生掌握先进科技的青年劳模。如在传统的化工物流行业中应用信息技术，使危险化工品的物流实现信息化，可大大提升安全性。这就需要化工物流行业引入IT人才。于是，1986年出生，毕业于上海交通大学电子信息与电气工程学院的硕士王斌有了用武之地。他加盟宁波金洋化工物流有限公司，负责信息化工作。"屏幕上快速跳动的程序代码和马路上行驶的危化品运输车辆两个似乎没啥关联的事物，在我这儿有了交集，我和我的团队开发出'爱路捷专业物流管理系统'，填补了国内在这一方面的技术空白。"[1]王斌自述道。

---

① 《他是IT界最懂危化品物流的人，玩转IT＋危化品运输》，"浙江融媒体"，https://xw.qq.com/amphtml/20210907A043YZ00，2021年9月7日。

无独有偶，在传统的供电服务领域应用智能信息技术也能显著提高服务效率。1985年出生，毕业于浙江大学电气工程学院的徐川子，目前是国网杭州供电公司滨江供电分公司服务拓展班班长。2020年疫情来袭，她带队完成了逾15万户业主12天内的1200余万条日用电数据的云端采集，研发出全国首个"电力大数据＋社区网格化防疫"系统，构建了居民短暂和长期外出、外出频次、举家返回、暂未返回、隔离人员异动等6个场景13套算法模型，并现场验证，准确率超过97%。不止如此，徐川子还带领团队研发了"E路小蜜蜂"智能管理系统，研制出适用于5G基站的多功能路灯杆，完成反窃电模块、表箱缺陷判断机器人等多个创新项目，授权发明专利多项。[①]

青年劳模能够年纪轻轻便超越传统为行业发展提供新动能，恰证明了："青年是社会中最有生气、最有闯劲、最少保守思想的群体，蕴含着改造客观世界、推动社会进步的无穷力量。"[②]

（二）性别结构

在41位浙籍服务业全国劳模中，有12位女性劳模，虽然占比仅约29.3%，但也远高于农业劳模中的约9.7%、工业劳模中的约10.9%及总占比的约15.2%。这也反映出近年来服务业作为女性就业主渠道的特点。

女性从事服务业相对更有优势。首先，新时代服务业的一大增长点在于科技创新带来的新动能，从而降低了行业对人体力的要求，并催生出更多知识密集型岗位。脑力取代体力成为岗位选人用人的关键，进而为受教育程度高的女性提供了更多就业机会。据《〈中国妇女发展纲要（2011—2020年）〉终期统计监测报告》显示，"各类高等教育中女生占比均超过男生"[③]。这就意味着在高学历人才中，女性已取得人数上的优势，自然也就更能够在新时代服务业中争取更多就业机会。

其次，劳动不分贵贱，我们在关注科技创新的同时也不应轻视需要更多人力投入的传统职业，如列车员、营业员、保洁员等。这些职业的劳动强度与枯燥程度对人的体力与精神仍有较高要求。但中国女性在吃苦耐劳方面从来不输男性，并且女性细心、耐心、善与人沟通等优点，

① 《全国劳模徐川子：克难攻坚 不负芳华》，《浙江工人日报》2020年11月28日。

② 习近平：《在庆祝中国共产主义青年团成立100周年大会上的讲话》（2022年5月10日），北京：人民出版社，2022年。

③ 国家统计局：《〈中国妇女发展纲要（2011—2020年）〉终期统计监测报告》，"国家统计局"官网，http://www.stats.gov.cn/tjsj/zxfb/202112/t20211221_1825520.html，2021年12月21日。

更适合从事与人交往更多的服务业。

如果说科技创新更看重一个人在技术方面的硬实力的话，传统职业更看重一个人在精神方面的软实力。就服务业强调服务于人的工作特点来看，硬实力可以提高劳动者取得成就的速度，但软实力才真正决定了其取得成就的高度；仅有硬实力显然做不好服务工作，拥有强大的软实力却可以。换言之，服务业全国劳模之所以能获此至高荣誉，未必都有高精尖的技术，但吃苦耐劳、热心奉献是不可或缺的。

因此，本章收录的 5 篇口述史均来自从事传统职业的女性劳模，以凸显服务业劳模的精神软实力。

（三）行业与职业结构

行业结构方面，在 41 位浙籍服务业全国劳模中，交通运输行业劳模为数最多，达 13 位；人数第二多的是供电服务行业，5 位；通讯、银行、社区服务行业各拥有 3 位劳模，并列第三；水务、环卫、零售行业各拥有 2 位劳模；餐旅、法律、传媒、会计、兽医、殡葬、救助服务行业及现代服务业综合体各有 1 位劳模。

劳模的行业分布呈现出"点面结合"的特点，既有侧重点，又有覆盖面，甚至包括兽医、殡葬等冷门行业也得到了应有的关照，有益于通过劳模视角研究新时代浙江乃至中国的服务业发展。

职业结构方面，每位劳模的职业（包括具体的职务和职称），在表5-1 中已得到直观呈现。相比于 31 位新时代浙籍农业劳模、92 位工业劳模，41 位服务业劳模的职业重叠度明显较低——仅 2 名环卫工职业相同、5 名供电服务一线职工的职业基本相同，其他劳模即便同在一个行业门类，具体职业也各不相同。如在劳模为数最多的交通运输行业里，就包括了交通运输集团董事长、交通投资集团董事长、陆港集团办公室主任、港口集装箱作业队队长、港口安全管理部经理、港口桥吊司机、长途客运站长、公共自行车运营副经理、化工物流信息科技事业部副总经理、列车长、某公司车队队长、高速某管理所所务、公交车司机 13 个具体不同的职业，高层领导、中层干部、一线职工皆囊括。

此外，从表 5-1 中可以看到，该表依劳模年龄由高到低排列，其对应的劳模职务和职称也大体呈现由高到低的排列顺序。其中，处级职务与高级职称基本集中在 1966 年以前出生者，仅 1975 年出生的高级工程师楼丁阳例外（仍是基层一线职工）。处级职务与高级职称者共计 10 位，占比约 24.4%；科级以下职务与中低级职称、无职称者共计 31 位，占比约 75.6%，符合劳模评选向基层一线职工倾斜的大方向。因此本章收录的 4 篇口述史皆来自基层一线职工。

综上所述，41 位新时代浙籍服务业全国劳模在年龄、性别、行业与职业方面结构分布合理，体现出劳模评选的科学性与合理性。正因如此，各年龄段、各性别、各行业与职业劳动者均能找到或推出代表自己年龄段、性别、行业与职业的劳模。本章也将采取"点面结合"方式写作，在口述史采访与文本的收录上突出侧重点，在首末两节的研究性内容中体现覆盖面。

二、陈美芳：甬广车长 待客如亲

陈美芳口述，周俊超、韩笑琳采访，周俊超撰写

采访时间：2021 年 7 月 30 日

采访地点：中国铁路上海局集团有限公司杭州客运段

陈美芳（1979 年出生），中国铁路上海局集团有限公司杭州客运段甬广车队列车长、党总支书记、工会主席，浙江省总工会兼职副主席，2015 年全国劳动模范。采访聚焦陈美芳的成长与事迹持续 1.5 小时，此处撰写约 1.6 万字。

（一）初来乍到

问题 1：请您介绍一下个人家庭背景及早年成长经历。

我父母亲都是农民，家里还有一个哥哥。我是生长在金华市浦江县的一个小农村，那个村里面基本上到现在为止，可能 90 多岁的老人还没有出县城的都有。所以我在当时能到铁路里来工作也是凤毛麟角了，山沟沟里的到省城来工作就感觉挺稀奇的。当时（20 世纪）七八十年代都会流传着这么一句话——"铁路铁饭碗"嘛，还是相当的不错。所以我父母亲也是很支持我在这里上班，包括我自己。

在 13 岁的时候跟我哥哥有一次坐火车的经历，就是在鹰潭站大年廿八、廿九的时候上车，我老爸大包小包带了很多东西，后来他就跟我和我的哥哥说："等会儿你们两个孩子先挤上车，如果今天挤不上火车，那就回不了家，过不了年，见不到你老妈！"

我点点头说："好的老爸，你放心，我跟哥哥等会儿一定去上火车。"

后来等到站台上的时候，现在这种场景是不可能有的，基本上连地上的水泥地都看不到，都是人。挤来挤去挤到最后，我和我哥哥是被鹰潭站的值班员塞上火车的，等到火车开的时候是金鸡独立那样贴着车窗玻璃。一回过神来，我就跟我哥哥说："哥哥，爸爸有没有上来？"

我哥哥说："你不知道，我怎么知道？我不是跟你在一块。"他比我大两岁，当时还挺幼稚的。

后面又过了十来分钟，我就说："哥哥，如果说爸爸没上来，义乌火车站到了你知不知道回家？"

我哥哥又摇摇头说："不知道。"

过了一会儿我就开始忍不住哭了。哭了一会儿之后，听到远处传来一个熟悉的声音说："我找小孩！大家让一让，大家让一让！"

我们上车之前大家都穿着冬天很厚的衣服，当我看到我老爸的一刹那，感觉一下子到了夏天，衣服全部就剩一件衬衣了，满头大汗，全身湿透。当时我就说："老爸，如果哪一天我能干列车员的话那该有多好！"

我老爸说："为什么？"

我说："如果哪一天我能干列车员，我就不会让坐火车的孩子跟他们父母亲分开的。"后来我就一直想着，如果哪一天能到铁路里来工作多好。

当时我有个舅舅是在铁路里工作的，每次过年过节见到他的时候就说："舅舅，你下次铁路招工的时候，你能不能带带我去？"

我舅舅说："你现在放心读书吧，还早呢！"后来就再稍微大一点点，到了十四五岁，他就把我带到杭州，到清泰立交桥上面来看火车。

那个时候火车还不进南星桥库，全停在清泰立交桥下面。停着的时候，每一次看了火车还能看到一些列车员，看到他们穿着统一的制服，拉着同一种拉杆箱，心里面更加向往这份工作了。

到了1997年6月份的时候，正好高中毕业，我舅舅突然之间电话打来，他就说："陈美芳，杭州列车段在招工，你要不要来？"

我说："真的啊？"

他说："真的！"

后来我跟我老爸老妈一商量，我说："我要去铁路里上班！"

我老爸老妈就说了："陈美芳，我们希望你还是要多读点书。"特别是我老爸说："我跟你妈大字不识一个，吃尽了没有文化的苦头，你还是再继续读书吧！工作，以后有机会的。"

我说："老爸，这机会多难得，先去了再说。读书后面也可以读的，一边读书一边工作。"

我老爸老妈说："那你要想清楚。"

后来经过一夜的辗转难眠，最后想清楚了，我还是想去。来之前嘛，带着儿时的梦想，带着父母的期盼，带着邻居们祝福，大家都前呼后拥说："哎呀，去铁路里上班了，那该有多好！"后面就这么来了。

来了之后，经过一个礼拜的培训，后来就上火车了。结果上了火车之后一下子都懵翻了！就是觉得原来理想是这么饱满，现实是真的很残酷。残酷到什么地方？就是一上火车之后制度特别严格。比如说立个岗，很多人都会说，站直嘛有什么大不了，但是我们只要火车从杭州始发、广州始发都要立 40 分钟，而且是两脚跟并拢、脚尖略分开，双手垂直，面向旅客放行方向站立，又不断地"您好，请上车"，还要扶老携幼，而且还要站直。后来我就觉得这么难。

结果上火车的时候，那时候（20 世纪）90 年代后期，旅客都大包小包很多，又没有快递，马扎带都很多。我跑的是杭州开往广州的这趟列车，是铁道部的红旗列车，所有的行李架都要光面朝外一刀切，就是说所有的行李全部都要摆好。后来就一层叠两层、两层叠三层这样叠，而且很整齐，就觉得个子太矮捞不到，东西又太重搬不动，就感觉压力特别大。

紧接着第三个困惑就是一到晚上十一二点钟就想睡觉了。当时我们铁路里上班都是这样的，就是起早贪黑的。早上中饭是 10 点吃的，晚饭是 4 点吃的，你要吃得下睡得着，它是日夜要颠倒。所以说这个也是很难很难。

还有一个难的就是开门。绿皮车不像高铁动车组全部是机械统一开的，都是要手工开。那个时候是三个头的钥匙，咔咔咔……还没有到广州，手已经都磨出了血，磨出了泡。我这手全部都是茧，到现在为止用再好的护手霜都没有用，一到冬天全部都裂开了，没办法愈合。

后来到了广州之后，我有老乡，她是前面几年来的，她就问我："陈美芳，你到这里来，这个工作苦不苦？"

我说："真的是很苦。"

她说："那你怎么来的呢？你有书读还要到这里来干吗？"

　　我心里想了想，我在想如果说这么苦的话，那你都坚持了，我想我也要坚持下去。

　　后来回来的过程当中，越加地感觉到制度越来越严。原先我们过道上面都铺地毯的，垃圾扫不起，拖也拖不动。扫地也是有窍门的，不是用蛮劲扫就扫好了，而是先用扫把轻轻地扫，扫到最后一段，再用簸箕一点点簸起来。

　　后来跑到杭州之后，我师傅问我："你要回老家吗？"

　　我说："我不回家，我爸妈给我在东站租了一间小房子，平房。"

　　她就说："那你就留库吧！"

　　我说："什么叫留库啊？"

　　留库值班就是等到空调、电灯一关，车窗、玻璃门全部都要关死，你在黑压压的一个车厢里，等到夏天——我6月份来的，6月20号上的车——一下子温度就上来了。我从下铺爬到中铺，从中铺爬到上铺。空调一停掉蚊子特别多，后来隔壁有个列车员叫徐晓玲，现在过去24年了我都还蛮记得她的好，她说："姑娘，姑娘，你在哪里？"

　　我说："师傅，我在这儿。"

　　她说："怎么爬上面去了？"

　　我说："下面蚊子太多了。"

　　她说："你下来，我给你点个蚊香。"

　　现在我们条件好多了，我们到了11点左右列车检查结束之后，就可以睡到车库旁边的待乘点去。那个时候没有。

　　后面下来了，她给我点了蚊香。当时一夜也是辗转难眠，就这样熬到了天亮。天亮之后，留库值班的要把车厢里从上到下全部打扫干净，而且最要紧的是什么？所有的铝合金都要光亮，就是要非常的整洁光亮，要达到这种水准。所有的卧具交清楚，被褥交整齐，所有的卫生交干净，交完之后就直接下车。下来之后我拉着工作包狂跑上公交车，回到小平房之后就是开始狂哭，狂哭，狂哭。

　　当时我有个叔叔在杭州电视机配件厂工作的，他叫我打电话回家，那个时候没有手机，是传呼机，他说："陈美芳，你爸妈都焦急死了，你到这么远的地方去了。"我上车之前给家里打个电话说我被分到了广州车，我妈千交代、万交代。你想想看省城都很难来，一下子说要到广州去了，说不要吃陌生人的东西，不要跟陌生人走，不要什么，真的是交代了很多很多。

　　后来一直到下班了，他们等着我电话报平安。后面我就是没有勇气去打，到了傍晚，我叔叔传呼机打过来，他说："你怎么这么不听话，你爸妈都等了好几个小时，你赶紧去回个电话！"那个时候我家里还没有装电话，是在一个村支书家里面等电话，等我打过去。

后来，我说："可以。"到了傍晚边，我就到了电话亭里面，电话打通之后，听到我老妈熟悉的声音，我就开始哭了，

我妈说："陈美芳，你干吗，干吗？为什么要哭呀？是不是有人欺负你？"

我说："没有。"

但是说句真心话，刚开始的时候总感觉师傅严就好像她在欺负你。而且在车上工作跑到广州，我从小就没有离开父母跑过那么远的地方，总感觉一个人孤苦伶仃地出来了，就感觉所有人都表现出来的不是特别的友善。农村里来的，我到现在为止，我就跟很多人说："我们跟杭州城市里长大的孩子还是有点不一样，我们的心理素质没有他们好，他们见多识广，我们毕竟在乡村里面整天跟泥巴，整天跟山上的这种草啊……从小就砍柴啊，割草啊……"就这种感觉。后来就把电话挂掉之后，跑到出租房里面更加是控制不住，越想越可怜，越想越苦恼，越想越觉得真的这个活是不是要干？

到了第二天早上 10 点钟左右，门铃突然响了起来，一打开门，是我爸妈来了。一看到他们，更加控制不住了。我妈妈就普通的农村妇女，她不会做什么工作，直接就来一句："你这两个眼泪这么不值钱啊，差不多了！"我爸爸虽然没什么文化，但是他当我们村里的村主任，他会做村民的思想工作，他就说："让她哭，哭够了就可以了。"

后来一直弄到 11 点多钟后，我老妈说："你差不多嘞，今天给你两条路。一条路就是你卷铺盖跟我和你老爸回家，另外一条路就是你自己选择的路，你自己要走下去。"

我想想看嘛：如果今天跟他们回去了，这是自己从小梦想的这么一份工作，就这么放弃了；如果我回去吧，邻居们肯定要笑话我，这么好的铁饭碗给弄丢了。后来我再想我还是要坚持下去。我就跟我妈妈说："你们回去，我一定会坚持下去。"但是我心里面还想了一句话：我一定要干出点成绩让你们瞧一瞧！

后面他们还是不肯回去，陪完我休息 3 天的时间。跑车，它有点很好，就是你跑几天就休息几天。就感觉休息天太多了，我就觉得杭州的天怎么都不会黑的。后来我爸妈就带我到大厦里面给我买了个电视机，再给我买了双鞋，又把我送到城站上了火车。后来他们就一步一回头，

想想看我能不能坚持住，能不能坚持住。

后来第二趟我们上了车之后，我们车长们、师傅们其实也已经感觉到我们新职工的思想起伏很大。再上火车之后，车长就来跟我们谈心，我觉得他问得最多的问题就是："姑娘你是哪里来的？你家里有几个兄妹，你家里父母亲做什么的？"所以说后来我干车长之后，我也是学了他们这一些好的办法，就对每一个职工的喜怒哀乐、家庭情况和他们的特长，包括对他们的血型我都要一一地了解——因为血型也可以简单地判断一个人的性格，所以我在工作当中就会根据这一些可能不是很科学，但是每个人身上的一些特征可以表现出来的，更好地把他们各岗位都能安排得妥妥的。

慢慢地，第一、第二趟之后就感觉车长关心我们了，师傅感觉严了之后，至少还来问你们是不是吃得好，睡不睡得着。然后我在想我要跟上节奏，后面我就在出租房里面，时间不是过不去嘛，我就开始练练折被子，被子全部要四方八角跟部队里一样的要折好。毛巾要一条线全部要折好，大小尺寸的毛巾不一样，大家都要把它折得一样的整齐，毛巾绳一定要整齐划一，还有鞋子都要摆得整整齐齐，这些都要摸索一些窍门。

后来我就把自己休息的时间都利用起来，跟上大家的节奏。因为我农村里来，我觉得我最大的一个缺陷就是适应能力差，跟不上他们的节奏。但是我在想我的先天不足就用后天去补，我就把自己休息天的时间全部都用出来。

经过一年的磨炼之后，我们岗位练兵的机会来了。我们车长说要派新同志上，就说让我上。后来我说："我行吗？"我当时是一个临时工，我1997年到2000年干的临时工，每个月拿的是450块钱的工资；后来2000年到2015年干的是一年期的合同工，也就是说单位可以随时给你解聘掉。

后面我老妈为了能让我在这个单位里能坚持下去，她知道我们一到过年过节就特别想家，所以她在每一年的清明和冬至，她都会在我们列车路过的诸暨站送上千个清明团子和麻糍送上车。既给我们车班里的同事吃，也给我们车队同事吃。有些时候玉米上市了，她把玉米送来了，经常性地干这种事情。

一直到2014年就是清明节要到的时候，她又跟我打电话，她说："美芳，清明节马上到了，你今年要包多少清明团子啊？"那个时候她已经是肺癌晚期病危了。

我就说："老妈，你就管好你自己就好了，你不要再来计划这些事情了。"

她就说："那怎么行，年年都有的东西，今年怎么好没有？你就告诉我好了，又不用我动手，村里的那些大姑大妈们都已经等到我们家了！"

我就觉得我能在这里坚持下去，第一当然是离不开组织的培养，第二跟我的家庭还是有一定的关系的。虽然我父母亲都是普普通通的农民，但是他们身上有不服输的一种精神和农民的这种淳朴。就像我跟我老妈说："我们师傅老是叫我干这干那的，她自己就这样指手画脚。"

我老妈就会说："你师傅是为你好啊，多让你练练手。你现在年纪轻，睡一觉第二天力气就来了。"经常会灌输这样的一些理念，"吃亏就是便宜""眼格一定要放大，就是不要贪恋小恩小惠小利"。我觉得至少我自己认为，别人不知道怎么想，我就觉得我们每一个劳模成长到今天，那跟家庭教育还是分不开的。

我爸妈为了能让我坚持下去，就是每一年到2014年为止，包括现在我妈不在了，我老爸他都会想到清明节一定要给我和我的同事们送清明团子。所以这就是家庭的一个背景和一个成长的经历。

这里再插几句。我老妈到2014年4月份的时候，病情已经很严重了，在杭州医院住着。后面我们领导过去看她对她说："叫陈美芳留下来陪你。"

我妈说："我们陈美芳是不能请假的，我们家有人陪的，她不能请假，她要去上班的。"

后来到了4月初的时候，我说："老妈，单位都通知我获得了全国五一劳动奖章，你一定要好起来啊！"

她说："嗯！我一定要好起来，我还要在电视机前给你鼓掌嘛！"

后来过了几天之后，她觉得自己有点吃不消，她叫我把她皮夹拿出来，她说："陈美芳，把我皮夹拿出来。"

我说："干吗？"

"拿出来好了。"

后来她给我点了5000块钱，她说："这是给你获得荣誉的奖励！"

我说："老妈，我不要这个钱，我要你好起来，给我在电视机前鼓掌呢！"

她就说："好的，我坚持住！"

又隔了两天之后，她说："陈美芳，我真的是有点坚持不住了。"

我说："老妈你这样子的话，我就没有心情去北京领奖了。"

我老妈很生气地说:"陈美芳,你们单位的领导一次次地来看我,你从一个临时工干到现在这么不容易。你们领导也好,我们家里也好,对你付出了太多太多,你放心大胆地去,老妈哪怕躺在门板上都会等你回来的!"

(二)列车故事

问题2: 请谈谈您从一名列车员成长为杭州客运段甬广车队列车长的历程。

我从1997年6月20号来的,到今年已经24年了。在这24年当中我前面已经讲过了,头三年是临时工,就是说每个月都可以让你回家(辞退)。后来到了2000年之后,到2015年是一年头的合同工,每年都可以让你回家的。到2015年之后,我们上海局就出台了一个政策,就是把表现好的通过考察之后、5年之后可以转为长期的合同工。也就是说我现在是跟他们全民工一样的待遇了。

那么在这个经历当中,我1997年进来到2007年,就是从一个普通的列车员干到软卧列车员,干到服务台列车员,后面到2007年的时候考了列车长。这中间的事情太多太多了,先说说我干列车员的时候吧。

1.遭遇台风

有一次我在干列车服务台这个岗位,这个岗位其实就是列车长的助手,办理旅客补票,处置一些旅客的突发情况。正好有一次台风来了,碧利斯(2006)这次台风很严重的,不会像现在烟花台风(2021)火车全部都停运,那个时候是火车能开就开。

我们从宁波出来到杭州一路过去,一直停停开开、停停开开到了广东省坪石车站之后终于开不动了。因为那里的水都快漫到铁轨路基了。这个时候已经晚点两天多时间了,但是只要火车还在开,旅客还是觉得有盼头的。后来到了坪石站之后,突然接到调令,说那边真的开不过去了,只好返回到宁波。结果旅客全部都来找我们,要吃的,要喝的,要打电话报平安。有很多旅客说,"我广州有客户联系好了""我要到广州的白云机场赶飞机的"……把我们服务台围得水泄不通。

等到车子又回到衡阳站的时候,几十个旅客就不准我们车开,直接就下车,下车之后干吗?直接把我们列车拦住了。后面就怎么劝都不上来,怎么说好话都不上来。我就跟我们车长说:"我们能不能想个办法,让旅客去说服旅客。因为如果说就这样耗在那里,大家都被耗死了是吧？"

于是叫旅客下去去说。后面还是有几个旅客不听，最后面剩下的几个旅客是衡阳站的客运值班员把他们带走了，另外的都上来了。在大雨当中，在站台上整整耗了8个小时。

上车之后，旅客们要这样的，要那样子的。有些人说吃的没有了，我们就把自己吃的拿出来给他们，有些人说电话已经没有电话费了，我们把手机给他们打，一直到打爆为止。最后还有一些旅客不理解的。那个时候我们都不吃东西，把剩下来的所有东西都给旅客吃。

后面有一个旅客就觉得火车又开回来了，还停停开开，他实在是受不了了，我们列车服务台有一块补票的铁制提示牌，他砸过来，砸过来之后把我们一个同事的额头都砸破了，砸破之后还咬紧牙不能跟他们吵，因为我们当时车队里有一句口号："旅客永远是对的，我们永远有不足。"

现在时代也变了，像有霸座的旅客，公安也要出面处理的。这几年对铁路来说其实变化很大，高铁速度也快，旅客满意度也提高了！

后来就觉得要把委屈给吞下去，不能跟旅客吵闹，因为为什么？一旦跟旅客吵闹了之后，他们找到单位来，损失的是单位的信誉和荣誉。一定要熬住！

熬住之后到了鹰潭站，我们回来了。我们还有一趟车，就是我们有三组车每天开，有另外一趟车已经又出发广州了。正好在鹰潭站交会碰到了，它改了线路。我们正常走是走京广线的，它后面改线路之后走京九线了。后面接到通知说，这些返回来的旅客有到广州的，可以到鹰潭站再坐我们这一趟转京九线的车可以去。

站台上两趟车是并排停在那里，很多旅客硬座的都上去了。剩下来卧铺的还有两个旅客，等到他们下去，铃响，门已经关掉了，等到车启动了，那两个旅客上不了，我又把他们叫回来。叫回来之后，那两个旅客做了什么样一个举动？车厢连接处有道门，直接一拳，门玻璃没有碎，他的手一拳打过去之后骨头都看到了。看到那一个情景之后，我赶紧给他进行包扎同时编制客运记录，找鹰潭站去处理。

2. 感化旅客

旅客对于我们来说，可能一辈子就碰到一次。这样的经历我们只要过得过去，我们就过去了（指的是包容）。后来我就把这样的一种心思直接用到工作当中去了。后面就不管是在干列车员也好，干列车长也好，都会有比较大的一些启发。

就遇到困难之后，比如说我在看软卧，旅客一进来我就非常热情地要迎上去，把他们行李赶紧放好。当时的旅客跟现在的素质还是有不一样的，那个时候的软卧不像现在有钱都可以买，那个时候正好是个转折点，原先软卧是处长级别以上的人才能买，后面紧接着改革开放了，只要有需要都可以买。但是钱是有了，整体的综合素质还得提高。有一次一个旅客到包房里面就直接开始吃泡面，拆开来的油包、粉包袋直接就嚓嚓撕了扔地毯上。我去送水的时候我就说："先生你好，下面有垃圾桶。"

他嘭地把桌子一拍，说："我准备要吃面的时候，你来跟我说'垃圾桶''垃圾桶'，叫你来干吗的？叫你来扫地的！"

哇，我一下子就觉得太丢人了！我就赶紧跑到乘务室里，后来平复一下心情之后，鼓起勇气再去。后来旁边有旅客说："哎呀，小姑娘你还真不简单啊，你还能有这样的勇气再出来。"

我觉得我回答得也挺机灵的，我说："像我们干这一行的，如果这点委屈都吃不消的话，还能坚持到现在吗？"后面就一次一次地去扫去拖，慢慢慢慢地就会改变他们的一些想法，可能就觉得上了火车之后不能乱丢垃圾。

到了广州之后，那个旅客就说："姑娘来一下，刚刚上车的时候是我态度不太好。对不起了哦！"后面就觉得原来只要你用真心去付出，你用自己的辛勤劳动一定是能感化到别人的。紧接着干列车长的时候，我就把这样的服务好办法慢慢地带给我的列车员。

有一次宁波出来，一个车长跟我交接，他说："陈美芳，跟你说个事，二号房间上来一个小伙子，大管子小管子插在那里……"

他说管子都插了，我心里很焦虑，我们就怕车子上面发生突发情况，我就说："那有生命危险吗？"

他说："生命危险没有，反正你要注意了。"

后来他杭州下来，我一接班之后，马上就到软卧车厢二号房间去。一看躺在那里一个小伙子一动都不动。我就悄悄地跟他坐下来，跟他老妈做了个交流，他老妈一边哭一边说，一边哭一边说，她就说他儿子在上学期间出了车祸就变成了植物人，她说带到北京，带到上海，带到浙江到处看，没有什么好转。广州的武警医院说对这方面治疗比较好，他们想去碰碰运气。

看到他母亲这么哭，我们也都不知道怎么安慰。我后来知道这个男孩叫家伟，然后我说："家伟妈妈，那你这样啊，你在路上给他吃什么呢？"

她说："你看我家里带来了米汤水，等会儿从这个鼻孔里面，你看到吗，是有个管子打进去的，吃流质。"

我说："这样吧，你这米汤水也别喝了，我车上叫厨师给你们熬一熬新鲜的米汤水，这样干净一点。你家里带来的，说真的总不是那么新鲜啊。"

她说："哦，这么好！"

他爸爸还显得坚强一点，他母亲一讲就哭。

我们车上"三乘一体"每趟都要召开党支部会议，有一个战斗堡垒作用。我那天就把团员青年都叫来，（告诉他们）我们车上有重点旅客要到广州，现在生命体征是比较好的，他是一个植物人，我们应该怎样来帮帮他，能让他妈妈坚强起。因为他老爸直接就说："我看也是没什么希望了。"有点放弃的心态。希望能让他们家人有更多的勇气来面对这个事情，让他们有信心一定能好起来。

后来我们的 00 后、90 后他们还是脑子比较活的，他们说："陈车长，我们捐款捐一点可好。我们精神方面给他们鼓励的话，能不能给他折点千纸鹤吧！"

折千纸鹤这个主意好！等到第二天一早，米汤水送进去，喂完之后，我带着列车员就把千纸鹤送进去。送的过程当中我就俯下身在男孩耳朵边轻轻地喊他："家伟，家伟，你醒醒，你妈妈爸爸都在边上。家伟，你看阿姨给你们送千纸鹤来了！"我们有个乘务员还蛮机灵的，她就把这个短视频就录一下，后来家伟慢慢慢慢地有知觉了！过了一会儿眼泪就这样流下来了。

我惊喜地说："你们看！你们看！他有知觉了！他有知觉了！他流眼泪了！"

他妈哭得更加激动了，感觉还是有希望的。

后来一路上我就觉得原来我们干列车员这个活，真的不是就扫扫地、冲冲水就可以了，原来我们的一举一动能感化到一个家庭。

到广州站之前，我提前帮他们把救护车叫好。之后直接大包小包送上去，救护车开了将近 100 米之后，突然停下来，我哗哗哗跑过去。我虽然是小小个，那个时候在我们县城短距离都破纪录的，我跑步还是挺牛的。我们三个同学（体育好的），两个同学吃的是体育饭，就我来铁路了。我跑过去说："家伟妈妈什么事？是有东西落掉了吗？"

"千纸鹤，千纸鹤！"

我说："好，你别下来我去拿！"我赶紧跑过去把挂在他床头的千纸鹤送上去。我之前就把我的电话号码也都留给他们了，就说："你们回来如果有需要就随时联系我！"等到 6 个月之后，他老爸联系我说家伟好很多了，眼睛都睁开了，当时能简简单单地坐起来，眼睛能眨一眨，有知觉了。

我们车队里也很好，就说不管是谁都要把爱心接力棒一棒一棒地接着干。后来等家伟再来坐我们车回宁波时，我们提前做准备了，就把五颜六色千纸鹤全部都折好，再把我们休息车厢的铺位留出来，全部都挂好。家伟来了之后，他父母真的很感动，他们说："我们真的是要感谢你们！"

我就说："千万别这么说。家伟就是我的弟弟，都是一样的。"后来每一年的中秋节，到现在为止，都会给他寄去月饼、贺卡。

所以我在列车上面经常性地跟列车员说："你别把你自己当厢长（车厢的厢长），你也别把你自己看得很低，就是来扫地、开车、冲厕所的。你如果把自己想得高尚一点，就是为人民服务的；想得直接一点，我可以养活家庭的。更好的一点你们想想看，在车上我干了 24 年，在这当中我最大的收获是什么？可能科学家研究的是导弹，研究的是'墨子号'，但我收获的是人心。我手机电话号码本里面有 1300 多个旅客的电话，我把旅客当朋友、当老师、当亲人。不管是来给我提要求、提意见、找茬的这些，我把他们当老师了，我帮过他们了，我把他们当亲人了。很多旅客让我的服务感动了，我们都交了朋友了。我走到哪里现在都不愁没有朋友。"

所以我说我最大的收获就是旅客，到现在为止都是。我现在还跟他们开玩笑，我说："现在我的叙述能力越来越差，原先在车上我们一趟要运送三四千旅客。你们听我的喉咙不是特别好，都是沙哑的声音。我们一趟要说几千遍甚至几万句的话，那我们旅客就是我的朋友。"

我刚开始 2000 年的时候当了车班团支部书记，一上车车长叫我讲两句，那两条腿抖得都不行；叫我给旅客做始发介绍，我都真的不行；叫我们那个时候卖碗面或矿泉水，哪里敢出去。到现在表达也好，见旅客也好，都是非常自如了。环境造就了我们，铁路造就了我们，更大的一点是旅客让我们找到了我们的价值。

我觉得这个是我想讲一讲我从列车员到列车长的一些经历。这里面的故事实在是太多了，只是选了一些讲。

（三）团队力量

问题3：请谈谈您创建"陈美芳亲情服务团队"的初心、发展历程，以及团队管理经验。

我们团队是在 2010 年的时候成立的。我觉得不管是一个团队还是一个集体，领头的人很重要，真的。比如说这一次烟花台风来的时候，我们有个班组 7 月 21 号出发到广州，广州回来之后到宁波是 23 号。23 号之后停掉了，不开了，一直要到 28 号才出来，整整 8 天时间。他们出去的时候觉得 3 天时间我一套衣服就可以了，但 8 天时间里面连一套内衣内裤都没带。

说句真心话，职工有想法那是正常的，有个职工就给我发信息，她说："书记，我们上个月车子不开（因为广州疫情都停运了），就发了 2000 多块工资，养老金什么扣掉，我在这里已经叫不起外卖了，能不能申请吃盒饭？"

我说："好！"

后来我左思右想怎么办？我也不能说不行，让她饿着肚子。后来我就给她发了一个红包，多也不多就 100 块钱。

我说："这个钱你先拿着先吃饭，后面不够我们再拿。"

就这么 100 块钱，这信息还在这，他就说："书记，看到你跟我们一起并肩作战这么多天，你也在现场，这是第一。第二个，你给我发红包，我心里面也很感动（其实他发信息来就是发发牢骚，这点钱应该还是有的，他就是想发泄一下），看到你发红包了，我的心一下子也都化掉了，也感谢你在现场一直和我们站在一块。"

所以我在想当有困难的时候，不管你做任何事情，只要你带头去做了，不是坐在那办公室里指手画脚，异想天开，我就觉得你这个团队就好带了。

今天上午我们就有任务来了，明天我们还要很大型的活动，就是建党 70 周年我们要拍一个大型的纪录片。我们今天上午都要准备，明天我们就要出发去宁波拍一天。我在想都是双休的，但没有人会有怨言。他们想：你陈美芳都在干，我们还有什么理由不干，你都已经有最高荣誉奖了，你还图什么。

我在干车长的时候，在宁波，旅客上车的踏梯那个时候也会有大小便，在库里我们都要把它刷干净，对面车长会喊话喊过来的："陈美芳吧？"

"是的！"

"你现在都全国劳模了，你还在那里刷踏梯！"

我就说："师傅，我不是全国劳模之前我都在那儿干。我现在是全国劳模了，我更要干呀！"那他还有什么话好说。

所以我觉得我们管理团队的最大一个心得体会和经验：你领头人就要当好领头人，你就要有领头人的样子，你就要带头去干，你去干了，下面的人看着你都干，干得很起劲。为什么说"言传身教"？这身教绝对是比说说要有效。我可以很自豪地说，虽然现在90后、00后想出去闯的人也很多，觉得这个活太辛苦了，要辞职不干了，但我干了10年列车长没有一个列车员辞职。我培养了18个列车长，每一年只要有招聘，我们班永远都是最多的，最多的一次考上了7个。我说，还不稀奇，稀奇的是我们班10年零辞职率。这就是一个班组和一个团队的凝聚力。大家在一块儿就是一个家。

所以我会把每一年过年回不去的、外地的，我们最远的有呼伦贝尔的，近一点的也有萍乡、衢州这些回不去的。我都会把他们叫到我家里，大家动手烧一顿年夜饭，吃一吃聚一聚，就让他们感觉到这不是一个班，这是一个家！而且大家要齐心协力，为荣誉而战。有些时候说"差不多了""我们尽力就好"，不行，就感觉到如果在哪个身上出现一点点瑕疵，我不用说他自己都很内疚。

我们现在除了正常工作，公益的事情也很多。像我们整个暑假双休日，这个礼拜我都已经推掉了（去宁波拍纪录片），现在不是要打卡嘛，就是走访劳模的足迹，有这么个课的。家长也不容易，从萧山赶过来的，临平赶过来的，一般情况之下我都会答应他们。我们既要承担这个工作，也要承担一些社会责任，这样让更多的孩子感觉到我们是社会的主人，我们要传递一些正能量。

问题 4：您是如何建立劳模微信群并服务旅客的，取得的成效及影响力怎么样？

在2017年的时候，春运来了。新的一年假如把春运干好了，全年工作就是一大半收获了。铁路现在也是竭尽全力做好各项工作，"让旅客体验更美好"。在建党100周年之际，我们智能型的复兴号都开起来了。我们一到春运想尽办法要给旅客怎么送温暖，让他们体验更美好。那到2017年的时候，我突然之间想到我说我们的资源差不多都已经用尽了，什么送福字、送爱心呀……今年能不能借助一点社会的力量，那到哪里去整啊？正好我们说的这些人不就是在劳模团队里面？这些人如果说能来的话有多好。

后来就打电话给劳模协会，劳模协会特别支持，就说："陈美芳，你需要什么样的一种劳模？"

我说："最好是各行各业的，因为旅客的困难也是各式各样的，这样可以帮助到他们。"

当时刚起步的时候就找了7个人，就有公交的孔胜东，有美容美发的罗红英，还有我们市三医院（杭州市第三人民医院）的医生曾主任（曾黎）等等，一共有7个人，还有宁波的陈霞娜都来了，包括温岭的郭文标，他们全都是一些比较知名的劳模，而且他们手上有一些资源。比如说我们需要医生，怎么样可以联系。

刚开始成立的时候，大家就做了一个仪式。后面到春运开始的时候，一次我正好在车上，突然听到广播在找医，我马上跑过去，看这小孩子哭得这么厉害，说妈妈在泡方便面的时候，粉包撒到眼睛上了。后来广播找医，没有医生，怎么办？火车也要开了。

我说赶紧联系我们劳模智囊团，那里面有医生！正巧曾主任是市三医院五官科主任，联系好之后，他说："第一步，赶紧用矿泉水把小孩子眼睛冲刷；第二步，千万不要让孩子去揉眼睛；第三步，看看车上你能不能找到眼药水点一点。如果说一个小时之后没有什么问题，你就放心大胆地让他坐到他的目的地。"

我们照做之后，小孩子一点事情没有了，过了一会儿就活蹦乱跳了，感觉智囊团还是有很大的作用的，特别是旅客突发疾病、突发困难的时候就觉得特别有用。

后来经过一年的运作之后，每一件事情我都会把它收集起来的，做好资料收集。一收集之后就发现劳模智囊团里面最缺的是什么？最缺的就是医生。

十九大的时候，我就跟浙江大学的校长吴朝辉一个组的。因为我本来就做服务工作出身，就帮他们做一些服务工作，一来二去大家团队里面都比较熟了。回来之后我就想2017年过了春运，2018年这个春运怎么样能让旅客体验更好？我统计了一下，劳模智囊团确实发挥了作用。我们春运前可以叫罗红英老师给我们所有的列车员礼仪、礼貌、礼节的培训，我们的服务可以服务G20，我们很多公益做得都很出色。

就说这医生到哪里去找？后来我们党办主任特别有想法，他就说："浙江大学附属的这些（医院）都挺好的嘛！如果每个附属医院，像邵逸夫（医院），都有医生来协助我们的话该有多好！"

我就说："那行，我联系吴校长试试。"那我就打电话去联系。他秘书接的电话，说："你这样，电话里也说不清，你发个函过来给我们看看。"后来我们党委也很重视，就发了函过去。

我说："十九大报告当中讲到，身体健康也是全民富裕的一个很好的体现！"后来校长就说，那就协助他们吧，做好这项工作。

后面等到浙江大学发函后，浙一院（浙江大学医学院附属第一医院）党委副书记邵浙新说："这样，其他医院也不要去挑了。你们智囊团里面需要什么样的医生，我们就给你们提供什么样的医生。"后来儿科、妇科还有呼吸科等，一下子就来了 12 个医生加入团队。

紧接着，我们多次在列车上面……像我们 2018 年的时候，我们跑一趟增开列车、农民工专列到重庆范围，山路很多的，基本上在山区里运行。有个妇女突然大出血，列车上也没有医生，大家束手无策，只能请求调令要临时停车。这时列车长想到了我们劳模智囊团，马上联系我。联系我之后跟浙一院的妇科主任周云晓联系，周主任通过远程视频连线，晚上已经将近 1 点钟了，（周主任讲）一二三（步骤）怎么做怎么做，后面顺顺利利地确保了旅客的平安。

图 5-1　杭州客运段陈美芳亲情服务团队送福

这个劳模智囊团到现在为止已经有 100 多个劳模都在这里面，各行各业越来越多，包括中国美院的老师都有。他们来干吗？他们来给我们写字啊！春运期间给旅客送"福"。原先是我们单位里写好拿去送。后来在列车上让旅客自己挑，他们自己想要的对联和他们想要的字体的"福"

字。所以我就觉得各行各业现在样样都有，只要有需要，在列车上都能发挥作用，甚至我可以说救了多少旅客命啊。

现在这个劳模智囊团，队伍越来越壮大，资源越来越多，也不是我们甬广车队一个团队的，而是辐射到整个段了，哪趟车有需要我们都可以联系。

像我好几次大年三十到宁波之后，就没有车回来了，包括疫情期间没有车回来了。那么陈霞娜 3 次派她的团队、她开公交车来，把我们送到火车站，都很感动了。今年大年三十那天晚上我一直忙到 1 点多还没有结束，我让我们乘务员先走，也是陈霞娜放弃了吃年夜饭、跟父母和爱人团聚，把我们乘务员先送走。

劳模智囊团的这些劳模，都是在竭尽全力地帮助我们做一些事情。所以这个团队我觉得真正地发挥了作用。而且劳模你也知道的，都有他们身上的闪光点，他们的闪光点是尽心、尽力、尽职的，而且是无私的，这个是劳模身上的特质。

问题 5：您近两三年的工作是？

近两三年，因为岗位的调整就是从列车长岗位到了管理岗位。现在最大的一个成果就是我们把劳模工作室的平台发挥出来了。

我们不仅仅只有陈美芳一个劳模，让更多的人来争当劳模，弘扬先进。我就经常跟他们说："习近平总书记都说，'劳动模范是劳动群众的杰出代表'，你就不要觉得劳模是苦的，是累的，更多的是一种荣誉。"

原先我就带一个班，现在到车队里干书记之后，我们带整个团队。现在我们团队各方面应该来说都是蒸蒸日上的，而且我们最大的收获，我们每一年都会有项目攻关，而且劳模工作室的组员不断地更新换代，这就是我最大收获。

问题 6：甬广车队有多少辆列车？

开行的是一趟车，总共有 3 组车底 6 个班、12 个列车长、260 个职工。这个车队还有队长，有书记，有 7 个队干，有指导员。

我们现在劳模工作室最大的一个亮点是什么？原先是我们甬广车队的，现在是整个段里的：我们把所有的劳模都集中力量相互取长补短，像我们有百宝箱，前些年高铁车上没有，后来他们觉得高铁也需要有百宝箱，后来相互地借鉴学习，这个就是我们这些年我觉得做得好的地方。

（四）感想心得

问题 7：您获得了这么多荣誉，最大的获奖感想和收获是什么，以及对劳模精神、雷锋精神的认识？

我有本日记，我们有个铁路作家叫斯多林，他在帮我写报告文学的时候，偶然之间看到了我当时心里的一些真实想法，他说："如果把你日记整理出来，你的日记不亚于《雷锋日记》。"

其实雷锋精神我认为就是从点点滴滴开始做，也不是说你一定要做那些让职工也够不到的事情，就是点点滴滴的小事情你把它干好，这就是精神。包括这一次获得"七一勋章"的这 29 位代表，不全是高大上的、哪个方面领域的科学家，像张桂梅老师就是普通的人民教师。桂梅老师我看了她多少次的采访，我每次都会热泪盈眶，包括她这一次代表 29 名"七一勋章"获得者发言。现在大家觉得她评为先进也挺羡慕的，但是我觉得桂梅老师更多的就是我们劳模的骄傲，也是我们 14 亿中国人民心中的楷模。

对于我来说这就是雷锋精神。就是说我们所做的事情可以让其他的职工也能感受到的，而且我们所做的事情，其他职工也可以来做的，也可以来学的，能做到的。

对于劳模精神，我觉得习近平总书记把劳模精神都已经提炼得很高很高了。作为我的话，我想说：我不管上升到什么样的位置，得到什么样的荣誉，我还是我，我就始终把自己当成列车员，只不过是服务对象不断地在转变，原先我可能服务一个车厢，后来我带着一帮人服务了一列车，现在我带着一个车队在服务成千上百万的旅客。这就是我的理解。

问题 8：请讲讲您入党的历程和十九大代表的经历？

我入党是 2003 年 3 月 11 号，当时我觉得特别兴奋和自豪，为什么？我当时是劳务工里面第一批入党的同志，而且有一个经历让我 18 年过去了，印象特别深。

当时七一表彰的时候，要叫我作为新党员上台做个交流发言。我在想怎么讲，就把我自己的真实想法做了交流。这一段话怎么说的？

我说："从小我就跟着唱'没有共产党就没有新中国'，那时的我不知道中国共产党的真正含义，如今的我胸前佩戴了中国共产党党徽，一种责任感和使命感油然而生。"我还讲到了："党是一种伟大的丰碑，是巍峨的高山，是浩瀚的大海，我只是小草一棵，我愿把我的一生完全奉献给党，奉献给铁路事业！"

所以我在想这就是我的初心和使命。现在也会有很多人来邀请说："陈美芳，你到我们公司来工作。"我现在拿的工资待遇并不是很高，但是我在想，这个是我自己从小梦想的工作，我不可能说组织把我培养到现在，我要离开列车员这个工作，我要去追求更多的物质需求。我在想不可能。

第二个我在想，我入党的时候就说："我愿意把我的一生奉献给党。"我在想我现在干这个事情，我作为一名党员，也是一样，要踏踏实实地，还是要把我自己的本职工作也好，其他一些工作也好，要更好地、更积极地（完成），就是不能懈怠，每一分钟、每一秒都不能懈怠，要把积极的、正面的形象传递给职工，更多的激情辐射给身边的人，把我们南来北往的旅客服务好，把我们这块"陈美芳亲情服务团队"的品牌（2010年创立）建设好，要一代代地传承好，把我们甬广车队老一辈的工作精神传承下去。到我们这一代之后，后面还有00后都上来了，我们也要把它延续下去。

所以我在想，入党对我来说是很神圣的。入党的志愿书翻出来看，都感觉写得特别的好，就是自己的思想一点一点在变化，几次三番地跟我父亲去交流，我要入党。

后来我爸爸跟我说："入党这么简单吗？入党就是要比别人多吃苦，而且要多吃亏，你愿意吗？"

又经过一段时间之后我跟我爸爸说："爸爸，我想好了，我要入党，我愿意吃亏！"

2003年非典期间，我就觉得特别不容易。那个时候列车员都回不了家，大家看到我们也很怕。我想："要更加坚定地坚持下去！"去年新冠疫情的时候，我们单位有火线入党的同志。

包括像今年春节复工复产的期间，我也是通过劳模智囊团，在我们列车上面举办了轰轰烈烈的招聘会，让旅客上车门就找到了厂门，而且在各大报纸进行了转载。招聘到的职工虽说就几十个人，但这样的一种行为，是通过劳模团队来完成，有包括义乌市招商局、梦娜袜业，还有我们其他一些民营企业加入。昨天我们在开支委会的时候就谈到了，习近平总书记对浙江的民营企业是非常关注和关心的。

我想，我们这趟车，不仅仅在铁路范围之内有一定的影响力，一定要让它走出铁路，在社会上面有影响力，不仅仅是服务好旅客，更多的是要承担起社会上面的一些责任。

问题9：您现在的兼职工作多吗？

兼职浙江省总工会副主席、省劳模协会副会长，还有我们上海集团公司的女职委委员、全国的女职委委员，这些兼职的都挺多。但我觉得兼职并不影响我的工作，虽然说休息的时间少，但更多的是出去的话眼界打开了，而且铁路和地方上面更融合了。我觉得是好的。

昨天史主席（浙江省总工会主席史济锡）主持召开主席会。我看每一条都可以把它借鉴起来，浙江要打造什么……我就马上给它记下来，那么我们劳模工作室接下来一年可以（对照着）形成哪些……

我就觉得虽然兼职很多，有些时候节奏也很快，有那么一点点累，时间上是很紧张，但是生活上面是更充实了。

采访手记

陈美芳的事迹真的太精彩、太感人了，以至于不舍得删减任何一段。都说"一列火车就是一个小社会"。更何况这个"小社会"里的人来自五湖四海，素昧平生。但陈美芳却用她把旅客当亲人，想尽办法提供最优质服务，让列车成为温暖的家，让旅客们切实地体验到什么叫"宾至如归"。我们国家的服务行业需要太多的陈美芳了，不仅仅是轨道交通服务。如果每位从业者都有一颗把顾客当亲人的心，这该是多么和谐美好的一种状态——每天去上班就像去走亲访友一般愉快，而顾客每次来体验服务就像回到家一般舒适。

诚然，大多数服务工作很累人，陈美芳也知道累，早年也受过委屈，打过退堂鼓，但她用实践经验告诉我们，心态的转变是关键。身体累可以恢复，心累才是最可怕的。调整好心态，有一颗坚强而乐观的心，人干得才带劲。

三、周明娟：解百销售 服务创新

周明娟口述，周俊超、韩笑琳采访，周俊超撰写

采访时间：2021 年 7 月 28 日

采访地点：杭州解百城市奥莱 A 座周明娟全国劳模创新工作室

周明娟（1970 年出生），杭州解百商贸有限公司原首席营业员，2015 年全国劳动模范，2017 年十九大代表，2018 年中国工会第十七次全国代表大会代表，2019 年十九届四中全会代表。采访聚焦周明娟工作经历持续约 1.5 小时，此处撰写 9000 余字。

（一）作为解百销售 热爱·奉献·创新

问题 1：请整体回顾一下解百工作经历。

我是杭州人，是郊区的，不在城市中心。

我 1990 年进入解百，看人家做正式员工，我就是有一个梦想，我想如果我能成为一名正式员工有多好。通过做了 4 年的临时工，因为我销售做得好，对顾客的态度比较好，1994 年我的梦想实现了，我成为一名解百的正式有编制的员工。

1994 年 10 月成为一名正式员工的时候，我自己又有一个小小的梦想。看到我们的橱窗里挂着先进员工的照片，我心里暗暗地想：要是我能成为橱窗里的一员有多好！然后通过这两年多的努力，最终 1997 年我就走到了领奖台上。

1999 年我们开始考首席了。我在想，我要成为一名首席营业员。我们那个时候有 100 多名营业员考首席，所有的人都比我年轻，都比我学历要高。但是我在想人家能考上，我只要通过自身努力我也能考上，我只要比人家付出更多。我在想人家花 1 小时，我可以花 3 小时，我可以花 4 小时。那个时候就是冲着这份毅力和决心，在 100 多名考首席的员工当中，我成为（考上的）12 名当中的一员。因为我们那是第一届的首席，选了 12 名，我是属于年龄最大的、文化水平最低的一个。但是通过自身的努力，我成为一名首席营业员。

因为有了 1999 年的首席营业员，才能有了 2008 年开启的以我名字命名的周明娟女装工作室。当初的时候，商贸企业当中以自己名字命名的工作室还是非常少的，然后到2010年的市劳模，2012年的省劳模，2015年的全国劳模。

实际上我在市劳模之前，我把"全国十佳营员""全国服务明星""全国建功立业标兵""全国特色服务品牌"……几乎所有的关于行业当中的奖状都拿到全国（级别）了。

这么多年来我自己也觉得那个时候根本没想过要成为什么，努力做好每一天。因为这份工作我特别喜欢，觉得能把人家打扮得漂亮，同时给自己带来快乐，这份工作是非常有意义。

一直以来有可能很多人，比方做了10年以后有可能换岗，调离了这个岗位，或者是做了其他的工种。我从1990年到现在一直从事跟顾客面对面的交流、导购工作。所以我觉得能选一份自己喜欢的工作做一辈子，也挺有成就感，也挺开心。

我给自己这30年来这份工作做了三句话的总结。第一句：简单的事情认真做。实际上我们工作很简单。第二句：认真的事情创新做。为什么我要创新做？

从1990年大家做的时候都说服务态度要好，那个时候只要服务态度好，不愁你东西卖不掉。

到了1999年我不再强调服务态度，我觉得作为服务人员，服务态度必需的。我认识到专业知识的重要性。就像我现在卖一个手机，我不能给你去下载，引导你去消费，人家肯定是不会买。所以我觉得专业知识很重要。

到了2014年我不再讲服务态度跟专业知识，因为作为一个上岗人员这是必须的，我觉得线上线下的融合很重要。我们十九大的报告当中有50多处说到"创新"，足以证明创新非常的重要，所以到了2014年我就把开始创新提上来。

怎么创新？服务创新。原先是"周明娟女装工作室"，我后面为什么不叫"女装工作室"，直接是"周明娟创新工作室"了，还有一个"劳模创新工作室"，加上这个是"技能大师工作室"。

为什么要创新？因为不管你做什么样的工种，与时俱进的创新总要有。就像我前面说的，我服务态度要好，专业知识要到位，然后我来融合对不对？这个也是创新，这个叫"服务创新"。

我把"女装"拿掉，直接"周明娟工作室"，当然是所有的品类都可以介绍。女装只是局限了这么小的一块范围，只做女装，不做男装，只做女装，不做鞋子、化妆品或者其他的一些产品。那么我打破这个格局，所有的产品都可以做，所有的品类我都能介绍，都能做到全程导购、搭配。这是一个服务创新。

第三句：创新的事情传承做。

我从2003年成为我们杭州市职业技能带头人开始，一直延续到现在，目前我在全国有178名徒弟。178名徒弟哪里来？就是通过每年的"中国梦·劳动美"服务品牌下基层活动，我都会去一个地方。比方我会跟着我们的全国产业工会去做；我也是浙江省劳模讲师团成员，那么我也会巡回地去讲；然后我又是浙江省财贸工会兼职副主席，由于这个身份，那么我也可以每年跟着我们省财贸去做这个活动；然后我又是我们杭州市旅贸协会的会长，那么做这块工作对我来说就相当于我的工作了；然后我又兼了我们杭州市的妇联主席，那么我们妇联的妇女同志都是爱美的，因为我做的工作是打造美、创造美，那么所有区县市的APP上面的这些课程都是我在做。

我会根据大家不同的需求，来给到你们想要的东西。比如一个女的进来，她肯定希望能把这种服装上面的专业东西给到她。如果小学生来，那么我根据小学生要的，要的什么？当然是耕耘跟收获。然后呢我会跟他们说得更多的是什么？更多的是懂得感恩，懂得团结友爱，同学之间要互相帮助，跟爸妈之间、在老师面前要尊敬，付出才有收获，天上是不会掉馅饼的。

所以前段时间我去我们的杭州商贸职高，2800个人听我去讲了这一课。哇！他们的感触非常深，那天的掌声将我讲话打断了不知道有多少次。我就说，没有无缘无故的成功，成功背后一定付出会很多，你只有付出了你才有收获，但是机会往往是等着有准备的人的，你不要说他点子怎么这么准，他怎么这么幸运，实际上并不是。你机会来了没准备好，还是失去了，对不对？所以天时、地利、人和是缺一不可的。机会是永远等着有准备的人。我跟他们更多地说的是什么？努力付出才会有收获，不要斤斤计较。很多人这么认为：这个活又不是我的，凭啥要我做？其实有的时候，往往在做的时候你有体验了，你有参与了，你是不是比人家多掌握了一项最起码以后生存的技能吧。

现在找一个人才，同样找一个编辑的，你又会编辑又会摄影，他只会编辑不会摄影，如果我招一个员工的话，我肯定会招你不会招他，对吧？因为我招了你就是一个复合型人才，所有的岗位都可以拎上去用的，所以我觉得不用斤斤计较，反而感觉到什么？感谢所有的人让你有了这个锻炼、参与、学习的一个机会。实际上我新招来的一个员工，我哪会给你3个月、5个月去做实习？拿来就可以用的肯定是最紧俏的。所以我跟他们说得更多的是什么？感恩给到你机会的领导或者是同事，因为让你不断地学习，你才有不断地成长。

就拿我自己跟我徒弟来说好了。我的大徒弟就是这样，她全程做了我的活。因为我这两年会议比较多，相对来说我的好多工作她接了去。实际上她接我的工作的时候，她什么岗位都不是，就是一个普通的员工。然后正因为她的执行力跟她的态度，给她做，她都做。去年她去考我这个岗位，她是文化水平最低的一个，人家跟她一起来PK的各个文凭比她高，但是为什么选择了她——当然不是我选的，我们人力部选的——因为她相当于招进来以后，已经做了我两年的工作，她就是一个熟练手，其他的人还要从头来过。因为她做了，她全程参与了这份工作，她就相当熟练直接进入角色，马上就可以做这个工作，把这个工作做起来的。

我每次跟我们的小学生、中学生也好，或者是我们新来的员工也好，就说："你不要计较自己的得失，你只有多学多练，赚的本事是谁的，一定是你的！即使你以后不做这个岗位，这个是终身受益的。如果你老想着凭什么你的工作要我做，如果你老是抱着这样的心态，我相信你的心情会不愉快。你就当什么？哎呀，我今天又锻炼了一下，我今天又学到了一项技能，你心态会很好，你心情愉悦，那就干活带劲。"人家说心情好的时候走路都带风！就是这个道理，对不对？

所以从我自己身上、从我徒弟身上感觉到什么？不计较得失，多学多做，赢的一定是你！因为当初你做这个时候根本没想过，你今天能成为一个全国劳模或者是一个十九大代表。那个时候就是纯粹的呀，努力做好每一天。

热爱、奉献、创新，也是我给自己总结的6个字。这一路走过来，首先你要去热爱，你才会全身心投入；还有你要有奉献的精神，你才能支撑你这个工作；然后我前面也说了，不管你做什么行业，你就要与时俱进。

为什么每年我们全国的产业工会都会让我去巡回演讲？因为每年我都会整理新的演讲材料，根据不同的人，我不会跟你讲"老三篇"——你今年叫我讲，我跟你讲一篇，明年叫我讲还是讲这篇，后年叫我去讲，还是讲这一篇。你肯定不会来邀请我，对吧？

问题 2：您是怎么就关注到互联网＋？

2014 年，我对这个工作做了创新，所以我觉得这个创新就是互联网融合创新。因为大家都知道现在的实体不好干，那么只有与时俱进去创新，不是顾客为你而改变，一定是你去改变为顾客服务。你要投其所好地去改变，顾客需要什么，去服务什么。那么顾客有些希望线上买，方便快捷一站式的服务，那么你就去迎合他去做这样的一个服务。

还有一些喜欢到线下的，那些线下客人需要什么？线下的客人当然是要放心，要摸得着、看得到的，要有体验感的。我可以给到他什么？体验感分很多种，有商场环境的体验，商品陈列的一个体验。更多的体验感哪里来？从你的商场环境来，从你的商品陈列来，从你的服务专业来。这个是不是你线下应该有的，对不对？

你来逛商场，到实体店买，为啥要来？我不放心，我要买放心的，我要摸得到、看得到的，我要有体验感的。你现在是不是更喜欢逛逛舒服的环境、能吃喝玩乐的地方让你玩一下？更多的当然是希望集休闲娱乐购物一体，就是我玩的时候可以想买就买，我吃的时候可以想买就买，而不是纯粹我一定要来买而买。现在的人更多的是什么？他们本没有想购物，而是在吃吃玩玩时候看到了以后喜欢上了，然后就买了。其实更多有可能是这样的一个感觉。所以你要去创新、去融合。这个融合是哪里来？就是因为你要寻求更大的商机。

问题 3：什么是"新零售"？

我理解的新零售就是从极致的产品设计感、极高的性价比、极好的购物体验来赢得消费者。就是根据顾客的需求而去改变你自己的服务，而并不是说让顾客来改变。顾客永远不会为你改变，只有你去改变自己，去服务顾客，你才能做好销售。

产品设计感，就像我跟你说你的皮肤属于秋天型的，最适合的颜色是什么？咖啡色的、橘色的或者是绿色的，那么我就给你按照这样的肤色跟你的场合、跟你的消费能力，来决定给你挑什么样的款式。

性价比你觉得要高一点的，给你 300、500 块够了，我给你找个不同的品牌。你觉得这个价格无所谓，只要是能体现你身份的，那是 logo 品牌最要紧的，品牌的价值是最大的。

你帮我设计就是搭配，我给你从头到脚搭配。顾客需要什么样类型的，比方其他都好，唯独领型不喜欢，我们可以向公司反馈，以前这种反馈都很多的。很多这个品牌是可以根据顾客的需求来改变设计的。就像装修房子买地板，人家说这个地板灰的太灰了，喜欢灰的当中还带一点点时尚的、洋气的味道。那么人家做色板的时候就可以把蓝色上面再调一下，加一点点什么红，看起来会缓和一点。我也觉得这个颜色有点冷，那么人家小年轻喜欢要有时尚感，又要有温馨感，那么我加一点点暖色调在里面，会更受欢迎。这个建议我们是可以提。

问题 4：这么多人想体验一站式服务怎么办？

所以我有徒弟，我还有 14 名徒弟。这些徒弟就是在不同岗位的，有男装部的，有化妆品的，有鞋包的，有运动的，只有这样我才能兼顾到每一个部门。

（二）作为大会代表 同样履职尽责

问题 5：请列举一下您的演讲报告经历？

就像我去参加我们（十九届）四中全会，包括我们浙江省委书记袁家军书记亲自点赞了，他就说我："周明娟讲得太棒了！"那个时候我是（浙江省）唯一的列席人员。本来我想讲我们杭州综合治理做得比较好的内容，后来我又在想，我们省委书记去了，我们省长去了，我是不是光杭州讲得太小了，然后晚上我重新写文章把这篇文章换掉了。

然后我就想我是兼了杭州市妇联主席嘛，杭州关爱妇女儿童这块做得很好的，要么讲这一个。结果还没等我讲出来。我们全国的妇联主席在我这里，我又不认识她，她讲了全国的，我还讲杭州是不是讲得太小了，然后我晚上又改稿。如果我要敷衍了事，就是相当完成任务一样的，完全可以把昨天晚上写的稿念出来就是了。没，我就晚上又改稿。

那么我在想这个也不能讲，那个也不能讲，要不就讲自己吧，讲工匠。劳模工匠这一块我本身就在做的，但是我在想用什么样的方式来去讲呢？开场不可能直接拉出来，又讲不出去。然后我就通过自己参会的时间点来套（作为引言）。

我是这么说的，我说："我今天能来到这里，是作为基层一线的党代表，特别骄傲，特别自豪，能来参加这么高大上的会议，这是我一辈子都不会忘记的日子。此时此刻我用一首打油诗来表达一下我的心情：'紧跟习近平，奋斗有激情，使命记在心，前进永不停。'"

然后又说："2015 年的 4 月 28 号，跟着我们袁家军省长来到了北京，参加了习近平总书记对全国劳模的表彰大会。2017 年的 10 月 18 号，跟着我们的车俊书记来到了这里参加了党的十九大。2018 年 10 月 21 号，跟着我们的史济锡主席来到了北京参加了中国工会十七大（中国工会第十七次全国代表大会）。今天（2019年10月30号），我再一次跟着我们的领导来到了这里参加了四中全会。4次参会经历应了四中全会，这是我一辈子都不会忘记的日子！"

我说："在这4次的会议当中，习近平总书记都有说要弘扬传承劳模工匠精神，那足以说明习近平总书记对我们劳模工匠的重视。作为一名劳模工匠，我特别骄傲，特别自豪。"

我说："再来说说我们浙江怎么把习近平总书记的报告落到实处的。"我列举了5个（案例）。我们浙江、杭州（劳模工匠协会）都是全国首个劳模工匠协会，孔胜东当了会长，我做了他的理事。全国首个劳模工匠学院，我成为一名客座教授。这个是全国首个的。一个是协会，一个是学院。那么我说："我呢从小就想当老师，但是由于种种原因没有实现当老师的梦想。由于习近平总书记对劳模工匠的重视，我参与到老师的工作当中，然后实现了我从小就想当老师的一个梦想。"还有全国首个"9·26工匠日"，全国首个我们平海路的劳模陈列馆，里面有很多照片都是有我的。全国首个马上要开业的、在西溪全国首个劳模城市公园（杭州市劳模工匠文化公园），大概9月中旬开园（2021年9月25日正式开园）。

我列举了5个"全国首个"，然后也列举了我怎么参与到其中做这些活的。那么相当于是什么？习近平总书记报告有精神，我们浙江有落实，然后我一线员工有参与到其中的。所以我们袁家军书记就表扬我："有血有肉有骨头！"然后他说："4个节点说得非常好！"4个节点应了四中全会，这4个时间我脑子里是永远烙在那里的。

还有更高兴的是什么？我提出的建议还被中央采纳了，写在会议公报当中。大家想一份公报从起草到我看到已经修改了480多处。为了这份公报，我们讨论了多少次，对不对？最后我把建议提出来了以后，中央领导就说周明娟代表的话这里可以添上。

我就说："我们劳模工匠不是一天两天能形成的，有可能要把这个工作做到极致，有可能是20年、30年，有可能是一辈子。劳模工匠需要有一个发现的过程，要有企业的发现，然后要有各级工会的精准培养，精准培养完了还有激励的机制。"为什么李克强总理要说，我们的劳模工匠拿到的工资完全可以超过总经理，为什么？证明是对劳模工匠的重视。所以我觉得要有激励的机制去让更多的人学习劳模，争当劳模，然后你这个队伍才会越来越壮大。

《中国共产党第十九届中央委员会第四次全体会议公报》指出："弘扬科学精神和工匠精神……完善科技人才发现、培养、激励机制。"①

我的建议被采纳了，还挺高兴的。作为列席人员我履职尽责了。对我来说履职尽责这是我的使命，我没有白去，最起码我是为我们劳模工匠发声的。因为我是浙江唯一的一位列席人员，我肯定要带着任务去的，要把大家对我的信任体现出来。不管做什么行业的，要有尽职，要让人家放心，让人家踏实，对任何工作就是要兢兢业业，要始终做到不让自己后悔，就是努力付出，把任何一个工作做到极致。

（三）作为培训老师 传承贡献更大

问题6： 2017年的报道称，您近年来展开了300多场技能培训，培养60多名来自全国零售业的徒弟②。时至今日，您累计开展的培训数和培养的徒弟数有多少？

现在培育徒弟有178人，现在已经参加的技能培训都数不清了。今年都培训了很多次。就像我们商贸职高跟我们对口的，然后学校的这种寒暑期的培训，我每年都有很多学生都到我这里来学习。然后我们兄弟单位都是同样的商贸企业的，还有我们新进员工大学生或者是我们的楼管、领班、值班经理，相当于他们的升级培训。我从1999年开始担任首席以后，就逐渐担了这些任务。就像我们学哑语的时候，我们很多员工学习的哑语都是我教的。我是我们的残联主席，原先我第一届来考首席的时候，我就学习了哑语。比如"你好""欢迎光临"（伴随哑语手势）。所以我们就说了，做到传承。一个人做好也没用，要靠大家。一个团队好了，你这个力量就不可小觑了。所以我相信我们党和国家也是有这个想法，就想把更这么多的技能人才培养起来③。

---

① 新华社2019年10月31日电，2019年10月31日中国共产党第十九届中央委员会第四次全体会议通过。

② 吕毅等：《解百集团员工周明娟：做零售服务创新的"弄潮儿"》，《杭州日报》2017年10月23日。

③ 党的二十大报告在第五部分"实施科教兴国战略，强化现代化建设人才支撑"中便强调了"人才是第一资源""坚持为党育人、为国育才，全面提高人才自主培养质量""完善人才战略布局，坚持各方面人才一起抓，建设规模宏大、结构合理、素质优良的人才队伍"。见习近平：《高举中国特色社会主义伟大旗帜 为全面建设社会主义现代化国家而团结奋斗——在中国共产党第二十次全国代表大会上的报告》（2022年10月16日），北京：人民出版社，2022年，第33—36页。

我在劳模工匠这条线路当中，实际上辐射面还是挺广的。因为我是工青妇群团组织当中的，我兼的职务不同。我上课的对象都是工会的这些领导或者下面的群团组织里面，包括前天我跟我们省财贸的这些区县市的工会主席，我就给他们讲我们"七一"重要讲话精神。

我的理解，觉得我们习近平总书记讲述的话就是"向全世界宣告书"，我们中国不再是原先的中国，我们现在有底气，有骨气。因为有这些"气"，才让我们下面的这些老百姓更有信心。听我们的少先队员讲："强国有我！强国有我！"我是热泪盈眶的。因为从这个场景我就能感受到我自己参会的场景，就是在眼前浮现的那种感觉，一模一样。

可能你没有经历现场参会是感受不到的。因为我是现场参会过的，然后特别能感受到那此时此刻的心情。"必然在14亿中国人铸就的铜墙铁壁面前……"说这么一句话的时候，我感觉到我这个人浑身都是力量，我看了就热泪盈眶，和十九大上"像石榴籽一样的、紧紧地拥抱在一起"的那种感受是一样的。我觉得能生在伟大的中国自豪，能有这么伟大的领导执政我自豪。现在一问："你是哪里的人？""我中国人！"我觉得这底气特别足！又有底气，又有骨气！

问题7：您现在的主要工作是什么？

我是周明娟工作室负责人，所以现在更多地让我徒弟做了我原先的工作岗位上的工作，我现在着重做"传帮带"工作。

我原先的工作岗位就是什么呢？投诉处理、客户管理，很杂。客户管理，有投诉你要求处理，员工管理、员工培训、客户管理、现场管理都是我做的工作。

那么现在我更多的工作就是做顾客的导购搭配，然后顾客的一对一服务，相当于高级导购，比方有的客户有非常有大的需求的，那么由我来帮他来完成。然后我们徒弟这块"传帮带"有我在做，我们对外的培训这些工作我在做。因为还有好多的其他兄弟单位有邀请来讲这块内容，几乎都是我来讲，更多的是传承。

问题8：您工作室接下来有什么打算？

我的感受就是传承、发扬光大。现在我还在做，等我不再做的时候，周明娟工作室还继续有。现在比方是178个（培育出来的徒弟人数），后面比方说578个，1078个。做下来的目的就是周明娟工作室是解百的一个品牌，而不是我周明娟一个人的品牌。就像王府井百货里的张秉贵柜台一样，我跟他儿子（张朝和）还是有合影（见图5-2）。后来张秉贵柜台就是他儿子在做了。他儿子原先不做这个工作的，后面我估计肯定是受影响了吧。后来他延续了，传承了他父亲这个工作。

（四）优秀品格的养成

图 5-2　周明娟与张朝和（居中）的合影

问题 9：您的优秀品格是怎么养成的？

怎么养成的……有可能有基因在里面。因为爸爸妈妈一直是善良的、挺热心的，有可能我脾气这点热心随着我妈，特别热心。

我们村里的这些买东西的人几乎都不来的，都是我帮他们背回去的，他们谁家结婚了买鸭绒被也好，原先都是背的。现在快递挺方便的，原先都是我人肉背回去的。所以这么做了这么多年，我也帮邻居代购了这么多年。（邻居们说）"你认为好看你就给我背回来就OK了。"现在方便了有图片给你看看，原先也没图片直接背回去。

我家也是我们杭州市"最美家庭"，所以上次写的时候也是说，这么多年邻里互助，人家都说"远亲不如近邻"，大家邻里互助、团结友爱也是挺好的。

现在更方便了，图片一发："三个颜色我给你选中的都还可以，你选哪一个？"给你 3 选 1，你不就好选了嘛。给你品牌认准，然后给你来个3 选 1、2 选 1。然后我就告诉你，鸭绒被冬天不用太厚的，2 斤 2 两到 2斤 4 两差不多了。那么鸭绒被什么时候盖最舒服，不是太冷的时候盖它是最好的，就是盖丝绵被有点厚，盖空调被有点冷的时候。

然后我们好多人让我去买牛皮席。有的人说好，有的人说不好。说好的人没有说瞎话，说不好的人也没有说瞎话。实际上跟你的使用很有关系。你如果今天把（空调）温度打到 26 度、24 度，你睡空调被、睡牛皮席超舒服的。如果你特别节约 28 度也不肯打空调的，我建议你不要买。因为皮肤跟牛皮之间发黏的呀，有汗渍了再去睡这个东西哪会舒服的了，一定不舒服的呀。所以你有体验感你才有话语权，你不体验就没感觉。

这个跟我品性有关吧，因为我做生意一向就是实事求是，不虚夸，好就好，不好就不好。这个热心随着我妈。还有愿意吃苦耐劳，有可能随着我自己的那种精神吧。

问题 10：您家是杭州哪里的，您具体的家庭情况？

我家是在拱墅区康桥街道。爸妈都是工人。然后从小有可能是跟脾气有关，我妈说我从小特别乖，从来没有让她费心操心，让我干的活我一定会做好，不要她操心。

我们家三个女儿（三姐妹），但是我们三个女儿都是非常孝顺爸妈的那种。然后也是特别顾家、特别热心的人。跟基因也有关系，跟家教家风也有关系。

我是老二。我妈说我是我们三个女儿当中最省心的一个，从来没有让她担过任何心。就是妈一个脸色、一个眼色我就能看读懂她，接下来会让我做啥，把它做掉了。察言观色也很要紧的，呵呵。

问题 11：您的学习经历怎样，现在招聘导购对学历有要求吗？

我入职的时候是初中，后面自学的高中，然后就读了大专没再读了。

现在招聘导购对学历有要求，但没达到大专以上。因为发现现在注重工匠精神以后，企业更注重的并不是你的文凭，而是注重的你会什么，你能给企业带来什么，这个很要紧。

采访手记

约访周明娟老师还是非常顺利的，她的一句："只要是正能量的，我都支持！"让我们倍感振奋。虽然我们不是大媒体、大记者，但周老师依然状态饱满，侃侃而谈，看得出她很重视每一次传承的机会。

"简单的事情认真做""认真的事情创新做""创新的事情传承做"，正是周老师对其工作的经验总结，环环相扣，不断升华，既有质（认真、创新），又有量（传承）。我本人也是思政课教师，每次走访劳模同时也是一次思政课社会实践。我也会把劳模的经验和精神传承给我的学生们，更多发挥正能量。

四、叶兰花：人民调解 爱心热线

叶兰花口述，周俊超采访撰写

采访时间：2022 年 6 月 10 日

采访地点：衢州市柯城区兰花热线工作室

叶兰花（1966 年出生），衢州市柯城区兰花热线工作室主任兼党支部书记，荷花街道党群服务中心党委书记。获全国"三八"红旗手、全国劳动模范（2015）、全国调解能手等荣誉。采访聚焦兰花热线的调解工作持续 2 小时，此处撰写 8000 余字。

（一）成为调解员 创办兰花热线

问题 1：请介绍您的早年家庭背景、学习成长经历。

我出生在一个普通工人家庭，从小我的父母对我们兄弟姐妹在做人上面教育相对比较严格。父母为人是很愿意施舍的，对子女的教育就是做人要正直善良。

小的时候我姐姐下放到农村里面，我们跟她一起到了农村。我的童年时期是在乡下度过的。后来我姐姐回城了，我也就离开了那个地方，一直在外面上学，后来就工作了。我的教育背景现在是大专，我自己目前是助理社会工作师和家庭教育指导师。

我觉得我现在的做人做事跟我的父母从小对我们的教育有很大关系，还有我小时候接触到的一些人和环境给予了我很多的正能量。

问题 2：您如何想到做调解员工作？

我做调解员是在 2001 年的时候，之前我不在社区工作，是在企业。

我之前的工作是在房开（房地产开发）公司负责搞拆迁的。当时的征迁跟现在征迁不一样，现在的征迁是阳光征迁，都是政府部门人员和征迁公司一起负责的。以前光靠征迁公司的人去征收，然后熟地拍给房开公司来承建的。可能这段工作经历奠定了我日后调解的一个基础。

然后 2001 年，通过公开招聘社区干部我进到社区。我们进来的时候工资很低，800 块钱（每月）。空余时间我做了区里的人民陪审员。人民陪审员做了 3 届 15 年光景，在这个过程中相对来说接触的案子就比较多了。

我那时候在社区里面刚好分管做综治（综合治理）这一块。老百姓邻里之间的一些，比如说小纠纷啊、漏水啊什么都找不到地方解决，当时的信息也没有这么畅通。

后来我们当时的社区就又撤并掉了，我又换到另外一个社区了。我刚好到这个社区里来，就遇到了一桩纠纷。就两个人邻里之间其实也没有矛盾的，楼下这个人他有一个平台，这个平台是公共平台，但不经过他家里，任何人就无法达到那个平台上。那楼上的人可能有好几次都不大注意就往下丢垃圾，那这样子就造成矛盾了，然后就吵架，最后发生了肢体的碰撞。

经过调解，两家人达成了和解。这个事情也非常地触动我，就是说老百姓在遇到事情的时候，遇到纠纷的时候，怎么能让他们第一时间就找到我。

所以在这种的背景之下，我把（创办兰花热线的）想法跟我们的社区主任反馈了，得到了同意。为了工作做得更顺畅，我也跟我们街道分管领导讲了这个事情，那么社区主任也非常支持，街道领导一听这个事很好，也很支持。

当时想的就针对自己本街道辖区开展服务，没有想到媒体公布了（兰花热线的创办）以后，其他的市民给我打电话，他就问我："喂？你好！你是衢州老娘舅吗？"

其实当我接到这个电话的时候，我有点脸红的，后来马上就醒过来，我说："是的！您好，什么事情啊？"

他说："您是衢州老娘舅，这个热线开通得太及时了，我家里一个事情，很想找你帮忙调解。"

我问他："啥事情？"

他说："我母亲的赡养……"

但是后来在电话里说了以后还不够完整，我跟他讲："要不这样子，你明天上我办公室，我跟我街道里主任汇报一下。"

因为我们当时是想在自己街道的辖区里面来对居民服务，没想到外来的居民都已经开始要求服务了。那我跟街道领导说，街道领导非常开明，说："这个是好事情啊！有人家来求助啊！"

我觉得这个事情，赡养老人的事情，他家里面由于兄弟姐妹多，在赡养问题上他们也打了好几次官司，就觉得想通过我们来化解可能相对来说比较好，他也抱着试试的心态。后来我了解到他们的兄弟姐妹分散在各地。如何让他们兄弟姐妹凑在一起来调解，我们也约了时间。当时应对方要求一定要有媒体参与、全程报道来评判兄弟姐妹之间谁"没有良心"。当时我们市广电一个民生栏目叫"小齐说事"也来了，也报道了。没想到这个报道出去了，群众需求更多了。

所以从 2010 年到现在，我做调解工作的初衷其实就是想让老百姓有一个解决矛盾纠纷的地方。因为我们之前在生活中碰到了好多事情，邻里之间遇到一点什么纠纷都找社区。社区当时也有调委会，但居民知晓率不高，在这种背景之下我创办了"兰花热线"。

问题3：请您介绍一下兰花热线工作室的成立和发展，包括兰花热线帮帮团。

图 5-3　工作室成立初期，叶兰花接听群众来电

我是 2010 年的 3 月 23 号用自己的名字和手机号创办了一条 24 小时免费化解居民群众矛盾纠纷的热线——兰花热线。没有想到我的工作得到在全区乡镇街道的推广，同时我们也提炼了工作法——"6 心工作法"（综合运用诚心、爱心、责任心、细心、耐心、将心比心，才能及时妥善调处每个纠纷、每个案件）。

在创办热线的时候，我们街道里也给我配备了 1 名人员（现在一共是 3 名工作人员）。我们主要的服务内容一个是法律援助，到我们这里来，我可以转接到街道的司法所；我们还进行了心理疏导、爱心帮扶、推介就业、婚姻介绍、教育转化等工作。随着社会经济的快速发展，居民群众相对来说需求服务也呈现多样化了。

2013 年 3 月份，我去注册了一个社会组织，民办非企社会组织。因为 2007 年的时候，我参加全国社工考试，当时我考了一个初级，后来因为工作就忙了，就没有时间再去考了。当时刚好有这么个证书，那么我就把它注册为社会组织。

仅靠我们这 3 个工作人员的服务其实很有局限性的。在这个时候我们就组建了兰花帮帮团，提供志愿服务。我们分了 10 支队伍，比如说他们是在法律上有功底的，法官、律师等法律工作者，我们把他们作为一组的志愿者；他们是家电维修的，我就把他们另外作为一组……我们就这样分了 10 支队伍。后来我觉得 10 支队伍也没有必要那么多，就又重新划分为 8 支队伍。

我们也做婚恋方面的服务，但是我们介绍仅仅是让他们来报名，我们给他们资源库。我们先自己估测一下男孩女孩两人是否相配，然后推荐他们再去联系。

现在我们整个衢州市的大环境就是创全国文明城市，虽然评审通过了，但是我们还要不断地努力，不断地维护。我们有创文明城市的劝导小组，就是我们兰花帮帮团成员在做。我们帮帮团成员不限国籍、不限省市，只要你愿意来做志愿服务。在衢州本地的，他们就会积极地参与我们的活动。比如说律师，有些事情我们就直接可以打他电话，让居民群众直接咨询，省得他们走弯路。

2013 年 7 月 1 号，我们兰花热线工作室建立了党支部。在我们这个工作室里面，这么迅速地成立了党支部，然后建立了工会，确实是很不错的。从 2010 年到 2013 年的服务，也是非常地受居民群众的欢迎，社会反响也是很热烈的。我们的《浙江日报》、浙江电视台、《衢州日报》、衢州新闻网等都进行了报道。

从 2010 年到 2019 年，我这个工作室里是非常非常忙活的，接待着各级各地领导。因为他们要叫我们介绍经验。兰花热线开通以后，2012 年 5 月，我们这边也开了一个全区的现场会，就是在全区的各个乡镇街道进行了推广。这个也是政府的一个助推。2012 年把我推为我们省的党代表。省党代表我一直当了两届，就是浙江省第十三、十四次党代会代表。

我记得 2013 年我作为浙江省唯一一个来自基层的代表，还到全国"枫桥经验"50 周年大会（纪念毛泽东批示"枫桥经验"50 周年大会）上做了一个发言交流，非常成功。这又是一个向省外的推广。

这么多年来我觉得工作室各方面变化确实是很大，我们的工作在不断地延伸，不断地拓展。经过这么多年的服务，我得到了居民群众的认可，从一个人的工作室蝶变为 5A 级品牌社会组织，在本地也有了口碑。其实我作为一名普通党员，创办了社会组织，就是党组织引领社会组织，社会组织参与社区治理。

（二）辛苦忙碌的调解工作

问题 4：让您印象深刻的调解案件有哪些？

我自己也梳理了四五十起相对来说比较典型的案例。等我退下不干的时候再将其进行汇编。

其实我觉得做调解员有些时候会里外难做人，也会遇上很不开心的事情。我记得印象很深的一次调解，当时有两户人家，楼上这个人他生很重的病，楼下这个人他有抑郁症。当时我是出于"怎么样走进他们的心坎"的想法买了点水果，其实两方我都买了。但抑郁症患者就觉得我偏向楼上这个人，其实不存在的。

所以有些时候做调解员是很委屈的。比如说像我的手，你看我这根手指弯曲了（伸不直了），手指已经神经断裂了，为什么手指会神经断裂？就是有一户楼上晒衣服，可能因为女同志比较薄的衣服、比较稍微好一点的衣服不脱水就直接晾了。一次、两次、三四次没注意，楼下的人就有意见了，就吵起来了（因为衣服上的水滴下来）。

当时我还在沉睡中，还没天亮就接到了热线电话，就跟我讲："我们这里发生了打架，你要来吧？你不来，死了人你自己看着办！"

我在睡梦中接了电话，我说："你打 110。"因为我是觉得你既然要死人了，肯定打 110 噢。但是他就撂下一句话，你要来就来，你不来，死了人你自己办，你自己负责。我肯定不可能怠慢，肯定到现场。

到了现场两个人打得不可开交，我没办法，只能够挡在他们中间，他们双方都把我的手当成对方的手了，就把我这个手的神经折断了。

我到医院去看的时候已经晚了，要把神经手术做完，要重新从这里的神经割下来再补到这里，非常痛苦。所以说我觉得作为一个调解员，做事情没有一种"钉钉子精神"是坚持不下去的。

> 叶兰花最喜欢的习近平总书记的一段话就是："我们要有钉钉子的精神，钉钉子往往不是一锤子就能钉好的，而是要一锤一锤接着敲，直到把钉子钉实钉牢，钉牢一颗再钉下一颗，不断钉下去，必然大有成效。如果东一榔头西一棒子，结果很可能是一颗钉子都钉不上、钉不牢。"[1]

---

[1] 习近平：《发扬钉钉子的精神，一张好的蓝图一干到底》（2013 年 2 月 28 日），《习近平谈治国理政》（第一卷），北京：外文出版社，2018 年，第 400 页。

我还记得有一次外省某市有一个求助人，他是打电话来，光跟我聊天就聊了好几个小时。

他跟我讲了他人到中年家庭的变故，然后他想制造一个血案，震惊世人。因为他爱人背叛了他，他想要报复。然后我跟他讲，我说："我不清楚你的身份和职业，你犯得着吗？如果你想挽救婚姻，不是用这种方法做的。你想想这段婚姻，你失败在哪里？对症下药，好好补救。"

没有想到他竟听从我的劝说，交流了好几年，经常开导他。后来在前年过年的时候，年三十夜，给我打了个电话，他说："兰花大姐，祝您新年快乐！在您不辞辛苦的帮助下，跟我沟通这么多年下来，现在爱人也回归到我身边了，各方面也就理顺了！"

所以我觉得作为调解员，虽然受委屈，被人误解，但人家来找你，你也不可能敷衍了事，有很多事情我可以完全一推了之——哎呀这个事情我做不了，你找法院——我完全可以这么做。但是我不这么想，我觉得当一个人来找你的时候，其实他多半也是很无助。同时他也想得到哪怕一点安慰，当然最好能够把这个事情办好。

还有一次有一个女的说："我很失败，虽然我有钱。现在老公也不理我，女儿也不理我！"

我跟她沟通，我说："不是说你失败，可能你的年龄就到了更年期，女性到了更年期她没有得到另一半的呵护，她的心情会出现很多问题。然后家庭遭遇些其他的事情，没有及时地把它疏导，也没有一个正能量，没有其他的一些好友，那就可能会出现偏差。"

她说："我要死了！"然后就电话挂了。

作为一名社工，我该怎么办？我报警？万一人家只是发泄情绪，你还报警，这个小城市一下子人家都知道了，对吧？不报警，万一死了，她是打了"兰花热线"的，是吧？

不瞒你说，我那一夜真地在忐忑不安中度过，很纠结，因为我就很害怕她做傻事。然后早上我就一直给她打电话，没人接，到了10点钟电话终于通了，如果再不通我肯定要报警了！后来接通了，她跟我讲她睡觉了，我说："美女，你知道吧，这一夜，对我来说简直就是一种……我是睡也不敢睡，真的。我跟你讲的这些东西，你也听一下哈，你跟你女儿嘞，一个是更年期撞上了一个青春期嘛。那么可能在非常焦虑中母女两个没有很好地沟通……"那么她这种行为、她这种精神状态也已经在潜移默化中传递给她老公一些不开心了，所以她老公也就是一种逃避嘛，导致她的情绪更加失控了。

问题 5：疫情来袭以后，您的工作有没有什么变化？

疫情来临之后，我就要到社区去协助的，社区也是在抗疫一线，我们也在做着转任、流调、劝导、社会面管控这些工作。

疫情虽然很无情，但是我们的党委政府真的很有力量，使我们很有次序地来做一些后勤保障工作和防控工作。我觉得这个离不开我们党委的坚强领导。

比如说在复工复产方面，我们今年工作室推荐就业有 18 个人。我们现在也在推广反诈 APP 的安装。还有老年人疫苗一针没打的，我们也要对他们进行劝说，我们是很真情地跟他们讲不打针的缺陷在哪里，打针了最起码对你来说即使感染了，症状也会较轻，是吧？

我们工作室协助政府做征迁工作，我自己也在征迁小组里面。我们衢州市这边、我们区里面的征迁工作，大概 80% 我要参与吧。

问题 6：刚才您提到了建立党支部，兰花热线的党建工作可以重点谈一谈，包括党建工作与调解工作的关系。

我们现在有正式党员 3 名，有预备党员 1 名，都是专职社工。我们还有一些自愿做调解工作的调解员。我是党支部书记。我还有一个身份是我们荷花街道党群服务中心党委书记。兰花热线党支部是荷花街道党群服务中心党委里面的一个支部，荷花街道党政服务中心有 15 个支部。

我是 2005 年 12 月份入的党。因为我当时在单位其实也是很不错的，我也是有机会入党的。但是当时可能对党的一些认识还没有很到位，也没有积极向组织靠拢，没有递交入党志愿书。后来到了社区以后通过学习，觉得在这个社区里面我们也是我们党的一个战斗堡垒，也是体现了党的先进性。那么在这些一系列的背景之下，我觉得我应该积极地向组织靠拢，所以向我们的社区党支部递交了入党志愿书。

2013 年 7 月我们兰花热线建立了党支部以后，也在精心地培育社工，也积极发展党员，让他们积极地去参与社会工作。包括我自己也是在不断地学习。

我相对来说比较幸运，因为我可能接触的东西比较新颖，所以我们办公室的小姑娘都说："哎呀主任，我看你很多东西怎么会死钻？"我跟她讲："现在年轻人也好，老年人也好，你必须去不断地充电。"我觉得充电是一个非常美妙的事情。学校、乡镇街道、我们市检察院、执法局等等，都会邀请我去跟他们谈谈自己工作上的心得。

（三）心得感悟

问题 7：除了"钉钉子"精神，您觉得做好一名调解员还需要哪些精神？

我觉得在工作上面要有韧劲，还有我们人要有学习的精神。现在你看《民法典》都出来了，很多东西你不学习，都已经掌握不了了，化解不了矛盾了。

我们在工作的时候要给他人关爱，给他人温暖，自己家人也需要温暖。因为我觉得我的开心、我的不开心和我家里的成员是息息相关的。我觉得一个人再有成就，把调解工作做得再风生水起，自家家里都是一团糟，何谈工作成就呢？

我儿子有时候也是我的老师，我也会跟他在案例上面探讨。我的先生也是我的老师。我们会在整个良好家庭氛围的互动中碰撞出调解工作的一些思路和技巧。

我觉得我的工作动力和来源是我的家庭。我觉得我现在的生活很开心、很幸福，我不单单受益于我的小家庭，我还收获了我整个大家庭，我跟我老公家里的这些兄弟姐妹，包括下一代相处都非常好，相处得非常融洽，我们相互之间都是在激励着。

问题 8：调解员是基层社会治理"主力军"，您对基层社会治理有什么看法心得，当前我们基层社会治理工作亟须做好哪些方面？

我觉得当前我们的政府部门应该大力孵化人民调解员。因为人人都做了调解员，那社会更加和谐。

社会真的很需要调解员。就像我现在上班的地方有 1819 户，我也是这边的业主委员会主任。小区原来是一个回迁小区。2000 年的规划，根本没有什么配套，下面是店面，上面是住家。你想想，这个小区里你说乱吧，肯定会很乱——汽车开进去了，电瓶车也来了，然后就撞了。这个时候正因为我们这些调解员在第一时间的介入，很快就化解他们的矛盾，那不是我们"枫桥经验"里面说的一样"矛盾不出村"了吗？

如果在第一时间里面，我就是在调解队伍里，人人都做调解员和消防员，那么我们整个社会的和谐度会越来越高。所以说，我是觉得我们国家应该大力地提倡培育和发展基层调解员。人民调解员可以依托矛调中心，也可以依托我们社会组织。时代都在变了，不是说非得人民调解员一定要在社区里面，或是在司法所里面，在矛调中心。人民调解员依附在民办非企业里面、社会组织里面也是一件好事情。

目前兼职调解员的报酬仅仅是车旅费、伙食费，他们是很自愿奉献的，不多的，一天可能百把块。普通专职社工可能五险一金加进去一年有10万。

工作时间上，我们讲是讲双休日，但是如果人家来寻求调解，你又不能走；人家说今天我没时间，我就是晚上有时间你帮我调解，那就调啊。到目前来说，我们好像今年正儿八经地休息没有达到5天，现在有些时候有点内卷——工作上的内卷。我们这个工作岗位也竞争激烈。

面对疫情下严峻的就业形势，叶兰花指出："年轻人、大学生要能够站得起来，能够弯得下腰。这样子到哪都能找得到工作。"

因为我以前是省党代表，省里有些时候全会什么我都要去，座谈的时候我都在积极地呼吁原来基层社区干部的工资待遇低，要提高待遇等等。当然一线城市不大存在这些问题，我们四线城市是会存在这些问题的。

问题9：您成为全国劳动模范，有什么心得体会？

首先我是觉得自己成为全国劳模，从我的内心来说，这个是我没有想到过的。其实我觉得自己就是坚持做了一点小事，也没想到组织上给了我这么高的一个荣誉。我觉得讲起在北京2015年主席给我们颁奖，我作为一名基层党员也想起来我们宣誓的时候……

我觉得真的这些荣誉来之不易，"全国劳动模范""全国三八红旗手""全国人民调解能手"……我觉得这些荣誉都已经过去了，不想说什么大话，我就觉得如果我做的工作是居民群众认可的，觉得我这个事情还是有意义的，我还是蛮愿意坚持为他们服务的。

采访手记

感谢叶兰花主任本人及柯城区总工会的支持，使我有幸能与兰花主任视频连线。考虑到兰花热线本身也借助远程连线方式展开调解工作，故本次受疫情影响采用线上采访恰好贴近兰花热线的工作方式，实际采访效果也丝毫不差。兰花主任面对镜头表达得亲切自如，并通过镜头向我展示了他们的工作室实景。因上述内容涉及不少调解案例，出于保护他人隐私，相关信息（如地名等）做了虚化处理。

通过口述史我们了解到，兰花热线工作室对人民调解工作的示范和推动作用确实很大，党和政府对于兰花热线的关心关怀，也显示出对人民调教乃至基层社会治理工作的重视，希望这项工作能够得到更多关注和支持，并越做越好。

五、陈腊英：杭漂环卫 劳动幸福

陈腊英口述，周俊超、韩笑琳采访，周俊超撰写

采访时间：2021 年 7 月 30 日

采访地点：杭州市环境集团有限公司

陈腊英（1967 年出生），中共党员，杭州市环境集团有限公司园区物业保洁员，2015年全国劳动模范，创立"陈腊英道路保洁法"。采访围绕陈腊英的工作与生活持续 1 小时，此处撰写 5000 余字。

（一）出身贫苦来杭谋生

问题 1：先介绍一下您的家庭背景及早年的成长经历。

我老家是安徽安庆，小时候父母家里真的是苦的，我们小时候饭都没得吃。我们是在山里面，田地不多，那时候交通不发达，都是很小的路，能从大山里走出来非常不容易。

我以前在家里都是干农活的，种田种地。那个时候像我嘛比人家孩子都苦了，人家像我们同年的都读了初中，我都没上初中。

我 6 岁时跟着爸爸妈妈一起到地里干活，那很苦的。家里面还有一个哥哥一个弟弟。哥哥上到初中毕业，弟弟小学也没有毕业，他自己不愿意读。

2000 年的时候我来杭州，在饭店里做过服务员，在塑料厂里打过零工，再到 2005 年进半山环卫所。然后我们环境集团承包沈半路，我就连人跟马路一起转到这个公司里来了。

问题 2：当时您是一个人来杭州的？

不是。我随老公到江苏江阴港打工，老公在港口船上做事的时候掉到水里淹死了。那时候是 1993 年。老板赔了 2000 块钱。还有我们村里人给我们回家的路费，回来就没钱了。当时大儿子 3 岁，小儿子 1 岁半，那是很可怜的。

我 2000 年到的杭州，我们有老乡在这里做油漆工（跟着来杭州的）。现在我两个儿子每个儿子都生了两个小孩，三个孙子一个孙女。现在全家人都在杭州。

其实苦嘛是苦的，不过我本来做事在老家都也是肯做的、能干的。到杭州来嘛，就是包括这些地方做过零工，然后在 2005 年的 1 月份才进半山环卫所。然后（当年）8 月 1 号再转到天子岭来，就是扫地的这一份工作。

（二）热爱环卫不辞辛劳

我们扫马路的时候，讲真话，就是我一个年轻一点，我那时 30 多岁，人家都是年纪大的。人家说："你这么年纪轻的来扫马路，多可惜呀！"

我觉得自己没有什么文化，这个工作还很适合我，我喜欢干这一行工作。好多人就是说："你这么年轻的人，你还来扫马路，你随便到哪里去找点工作做，都比这个好！"

那么扫地的嘛，早上要起早，风吹日晒的。比如说，我们（凌晨）3 点钟就要起床的，一般的人 3 点钟都还在梦里睡觉。但这份工作也适合我，我也喜欢这份工作。这个工作后来慢慢做也习惯了。因为自己没有文化，你再跳到哪里去，你也找不到好的工作。

所以一直以来嘛，对工作认真，不计较，领导他们也喜欢，就这样慢慢……包括 2008 年年初下大雪，我们都是一夜敲雪敲到天亮，连续半个多月。2008 年的大雪多大呀！那个时候路都结冰了，车都不动了，动不了的。下大雪那一年我们都在马路上敲雪，敲起来的雪就跟桌子那么大一块的，它已经冰冻了嘛。早上市民一大早就要出行的，我们就是干通宵的，路要敲出来的，加班加点。那个时候也好多媒体报道过了。

2008 年 1 月，杭州环境集团承接了西湖区 7 条道路 22 万平方米的清扫保洁工作，正值一场罕见的大雪。在人心不稳，人员不足，任务重、困难大的情况下，陈腊英主动请缨到西湖区道路参加抗雪现场组织工作。她凌晨 2 点从拱墅区半山住所出发，骑电瓶车花了 3 个小时摔了七个跟头才到达道路现场。

抗雪期间，她日夜坚守在道路现场，累了在路边休息下，困了在仓库打个盹。公司增派了党员、团员到一线帮助铲雪，大家劝她休息休息。她婉言谢绝。在她这种无私奉献、爱岗敬业的工作精神的带领下，使抗雪工作在较短的时间内取得了瞩目的成绩，受到了周边居民的称赞和好评。[①]

问题 3：您每天工作时间是几点到几点？

哎哟，那个时候没有几点到几点，就是早上 3 点起床，那么早起来也吃不下，到了后来忙工作忙得忘记了，也没时间吃，一天就吃一顿晚饭。

早些时候我们还走路来上班，车子都不会骑的。从早到晚上，一直在外面马路上守着，休息的话随便找地方蹭一下，吃饭的话有时候买着吃，有时候恨不得三顿饭就晚上做一顿吃。现在好了，吃饭都有规律了。

那个时候苦啊，在马路上（沈半路）。路上还有拉沙、拉水泥，拉什么的，脏得要死。还是现在干净一点。那个时候像发大水（下大雨），马路上的积水很深的。那时候不是柏油路是水泥路，下水道不通的。现在路造得很好的，比以前好多了。

我记得 2017 年下大雨，我们马路上捡汽车牌照都捡了好多的，全部给沙子围起来的。路上七高八低很大的坑，现在都修好了。整个杭州城的垃圾都要走那条路到我们天子领填埋。现在的垃圾车都是封闭式的，那个时候后面挂的大车上面都是露天的，一刮风垃圾刮得、飘得到处都是，还是现在干净一点。

现在到公司搞室内卫生，不用到外面去了。以前下大雪、下大雨了，都要在外面。现在的工作环境比以前好，不管怎么样，一天三顿饭规律了。现在的工作时间是早上 7 点到下午 4 点半。公司这边人少，室外主要是扫落叶，落叶很多（说明绿化好）。

我们现在一个人负责一个岗位（一个人扫一片地方），做六天休一天，就是礼拜天在家里。遇到法定节假日，比如国庆节，我们就轮班。反正（公司）这里有食堂，早饭、中饭在这里吃。晚上回去烧一顿。

---

① 吕玥、陈晨：《一把扫帚写春秋——记马路天使陈腊英》，《浙江日报》2011 年 5 月 5 日。

问题4：您是如何创立"陈腊英道路保洁法"的？

2010年的时候，我们公司承包河坊街①的马路。我在河坊街是24小时的马路，上海那个时候不是有世博会嘛，公司要我的标准参照上海世博会那个标准——席地而坐，就是地上可以坐人，扫的地就是这样子的。

然后我就不断摸索，总结出来了一套道路保洁作业法，被公司命名为"陈腊英道路保洁法"，编入到公司的《经典性管理（作业）标准》中。

该保洁法也被概括为"三一二五五"道路保洁法即：一控一定一全，两即，五无五净。

一控：控制扬尘，先洒水后普扫，先清洗后擦抹。

一定：定位放置，定位放置垃圾桶定点收集路面保洁垃圾。

一全：全时段，将清扫保洁人员划定责任区域，改以往的巡回保洁为全时段作业。

两即：即脏即扫，即扫即清。

五无：无烟蒂白色垃圾、无果皮纸屑、无杂物堆积、无积泥沙石、无积水污渍。

五净：路面干净、绿化隔离带树穴干净、侧石干净、排水口沟槽干净、果壳箱等环卫设施干净。

问题5：几年前的报道上说，"破解垃圾围城和关爱关心外来务工人员"②是您接下来要追的梦？

对，这个就是当人大代表时提出来的建议。那个时候好多环卫工人都没房子住，我自己也没有房子，于是想到环卫工人的专项公租房嘛。

2013年，陈腊英当选为全国人大代表。5年多履职期间，她领衔或提出了11个议案和建议，一大半都与垃圾处理的本职工作有关。

我们公司也是市政府支持的单位，比如像我们后面一个垃圾填埋场，我们这是南区，还有一个北区的垃圾填埋场。去年12月份已经填满了，已经给它封场了。所以现在是到大江东，就是靠近萧山那边，垃圾现在

---

① 何坊街自古便是杭州的商业中心，是杭州的门面之一。

② 马梦妍：《付出终有回报 "马路天使"陈腊英梦圆杭州》，《杭州日报》2019年5月7日。

就扔到那里去焚烧。

以前城里垃圾拉到山上来填埋，直接填埋。现在是垃圾小车拉到这里来，积满50吨再用大箱垃圾车拉到大江东去烧。

问题6：现在是垃圾收完以后，是不是应该先把分拣一下，把可回收的先去处理？

是的。就是说餐厨垃圾专门有餐厨垃圾的车去接收，它拉回来专门有机器给垃圾挤干。我们有垃圾处理，处理的污水可以洗车子，可以做绿化用水。另外我们还有沼气发电。所以我们一直以来提"垃圾分类"，我们提了许多"垃圾分类"的议案了！

2019年7月1日起，上海已经率先强制执行垃圾分类。

那时候报道上海分得很好的，肉骨头、大骨头都要分得很清楚的。

我那个时候提了这个建议，是希望快递的包装尽量减少垃圾。比如像尼龙袋，你拉到山上来填埋，甚至要几十年才能烂得掉的。填埋的垃圾都是可降解的。

建筑垃圾也专门拉到另外一个地方去堆放。原来我们路口子上有专门建筑垃圾拉到这里来做砖块，给它粉碎做成砖块，后来嘛也没成功。

垃圾填埋场现在变成了生态公园，上面有茶叶，还有果树。

2020年天子岭垃圾第二填埋场封场。早在2010年3月天子岭第一垃圾填埋场封场后，市环境集团在其上方建起了天子岭生态公园，这是当时国内第一座在垃圾堆体上建成的生态公园。如今整个天子岭填埋场生态修复整治已在进行中。

图5-4　天子岭第一填埋场封场后建成的生态公园

（三）努力工作终有回报

问题 7：报道中称您是有大学梦的，您早年有没有上大学的梦想？

没有。2014 年集团工会找到我，劝我争取这个机会。授课的地点在市区，往返要四五十分钟，白天上班，晚上学习，回到家往往快 9 点了。

报考大专就读行政管理之前，陈腊英还特地补读了中专[①]。

问题 8：您还做了省建设建材工会兼职副主席？

做兼职副主席（2017 年就任）是这样的，我做到 50 岁退休，我的养老保险不够的，我养老保险公司只给我交了 10 年——2008 年公司转制以后成为国企，我成为正式合同工，才开始交养老保险。基本养老保险要交 15 年嘛，像我们的员工必须退休了，养老保险不够也要退休的。所以公司里就给我选上去做了一个兼职副主席，然后才能再做 5 年。本来 50 岁退休，相当于延迟退休，延迟了 5 年。

问题 9：您现在收入多少？

现在收入大概一年下来 5 万。如果现在退休了，基本养老保险我也不知道有没有 2000 多块钱。

以前政府不大重视（环卫），但我 2005 年进来的时候还是环卫扫地的工资比打零工的工资高。我进来的时候扫地 620 块（月薪），我在饭店里做只有 500 块。

公司转制成国企以后工资也不高。以前在的环卫所是事业单位，他们（正式职工）的待遇还是可以的，但我在环卫所时是临时工，没有交养老保险。

我到明年退休能拿 2000 块钱一个月，比农村要好的。讲真话，凭我这么低的文化程度到杭州城里来，评上全国劳模、十二届全国人大代表，我真的是很幸运、很幸运的。我觉得反正自己的本职工作嘛，无论如何想办法给它做得更好一点。

问题 10：2015 年评上全国劳模，您当时的获奖感想？

评上全国劳模真的不是一件容易事情。大山里面出来的，能在这里评全国劳模，我真的是非常高兴的！

---

① 马梦妍：《付出终有回报 "马路天使" 陈腊英梦圆杭州》，《杭州日报》2019 年 5 月 7 日。

问题 11：目前在杭州觉得一家人生活得应该很幸福，很好？

现在很幸福。就是目前还没有买房子，一直租房子，包括两个儿子也都是租房子的。

我是 2016 年当人大代表的。当时和杭州市市长张鸿铭谈起房子的事。他后来给我解决了公租房，环卫工人的专项公租房。明年满 6 年到期了。到期了不知道能不能住了，住的话就要涨价的，要 3 倍现在的租金。现在房租是一个月 330 多（块），60 多平米，3 倍就是 1000 多嘛。

至于劳模的待遇，像以前的劳模有房子分，像我们后来的劳模就没有。现在我们在职劳模有 500 块钱一个月，等我退休还有 500 块钱一个月，终身享受。不多但也还可以了。医保全国劳模是全包的。

问题 12：您接下来退休以后还有什么打算？可以出去旅旅游。

退休以后打算继续在杭州，还不知道是要带小孩还是要上班，明年退休以后再讲。

出去旅游无所谓的。那个时候人大代表出去调研等等也都出去过的，劳模也经常出去走访走访，差不多了，像我已经到了这么多地方也算不错了。

现在下了班回去就带带小孩，也没得空了。现在公司里建了环保图书馆①、文化礼堂，可以带小孩来看一看。

问题 13：您目前身体状况好不好？

身体状况还是可以的。就是有时候手指（关节）不是这里痛就是那里痛。现在我们公司组织我们老年人打气排球，昨天打一下午，这样打打还稍微好一点，本来这样都迎不上来的（指手指关节不灵活）。

我们每年都体检，我们全国劳模是杭州市总工会给我们体检。公司里也有体检，因为工会给我们体检了，公司里就没这个待遇了。其他职工是公司负责体检，以前是两年一体检，现在是一年一体检。

问题 14：您现在对在杭州这个城市生活感觉怎么样？

幸福感满满的！就算是租房也满满的。买不起房也没办法，房子便宜的时候也没钱买，那个时候都很穷的。像我一个人出来的时候，两个小孩都在老家上学，都是我娘家爸妈在带。打工挣的那点钱，都要拿回家供他们俩上学。后来等他们出来打工了，他们又讨老婆，又生孩子，

---

① 杭州市图书馆环保分馆，杭州市环境资源集团与杭州市图书馆合办，2016 年 6 月建成开馆，被称为全球首座建在"垃圾场上的环保图书馆"。

哪有钱去买房子，工资又不高，总之就这么一点收入。

幸福是幸福的，难题都一样一样给我解决了。比如说那个时候没房子，给我解决了公租房，公司里支持的；还有一个养老保险的事情，现在也给我解决了；又评上了全国劳模。现在工会对我们劳模也很重视，过年过节的时候对我们还有慰问。感谢政府，感谢公司。

采访手记

陈腊英是我们课题组采访到的劳模中出身最贫苦，经济条件最差的。她不善言辞，说话慢条斯理，一看就是靠埋头苦干，干出属于自己和家人的幸福生活。在这个外向型性格占优势的社会，内敛的陈腊英显得与众不同，气质特别。她就像面向你的人群中的那个背影，更容易引起注意。

劳模不一定都是强势人格，也不一定都有很好的收入和待遇。陈腊英的物质生活水平甚至可能还不如很多普通人，但这并不妨碍她取得"全国劳动模范"这一全国劳动者最高荣誉。陈腊英靠劳动脱贫并收获幸福的事例启示我们：即便出身再苦，没有学历，不善表达；只要踏实工作，依然能干出骄人成绩，获得应有的回报。

六、劳模视角看新时代服务业发展

2018 年 7 月，全国劳模宁波舟山港桥吊司机竺士杰参加了 CCTV-1 录制的《机智过人》节目[①]，亲手驾驶传统桥吊与上海洋山四期自动化码头上的智能桥吊完成了一轮人与智能系统的 PK，在 5 次挑战中均各自完成了两次，看似旗鼓相当，但如果把挑战增至 500 次、5000 次甚至更多，我们很难想象人力还能敌得过科技。这就是新时代中国服务业发展面临的一大转型，不少传统服务行业正从劳动密集型转向科技密集型。于是，一系列问题随之而来：在智能化转型升级的过程中，服务业劳模将何去何从，他们能发挥怎样的作用，是否会逐渐失去价值？此处以 41 位新时代浙籍服务业全国劳模为例加以探讨。

---

① CCTV-1 综合频道：《[机智过人第二季]"无人港"人工智能系统遭遇最强人类检验》，"央视网"，https://tv.cctv.com/2018/08/18/VIDE4ww1Xqmg9MHPdtOdcNGg180818. shtml?spm=C52056131267.PFgwMrF7guhe.0.0，2018 年 8 月 18 日。

（一）服务业劳模如何应对智能化浪潮

首先看产生全国劳模最多的交通运输行业，这也是受智能化浪潮影响最大的行业之一。竺士杰、张益平、赵国新所在的港口，正在经历着智能化、自动化转型升级。从他们的应对中可大致总结出三种类型，并在其他行业劳模那里得到印证。

1. 在转型尚未完成时坚守岗位

一个行业的智能化转型体量大、涉及面广，很难一蹴而就，在转型尚未完成时，传统工作岗位依然需要有人坚守。

竺士杰就是典型例子。自认为从小到大读书都"很一般"、宁波港技校出身的竺士杰，早在 2016 年 6 月接受采访时讲道："桥吊是我们码头设备上公认的最难操作、学习要求最高、也是最受人尊敬的作业。"[1] 因此无论是他本人的技术学习和磨炼，原创出"竺士杰操作法"，还是他作为师傅带徒弟，都遇到了不小困难和挑战。新生的智能控制系统要在高难的桥吊作业上取代人工，对生产力确实是一大提升。目前，上海洋山港四期自动化码头已经实现无人化作业，只需工程师在码头指挥室输入系统指令，指挥机器人作业即可。竺士杰所在的宁波舟山港也在引入智能自动化设备。可以想见，港口的无人化作业是未来的一大趋势。但在智能自动化设备完全取代传统设备之前，竺士杰们仍需坚守岗位。

当然，所谓智能自动化并不能完全脱离人工。管理维护自动化设备也需要人工，而培养一名该专业人员不比培养一名人力作业人员来得容易。但是我们仍希望先进的科技能够被用来改善人的工作环境，减低人的劳动强度。

殡葬行业也出现"智慧殡葬""互联网＋殡葬服务"，给居民客户带来了便利，就连改善火化车间的智能火化设备业已出现[2]。文成县殡仪馆的韩宝国属于"多面手"型的劳模，他不仅是名火化师，更是殡仪馆的一名技术工程师，对设备的检修、清理、改造和更新样样精通[3]。这类复合型人才更有可能驾驭新科技，而不会被新科技所取代。

---

① 竺士杰口述，钱茂伟采访、编纂：《港城工匠：竺士杰口述史》，中共宁波市委党史研究室编：《时代华章：宁波全国劳模口述史》，宁波：宁波出版社，2017 年，第 689—706 页。

② 参见路建英：《威海航泰实践——环保型智能控制火化设备助力殡葬行业发展》，《中国社会报》2022 年 1 月 25 日。

③ 江晨、胡玉民：《守护生命最后一程——记全国劳模韩宝国》，《浙江日报》2016 年 4 月 4日。

2. 成为智能化转型亲力推动者

嘉兴港的张益平 1995 年刚从海军航空兵部队退伍回来时，对所选择的港口行业还是个"门外汉"。但他从最艰苦的理货员做起，刻苦钻研港口业务知识，学习港口调度管理，先后到浙江电大平湖学院就读了行政管理专科和本科专业，历任库场队队长、机械队队长、调度室主任、集装箱作业队队长、杂货操作分部经理、安卫环部主任等职，从"门外汉"成长为行家里手。张益平说："每一次岗位调整对我来说都是一次挑战，每个岗位的历练使我的经验更加丰富、阅历更加丰富。"①

2013 年，张益平迎来了智能化转型的挑战。"为提高智能化操作和自动化控制水平，嘉兴港需要开发涵盖实时化码头操控系统、标准化中心数据处理系统、新 EDI 处理监控系统和智能统计分析系统的集装箱码头业务管理系统（TOS 系统）。"当时负责开发这一系统的信通公司担心嘉兴港没有太多这方面经验，无法适应这一系统。"面对质疑，张益平什么话也没说，只是带领团队全身心地投入前期设计、功能优化、操作培训、模拟演练中。经过半年多努力，TOS 系统顺利切换，并在一周内使作业效率提升至原有水平。"②

楼丁阳，南开大学计算机与系统科学系 1993 届校友，中国较早一批研究互联网和信息技术的先驱，2000 年进入中国邮政浙江省信息技术中心后，便开始推进邮政等传统行业的信息化③。然而当今信息技术日新月异，若不与时俱进，持续开拓创新，很容易落伍。楼丁阳 20 多年来一直在信息技术开发的一线工作，他说："在邮政信息技术行业的一线工作，是我一直以来所做得最正确的选择。促进邮政等传统行业的优化升级和发展，让邮政更智能，是我前进的目标，更是我一直以来坚守的初心。"④

这 20 年来，浙江邮政信息化建设项目达 100 多个，楼丁阳参

---

① 嘉兴公共频道"新闻 1 线·港区新闻"：《主题教育看港区 张益平：嘉兴港的"拼命三郎"》，"腾讯视频"，https://v.qq.com/x/page/v30048qj06m.html，2019 年 10 月 5 日。

② 丁利娟：《走进十九大代表：平湖学院校友张益平》，"浙江开放大学新闻网"，http://www.zjtvu.edu.cn/info/1200/15382.htm，2017 年 10 月 17 日。

③ 信息化不等于智能化，智能化是信息化发展的高级阶段。

④ 《楼丁阳：包邮区如何炼成？这位"程序员"全国劳模，21 年前就写下了第一行代码》，"中工网"，http://www.workercn.cn/50000264/202111/15/20211115145703906880559.shtml，2021 年 11 月 15 日。

与建设的就有 60 个，其中他负责的项目有 30 多个，所开发建设的项目涵盖邮政的金融、寄递、报刊、办公管理等多个方面。由他负责开发的系统，如重点报纸印发投运时效监控系统、营收资金管理系统、邮速结算系统、函件数据库营销服务平台、邮政网点建设信息系统等重大项目，都在邮政生产和管理中发挥着重要的作用，极大提高了企业劳动生产率和管理效率。①

3. 走上管理岗充分发挥引领力

服务业劳模，尤其是相对年轻者，经过多年积累并取得如此突出贡献之后，往往被提拔为干部，走上管理岗。虽然这与行业智能化并无因果关系，却也不失为一种应对方式。

首先，劳模走上管理岗是充分发挥模范引领力的必然要求。当前，全国劳模普遍拥有自己的劳模创新工作室，有自己的团队，肩负"传帮带"的责任。这就需要劳模有一定的领导和管理才能，在带团队的过程中，也锻炼了劳模这方面才能。新时代劳模目前年富力强，仍奋战在一线，走上管理岗也基本是一线作业兼管理"双肩挑"。更高的职位带来更大的责任，也能更好激发劳模的潜能，使其在更高的平台发挥更大、更广泛的作用。

赵国新便是一位融技术型、管理型于一体的新时代码头工作者。他1994 年入职温州港，一直奋斗在港口一线，2015 年获评"全国劳动模范"时，任温州港龙湾港务有限公司安全管理部经理，如今已升任龙湾港务有限公司副总经理。他 20 多年来热情投身于港口技改工作，与修理班的骨干攻克了多项技术难题，完成多项技术革新②。智能化的到来无非又是一轮新的技改，对于已升任公司高管的赵国新而言，充分施展其领导才能，便足以驾驭；至于智能控制系统的操控和维护，可亲为，亦可发挥团队的力量由更专业的人员来做。

我们了解了劳模很多的业务能力，那么劳模的领导和管理能力又是怎样体现的？宁波市 81890 全国劳模"匠道"工作室主任胡道林就是很好的例子。他先后主持创办的 81890 求助服务中心、81890 全国劳模"匠道"工作室，践行"聚众力、行众善"的公益理念，组织领导 20 多万名志愿者开展志愿服务活动③。

---

① 《让邮政更智能》，《中国邮政报》2020 年 12 月 2 日。

② 参见《赵国新"敢吃螃蟹"的港口技改先锋》，《浙江工人日报》2015 年 4 月 30 日。

③ 参见本书附录之"胡道林：81890'匠道'公益的大格局"。

综上，服务业是当今中国三大产业中就业人员最多的[①]，产业智能化浪潮势必对就业产生影响。探讨服务业劳模如何应对智能化浪潮，其实也是在为每一位服务业从业者提供参考。当然，服务业包含的行业种类繁多，具体职业和岗位更是丰富，不是所有的岗位都会遭受智能化浪潮的冲击。

（二）人直接服务人的岗位受影响有限

人直接服务人的岗位就是指那些需要与服务对象直接打交道的岗位，譬如列车员、营业员、客运司机、社会工作者等，各单位的行政管理岗也含在其中。这些岗位都需要提供人性化的服务，不是冰冷的机器和设备所能完全取代的，智能设备的应用只能为这些岗位提供辅助。

上一小节列举的竺士杰、韩宝国、楼顶阳等属于技术岗劳模，均是通过机器和设备间接地为人服务，他们工作中更多是在和这些设备打交道而非和他们的服务对象。那么这些设备通过智能化升级可以直接提高服务质量，其所在行业自然就会乐意拥抱智能化。因此，与设备打交道的技术岗从业者受智能化浪潮影响较大。

但如营业员这类人直接服务人的岗位受智能化的影响有限。智能手机的普及，让线上购物变得更加便利，实体零售受到冲击。但线上购物也需要营业员（客服）提供导购、售后等服务，只是营业员与客人的沟通渠道变了，服务的内容和本质未变。而且即便线上购物再方便，也仍然有喜欢线下购物的客人。

于是周明娟在做"互联网＋零售"的融合创新、为线上购物的客人提供方便快捷的一站式服务的同时，还继续坚持为线下客人提供他们需要的服务。线下客人需要什么？正如周明娟所说："线下的客人当然是要放心、要摸得着、看得到的、要有体验感的。体验感分很多种，有商场环境的体验，商品陈列的体验……"[②] 当然还有享受专业面对面服务的体验。因此，时代在变，客人在变，与客人沟通的渠道也在变，但周明娟用心且创新服务客人的准则和精神始终未变，并将之传承给她的学员。

如今，一些智能设备或软件被应用到客运服务和社区服务中，确

---

① 截至 2021 年末，全国就业人员 74652 万人，其中第三产业就业人员占比最大（48.0%）。参见《2021 年度人力资源和社会保障事业发展统计公报》，"中华人民共和国人力资源和社会保障部"官网，http://www.mohrss.gov.cn/xxgk2020/fdzdgknr/ghtj/tj/ndtj/202206/t20220607_452104.html，2022 年 6 月 7 日。

② 参见本章之"周明娟：解百销售 服务创新"。

实可以为乘客和居民带来便利，也让乘务员和社工的服务响应更快、更有效率。但服务的高质量完成与问题的有效解决终归还是要靠服务人员本身。

陈美芳和叶兰花在其口述史中讲述了那么多的服务案例，无一不是靠她们提供一种人性化的服务，在人与人的沟通中达到一种对服务对象的"感化"。也正因为人能提供优质可靠的服务，当有急事或难事需要求助时，人们通常更愿意找人来服务和解决。

宁波公交司机陈霞娜不仅仅是一名驾驶员，同样兼具乘务员职责。即便有朝一日无人驾驶技术被广泛应用到汽车上，它所能取代的也仅仅只是陈霞娜的驾驶员岗位（技术型岗位，通过驾驶车辆间接地服务于人），并不能完全代替其履行乘务员职责。陈霞娜的"五心服务法"[①]——对待老年乘客热情细心，对待儿童乘客爱护关心，对待外地乘客真诚耐心，对待特殊乘客照顾爱心，对待普通乘客[②]和气贴心——无一不是用温暖的心来服务。

在供电服务行业，我们既能看到徐川子带队不断创新实践，研发出各种先进的智能工具，实现了电路检修等的便利化；也能看到钱海军这样的传统普通电工，通过做上门义工的方式，为特殊群体如老年人、残疾人、贫困户等提供志愿服务。

1992年初做义工时，钱海军还是一个人在行动，后来受爱人"个人能力是有限的，应该带领一个团队去做"的支持和建议，2002年前后开始组建团队[③]。之后他们的服务对象范围不断扩大。2015年，国网浙江宁波慈溪市供电有限公司注册成立了钱海军志愿服务中心，发起了"千户万灯"项目，服务范围从慈溪扩展到宁波、浙江，甚至延伸到西藏、吉林、贵州、四川等省份，惠及6万多人。除了"千户万灯"，钱海军志愿服务中心还推出了"星星点灯"未成年人社会体验、关爱空巢老人"暖心行动"、"灯亮万家"表后线维修服务等志愿服务项目，在服务中心跟随

---

① 据陈霞娜2022年11月27日的最新口述。

② 这里的"普通乘客"尤指那些普通乘客中的蛮不讲理者。

③ 钱海军口述，钱茂伟采访、编纂：《永葆助人为乐的赤子之心：钱海军口述史》，中共宁波市委党史研究室编：《时代华章：宁波全国劳模口述史》，宁波：宁波出版社，2017年，第615—629页。网传1999年开始做义工，仅是从钱海军1999年搬到了现在的住处——白果树社区中兴小区并加入了该社区义工组织算起的；实则从1992年钱海军成为电工时起便已经做义工。

钱海军注册的志愿者已达上千名①。此外，钱海军团队的服务内容也不仅限于电力方面。"我们除了做些电力服务外，也会常常陪小区里的空巢老人拉拉家常，做做伴儿说说心里话，让他们的生活不再孤独。"②钱海军说。

2022年5月，中共中央宣传部向全社会发布了钱海军的先进事迹，并授予他"时代楷模"称号。这足以说明，抛开先进科技的助力，只要怀揣竭尽所能、无私奉献的精神去做事，如钱海军这样的普通从业者也能推动新时代服务业的发展。毕竟普通从业者还是占大多数，除了培养"高精尖缺"人才，如何充分激发多数普通从业者的潜能也是一大课题。

（三）新时代服务业发展的关键在于人

人是劳动的主体，是推动产业发展的根本动力。产业的发展关键在于人的发展；同时，人的发展也离不开产业提供的基础和条件，并受制于产业发展的状况和需求。无论是人塑造了产业，还是产业塑造了人，都说明了人的重要性。在41位新时代浙籍服务业劳模身上，我们能看到当今服务业发展所需要从业者具备的三方面素质——过硬的技术本领、出色的沟通能力、恒久的奉献精神。普通从业者如何才能培养起这三方面素质，从劳模身上可以汲取一些经验。

1.技术的精进不仅靠天赋

术业有专攻，人各有所长。人的天赋对于一门技术的掌握和精通确实有它的重要性，但后天的学习和钻研更加关键。如果说一个人的天赋生来便已确定，那么我们能够着力的就只有后天的学习和钻研，这也是人发展的动力源泉。

劳模，尤其技术型劳模，都是学习和钻研劲头很足的人。他们的劲头从哪里来？是来自他们个人的雄心壮志？往往不是，其实更多来自他们工作本身。在工作中他们找到了前进的方向，收获了快乐和成长，从而热爱之、沉浸之。

潘建乔，国网浙江平湖市供电有限公司运维检修中心变电运检班班长，1984年刚工作时，上班每天除了抄一次表，巡视一下设备，其他时间基本也没什么事情干。"然而，工作半年以后的一场龙卷风，改变了我

---

① 曾毅、干杉杉：《"点灯人"钱海军：23年光明护万家》，《光明日报》2022年5月6日。

② 钱海军口述，钱茂伟采访、编纂《永葆助人为乐的赤子之心：钱海军口述史》，中共宁波市委党史研究室编：《时代华章：宁波全国劳模口述史》，宁波：宁波出版社，2017年，第615—629页。

的想法和工作状态。一股超强的龙卷风袭击了平湖，一路上摧枯拉朽，把一根根电线杆拦腰拧断，变电所里警笛声喇叭声响成一片，各路开关纷纷跳闸……半个平湖没电了，情况十分紧急。"潘建乔说，"这时供电局的同事们连夜成立了共产党员突击抢修队，通宵抢修故障线路和开关，重新架设线路电杆。第二天，各乡镇就恢复了供电。从那天开始，我对这个工作有了新的认识——没有平凡的岗位，只有平凡的态度！我要找到这个工作的闪光点。"于是，潘建乔开始不停地学习、演练，在具体工作中寻找问题，然后找到解决问题的办法，以此来提高自己的业务能力。他认为："创新并没有别人想得那么高深莫测，没有平白无故的创新，也不是为了创新而创新，很多都是在具体工作中碰到了难题，是为了解决问题而去创新的。"所以潘建乔一直跟同事们说："要带着问题去工作，带着思考去工作。然后研究它，解决它。"①

　　原国网浙江诸暨市供电公司客户服务中心营业班班长何贝，曾"沉迷"电力行业各类竞赛十余年（从2003年起），甚至因此使个人的终身大事推迟了5年，这是因为他觉得竞赛对他的成才和收获实在太大、太重要了。"包括业务技能上的提升，包括成为公司系统的专家、首席专家人才等等。"何贝亲言，"你跟公司系统这批优秀的人才在一起，你的思维方式，你的为人处世方式……从他们身上我真的学到太多太多了！"②

　　吴日根，中国移动浙江分公司的一名信息技术人员，2003年从丽水移动公司调到浙江省移动公司信息技术部，为全面深入地掌握省级IT系统，"每天奋斗在办公室一线，一年365天有360天都是在办公室里度过③。"在旁人看来整天与计算机打交道的工作是十分枯燥乏味的。然而，吴日根却乐在其中，他热爱自己的工作，常常以单位为家，为了工作，熬夜加班对他来说都是家常便饭……到了项目冲刺阶段，他甚至可

---

① 《一场龙卷风改变了人生！他扎根变电一线37年，斩获23项国家专利》，"浙江日报"百家号官方号，https://baijiahao.baidu.com/s?id=1705884865580915920&wfr=spider&for=pc，2021年7月21日。
② 浙江经济生活频道：《20160616茅莹今日秀：何贝——汗水铸就电力梦》，"中国蓝TV"，https://tv.cztv.com/vplay/195122.html，2016年6月16日。
③ 群众工作局：《"九层之台，起于累土"，平凡的岗位，不平凡的事——记中国移动通信集团公司吴日根》，"国务院国有资产监督管理委员会"官网，http://www.sasac.gov.cn/n2588025/n2641611/n4518442/c4296448/content.html，2016年1月7日。

以几天几夜不合眼，直到亲眼看到系统正式投产……"①倘若因此认为他只是个技术控，显然是对他的误解。吴日根说："当时我在丽水的时候，我原来的师傅……就跟我讲，我们做这个事情的时候，不要单做技术的事情，要跳出做技术的思维，去服务市场。"②

倘若问他们"累吗"？何贝的回答是："累并快乐着！"③这种快乐来自他们在其专业领域内深钻多年所体会到的深层乐趣——不仅包括发现和掌握新的知识和技术从而体验到的充实感与成就感，更包括通过劳动带给他人便利从而收获的价值感与满足感。这些精神上的美好感受使人愉悦和振奋，进而在一定程度上消解了身体的疲劳，使身体能够承受更大的劳动强度。正如周明娟所言："你心情愉悦，那就干活带劲。人家说心情好的时候走路都带风！"④同时，这种深层乐趣可以抵御好逸恶劳、享乐主义的侵害。因为他们已经在工作中享受到了快乐，自然不必再贪图其他享乐。倘若有从业者尚未体会到工作中的深层乐趣，不必焦急和气馁。未必是工作不适合，可能是钻研还不够深入。

2.沟通需用心 服务含真情

在服务行业或许有人认为，沟通是门技术，服务是种商品。显然这种理解并不全面。沟通不仅需要技巧，更在于用心；服务也不全是商品，还有真情。俗话说，"有事好商量"。沟通，在服务者和服务对象之间是一把解决问题、提升服务的钥匙，在服务者中间也能发挥"聚众力"的强大作用。因此，即便智能化浪潮再汹涌，新时代服务业的发展也依然离不开人际的沟通。

阳丽平，嘉善县魏塘街道新居民事务所协管员，为当地外来务工人员排忧解难，提供服务。她本人也是1998年从四川舍家而来的"新居民"。其所在街道下属的魏中村素有"浙北第一大村"之称，外来人口顶峰时高达5万多人，远超本村人口数倍。"以往，我们的工作主要以证件办理、纠纷调解为主，很多时候是我们坐等新居民上门。现在随着一批

① 群众工作局：《"九层之台，起于累土"，平凡的岗位，不平凡的事——记中国移动通信集团公司吴日根》，"国务院国有资产监督管理委员会"官网，http://www.sasac.gov.cn/n2588025/n2641611/n4518442/c4296448/content.html，2016年1月7日。

② 浙江经济生活频道：《经视新闻：吴日根——跳出技术思维服务市场》，"新蓝网"，http://www.cztv.com/videos/jsxw/3379157.html，2017年8月10日。

③ 浙江经济生活频道：《20160616茅莹今日秀：何贝——汗水铸就电力梦》，"中国蓝TV"，https://tv.cztv.com/vplay/195122.html，2016年6月16日。

④ 参见本章之"周明娟：解百销售 服务创新"。

批政策的出台，我们要挨家挨户上门做工作，开展政策宣传、心理咨询、技能培训、就业指导……回到家只剩躺下休息的力气了。周末也忙得没有休息时间，就在家里办公。"[1] 阳丽平说。在浙江，正是阳丽平们如此尽心竭力地沟通服务，让千万外来务工人员能够在"浙"里找到家的归属感，安居乐业，一同为浙江地方发展做出了不可忽视的贡献。

其实，沟通不仅仅靠语言，无言的行动同样能够打动人。

张春媚，中国建设银行温州分行私人银行中心主任，客户一句不经意的询问，她都会彻夜查找答案。严谨认真、用行动说话成为她获得客户信任的法宝。

> 有一位老大爷，他过来问我："你对这个中国的房地产市场了解多少啊？我在国外的儿子想了解中国的这个房地产的情况。"当我听到这句话的时候，非常认真地在网上收集了很多的信息。同时，我也请教了一些有关房地产方面的专家。第二天就带着浓浓的黑眼圈把这份资料交给这个大爷，大爷非常激动，他跟我讲了一句话，他说："随意的一句话，我其实问了三个客户经理。没有一个像你这么认真负责的，能够这么及时地把这个信息给到我。我很感动。"[2]（张春媚口述）

沟通能带来经验与资源的共享，从而带动共同发展，推进共同富裕。尤其是劳模发起的共享交流，是发挥模范引领作用的重要渠道。

李旺荣，绍兴大公律师事务所执业律师，从2015年起在其律所发起"大公分享会"，据他介绍："每周一晚上大家聚在一起，通过观点的碰撞和交锋来开拓思路，共同提升专业水平。截至目前（2021年7月），'大公分享会'一共举办了154期，所内外7000多人参与分享，受到了青年律师的普遍好评。"[3]

杨作军，不仅是温州现代服务业发展集团的董事长，也是浙江东方

---

① 赵莉鳃：《阳丽平：新老居民融合发展中的无悔坚守》，《嘉兴日报》2019年7月9日。

② 《巾帼不让须眉！这位温州金融女将用行动实践新时代"温州人精神"》，"抽屉视频"浙报融媒体百家号官方号，https://baijiahao.baidu.com/s?id=1709760258176696451&wfr=spider&for=pc，2021年9月2日。

③ 《这位绍兴的律师追求"经典完美"，至今1800多案件从未出错》，"浙江日报"百家号官方号，https://baijiahao.baidu.com/s?id=1706618382392015772&wfr=spider&for=pc，2021年7月29日。

职业技术学院的校党委书记，但他会以一名教师的身份亲自给其校学生上劳动教育课，分享自己从一线工人到全国劳模的成长经历。

> 面对学生的提问："作为新时代大学生，如何通过自身的努力，让自己更好地成长成才，将来报效国家和服务社会？"杨作军分享了自己坚持多年的工作习惯：第一个是早出晚归的习惯，早起梳理当天的计划，晚上复盘当天的工作；第二是做床头笔记的习惯，每当有好的想法，他总是第一时间做好记录；第三是开会思考的习惯，对于一些突发灵感，他总会深入钻研。[1]

2020年年初疫情防控期间，董事长潘廉耻领导衢州东方集团创新推出了"共享员工"模式。通过"共享员工"，东方集团成建制地确保了一些企业的用工稳定，"酒店员工加入内部的超市、中央厨房、粮食产业园等，充实人手紧缺的岗位；外部与好梦来、健盛袜业、巨香面业等因复工复产急需用工的企业'共享'近300名员工"[2]。

3. 奉献需要由量变到质变

80多年前，毛泽东有段名言："一个人做点好事并不难，难的是一辈子做好事，不做坏事，一贯地有益于广大群众，一贯地有益于青年，一贯地有益于革命，艰苦奋斗几十年如一日，这才是最难最难的啊！"[3]这里强调奉献不应是短暂的，而是恒久的。

80多年后的今天，这段话不仅仍然适用，而且随着新时代服务业的高质量发展，在这段话基础上又有了新的更高要求：服务奉献不仅要有量的积累，更要有质的提升；几十年如一日的坚持，服务内容还要与时俱进地创新；个人的生命是有限的，为人民服务是无限的，一个人一辈子做好事仍不足够，还要让好事超越个人生命的时限长久地做下去。周明娟总结得非常到位："简单的事情认真做""认真的事情创新做""创新的事情传承做"[4]。

---

[1] 《学习劳模精神 争做新时代青年——全国劳模杨作军化身思政教师为东方青年带来"精神大餐"》，"浙江东方职业技术学院"微信公众号，https://mp.weixin.qq.com/s/LKYvqYFPE90rhoUb80_YXA，2021年5月18日。

[2] 祝建辉：《数字化转型定义新零售——访浙江衢州东方集团股份有限公司董事长潘廉耻》，《衢州日报》2020年3月27日。

[3] 毛泽东：《吴玉章寿辰祝词》（一九四〇年十一月十五日），中共中央文献研究室编：《毛泽东文集》第二卷，北京：人民出版社，1993年，第261—262页。

[4] 参见本章之"周明娟：解百销售 服务创新"。

陈腊英，一名普通的杭州环卫工，将扫地这件简单的事情认真做，进而形成一套方法兼标准《陈腊英道路保洁法》。即便她现已退休，这套保洁法依然对提高行业标准，指导更多同行高质量完成工作，发挥着持久效力。

基层社区干部沈新华，奋斗20余载，让益乐村从杭州的"西伯利亚"变如今的城市副中心。2002年益乐村撤村建居前，沈新华担任村党支部书记，倘若没有后来的质变，他应被归为农业劳模。然而早在2005年，益乐村就抓住了动漫、文创产业大发展的良机，成功打造数字娱乐产业园区，2006年被评为"国家级数字娱乐产业示范基地"。再后来，高楼大厦平地起，更多有活力的企业入驻。"今天人们走过路过，都会抬起头看看。益乐村再也不是以前的大农村了！"①沈新华自豪地说。确实，从沈新华到益乐村工作的1999年算起，至2019年，村年收入从900多万元暴涨到1.47亿元，且早早地完成了产业转型升级。一个城中村就这样"脱胎换骨"。

温岭渔民郭文标，热心海上救援，从不拿人一分钱，守海40年只做两件事——救活人上岸，接死人回岸。"现在救援基本上北至济州岛，东至钓鱼岛，南至台湾以东海面，都在这个海域救助。"②郭文标称。截至2017年，郭文标就已经救了上千人，打破了吉尼斯纪录。仅有这量变还不够，年逾半百、加之多年救援带来的创伤让郭文标的身体不复当年，他也早就意识到一个人的力量终究有限，于2008年自筹资金建立了海上民间救助站，带领更多志愿者投身并延续这项事业③。

综上，从劳模视角看新时代服务业的发展，科技的力量固然强大，但人更关键。人不仅是科技力量的创造者、使用者、受益者，更是在直接服务人的岗位有着不可替代的作用。人的学习力、沟通力、创造力与奉献精神相结合，成为推动新时代服务业蓬勃发展的根本动力。劳模为我们广大劳动者树立了榜样，他们的经验与精神是笔宝贵的财富。

---

① 沈新华口述，戴维整理：《益乐村往事》，《杭州日报》2020年11月24日。

② 王建龙、邵智：《面孔｜海上"平安水鬼"郭文标：近40年救千余人，从未收过一分钱》，https://zj.zjol.com.cn/video.html?id=1643741&duration=327.0&width=1280，"浙江新闻"网，2021年4月2日。

③ 《"海上捞尸人"郭文标，40年只做两件事：救活人上岸，接死人回岸》，"西部文明播报"陕西法制网文明资讯百家号官方号，https://baijiahao.baidu.com/s?id=1724617299673886275&wfr=spider&for=pc，2022年2月13日。

结语　让劳模成为新时代最闪亮的明星

劳模,尤其是新时代劳模,理应成为这个时代最闪亮的明星。他们的优秀经验和精神对当下广大劳动者有很大的帮助和引领作用。以深度访谈为基础的口述史研究,是最适合弘扬和传承劳模优秀经验与精神的路径之一。本书在资料采集和形成专著的过程中,有意将多位劳模分类组合形成"矩阵",发挥协同效应,使每位劳模的光芒汇聚、更加闪亮。此处分别从研究思路中的四重视角——人生史、精神史、行业史、口述史学视角出发,对本书劳模口述史中的亮点加以总结。

一、殊途同归:人生史视角的总结

本书研究的新时代浙籍全国劳模,家庭出身不尽相同,后天从事的劳动各有分工,不一样的人生道路有着同样的归宿,皆成为新时代社会主义建设者的杰出代表、全国劳动模范,生动诠释了个人理想与社会理想的密不可分、个人与国家之间的相互依存,给予每位劳动者以启示。

(一)出身平凡:潜能被彻底激发

细心的读者会发现,本书收录的15篇劳模口述史的主人公均出身平凡,没有所谓"高起点",其中大多数出身并不富裕的农民家庭,其余出身普通工人家庭。这一方面是缘于研究者有意的选择,另一方面也是客观现实的反映。

首先,出身平凡的劳模更接地气且更显励志,对于广大普通劳动者而言,他们需要这样能"够得到"的劳模做榜样。尤其在迈向共同富裕的道路上,对"后富者"的带动是关键。然而"物以类聚,人以群分","后富者"身边通常缺少合适的榜样来带动。这也是共富路上需要解决的问题,让底层劳动者有更多向上攀升的资源和机会。选拔劳模、推崇劳模,就是在打造属于广大劳动者自己的明星偶像,让后者有目标可追,有榜样可学,从而激发出自己的潜能,实现更大的人生价值。

其次,出身平凡也是这一年龄段(50岁上下)劳模的客观现实。新时代浙籍全国劳模以60后、70后为主体。20世纪60、70年代的中国还处在欠发达阶段，且农村人口占比较大，劳动者出身平凡是普遍现象。改革开放以后，中国的城镇化进程加速，大量农村劳动力脱离第一产业进入城镇从事二三产业，因此很多工业、服务业劳模也是农村出身。

更重要的是，出身平凡者能成为全国劳模，得益于潜能被彻底激发，这也是改革开放以来解放和发展生产力的生动体现。改革开放以来，广大劳动者有了更多通过择业改变命运的机会。海阔凭鱼跃，天高任鸟飞。无论是继承父业，还是开辟新业，他们总有机会找到最适合自己的职业和平台，从而彻底激发潜能，取得令人惊艳的成绩。当然，实现这一跃进的过程还离不开崇高的理想。

（二）树立理想：从谋生到为事业

从劳模的口述史中可知，他们就业之初的理想并不远大，基本就是为了谋生。这也是他们的平凡出身所决定的。随着越发出色的劳动换取越来越好的物质回报，解决了温饱，实现了小康，新的理想开始形成。

众所周知，随着改革开放的不断深入，中国在近40年来实现了经济腾飞，至2020年已全面建成小康社会。此时，普通劳动者中有不少人的想法还是功利的——赚钱，赚更多的钱。劳模之所以能从普通劳动者中脱颖而出，关键就在于实现小康后树立的崇高理想。劳模的新理想将赚钱谋生升华至为事业而奋斗，达到了在思想上淡泊名利，实际中"无求而自得"的超功利境界。

劳模在获取"全国劳动模范"等荣誉之前，更多只是在默默地做好自己的事业。荣誉降临之后，赋予了他们更多的社会责任感。于是我们看到很多劳模后期的工作重心逐步转向"传帮带"，为国家和社会培养人才。他们的理想也逐渐上升到为国家富强、人民幸福，为中华民族伟大复兴而奋斗。无论工作岗位如何，这是每位劳模共同奔赴的崇高事业。

（三）回报社会：受益者变奉献者

劳模也是被培养起来的。他们早年是受益者，受益于家庭、老师、领导同事、国家政策等的培养与支持。他们深感机遇的重要性，认为自己是幸运的。那么，各方为何要培养和支持他们，进而成为劳模？这里面也饱含着崇高的期许——为国家和社会培养人才。

努力奋斗的人千千万，"劳动模范"这一荣誉称号并不是为了证明谁比谁更努力、更优秀，也不应被视为一己之私誉，用于标榜个人；它承载的是国家的期许、人民的期望，赋予的是一种社会责任。因此，能够正确看待个人成绩与荣誉的劳模都明白其中道理。当他们事有所成、业有所精之后，便会自觉地由受益者转变为奉献者。

譬如，以劳模个人姓名命名的工作室，不是劳模个人的工作室，而是以劳模姓名为品牌的、以奉献为目的的集体工作室。又如陈美芳、叶兰花、胡道林等劳模，深谙劳模是宝贵的社会资源，他们能"集众力，行众善"，更大发挥劳模的社会价值。

所以劳模可以被羡慕，但不应被"嫉妒"。人们应当认识到劳模不仅是受益者，更是奉献者，从而积极地走近劳模，学习劳模，从劳模身上获益，学成之后也成为一名奉献者，将劳模的优秀经验与精神不断传承下去。

二、精神无界：精神史视角的总结

劳模的精神以劳模精神、劳动精神、工匠精神为核心，既超越了职业的界限，又融合了红船精神、雷锋精神、浙江精神、自学精神等更多优秀精神。透过多篇劳模口述史可以看出，劳模的精神不是后天通过学习某种精神概念直接习得的，而往往有一个以原生家庭为起点的自然的形成过程。所以当我们从长时段来了解劳模的精神，就会发现很难再用某一种精神来概括。

（一）劳模的精神的系统化

当今谈到劳模的精神，我们习惯用劳模精神、劳动精神、工匠精神三个精神来概括，这本身已经昭示了劳模的精神的系统化。

放在最前的劳模精神指"爱岗敬业、争创一流，艰苦奋斗、勇于创新，淡泊名利、甘于奉献"[1]，揭示了劳模做人做事的高标准，比之劳动精神"崇尚劳动、热爱劳动、辛勤劳动、诚实劳动"[2] 定位更高，要求"争创一流""勇于创新"；比之工匠精神"执着专注、精益求精、一丝不苟、追求卓越"[3]，也多出了"淡泊名利、甘于奉献"的内涵。单就做事而言，劳模即工匠；劳模比工匠更强调做人的模范效应，工匠淡泊名

---

[1] 胡锦涛：《在 2005 年全国劳动模范和先进工作者表彰大会上的讲话》，《解放军报》2005 年 5 月 1 日。

[2] 习近平：《在全国劳动模范和先进工作者表彰大会上的讲话》（2020 年 11 月 24 日），北京：人民出版社，2020 年版，第 2 页。

[3] 习近平：《在全国劳动模范和先进工作者表彰大会上的讲话》（2020 年 11 月 24 日），北京：人民出版社，2020 年版，第 2 页。

利、甘于奉献即达到劳模的标准。而劳动精神则诠释了劳模的早年成长历程——从崇尚、热爱劳动到辛勤、诚实劳动，体现出了"崇、爱、勤、实"的渐进顺序；同时，劳动精神与工匠精神均强调做事，揭示了劳模从普通劳动者成长为优秀工匠的全过程。比之单谈高标准的劳模精神，劳模精神、劳动精神、工匠精神三者并谈，不仅使劳模的精神内涵更加饱满，更有助于广大普通劳动者循序渐进地学习和弘扬劳模的精神。

万亚勇对劳模的精神有他独到的见解，即"敬业、勤业、精业、乐业"（四个"业"）。他给出的诠释更是让这四个"业"形成了一个"闭环"。即先有爱岗敬业，才会勤业；勤业之后，熟能生巧，精益求精，才能做到精业；精业的过程中能收获成功和奉献的喜悦与乐趣，从而达到乐业；因为乐业，才会更加爱岗敬业、勤业、精业。

万亚勇对劳模的精神的概括和诠释，是对劳模精神、劳动精神、工匠精神进一步的"打通"和补充。其中，"敬业、勤业"分别对应了劳动精神中的"崇尚劳动、热爱劳动、辛勤劳动"，劳模精神中的"爱岗敬业""艰苦奋斗"；"精业"对应了劳模精神中的"争创一流""勇于创新"，工匠精神的"精益求精""追求卓越"；"乐业"则是对三个精神的补充，也是劳模们在口述史中普遍强调的一点。其实早在1922年，梁启超便作有题为《敬业与乐业》的演讲稿并意识到乐业与敬业同等重要："敬业即是责任心，乐业即是趣味。""我确信'敬业乐业'四个字，是人类生活的不二法门。"①

新时代全国劳模正值事业巅峰期，最令人感慨的就是他们的能量之大。"您不累吗？"常常是口述史采访者不禁发出的疑问。劳模们实事求是地回答："累！"但他们同时也表示工作让他们无比快乐。正如万亚勇"敬业、勤业、精业、乐业"的总结，他们进入一种不断精进的良性循环。在此过程中，红船精神、雷锋精神、浙江精神、自学精神等多种优秀精神也得到了弘扬。

（二）在一线劳动中锤炼精神

从劳模口述史中可知，劳模们通常把自己的精神之源归于良好的家风或农民的勤劳质朴等。这自然不是什么天生论，同样是后天养成的，只不过养成的起点较早——孩童时期，养成的方式是耳濡目染、潜移默化。不难看出，早年良好的成长环境为劳模的精神养成提供了一个良好

---

① 梁启超：《梁启超全集》（第七册），北京：北京出版社，1999年，第4019—4020页。

基础。但并非所有拥有良好基础的人都能成为劳模，劳模的精神关键还是在后天一线劳动中锤炼出来的。

劳模们普遍强调："一线，是最锻炼人、培养人的地方。"一线劳动是最基层、最具体的劳动，劳动强度普遍偏高，且需要劳动者亲力亲为，遇到困难只能靠自己想办法解决，因此最能激发人的创造力等潜能，最能锤炼人的艰苦奋斗等精神。

劳动者在一线中成长大致可分为初级和高级两个阶段。

初级阶段是相对被动的"捶打—适应"阶段，对应"敬业"和"勤业"。此时的劳动者从事劳动基本还停留在以自力谋生为目标的状态，崇高理想尚未塑造。在一线劳动中反复捶打，可消除其畏难情绪和惰性，鞭策其进步以胜任劳动，从而获取回报实现初级目标。初级阶段对劳动者的思想教育侧重逆境教育，主讲劳模精神等优秀精神中的爱岗敬业、艰苦奋斗等。目的是使劳动者压不倒、挺得住，达到称职的标准。

高级阶段是相对主动的"炼就—驾御"阶段，对应"精业"和"乐业"。此时的劳动者已经克服种种困难，完全胜任一线劳动，自力谋生不在话下。接下来，对劳动者的思想教育将发挥更大作用，主讲劳模精神等优秀精神中的争创一流、勇于创新、淡泊名利、甘于奉献等，使劳动者有意识地向劳模看齐，塑造其为事业而奋斗、为国家和社会做奉献的崇高理想，从而使其收获成功与奉献的快乐，达到劳模的标准和"乐业"的境界。

锤炼精神的过程也是培养人才的过程。劳动者在一线劳动中锤炼出劳模般的精神，同时也将自己培养成劳模般的人才。

三、人才至上：行业史视角的总结

（一）新时代是人才至上的时代

劳模为何在新时代备受重视和推崇，新时代为何要大力弘扬劳模精神？这都离不开当前人才至上的大环境。

人才至上有一个对应词叫"资本至上"，即强调资本是万能的，人才也被资本化。虽然重视人才不是什么新题，但资本却往往更被人所看重，以致超过了人才。值得警惕的是，"资本至上"是资本主义国家的主流价值观，信奉"资本至上"就意味着按资本主义国家的"游戏规则"来发展经济，承认"资本可以买通一切"，忽视自主创新创造，最终的恶果就是经济受制于人，处处受制于人。

近年，以美国为首的资本主义国家对中国处处"卡脖子"，彻底唤醒了国人的自主创新意识。自主创新靠什么？固然也靠资本，但关键靠人才。目前中国并不缺投资自主创新的资本，缺的是相应的人才。在全社会都强调创新的大环境下，人才终成首要。二十大报告将教育、科技、人才并谈，独立成章，置于突出重要位置，足见科技创新战略下人才的重要性[①]。而人才从何而来？从教育中培养出来。

以往谈教育培养人才，人们首先想到的是学校，但学校侧重理论知识的教育，而中国被"卡脖子"的高科技产品不只是靠理论攻关，更需要动手制造。实践技能的教育同样不可或缺。早先在这些"卡脖子"领域可以直接引进国外产品，由国外技师负责指导和保障，中国人只需付钱即可。如今，中国人在"卡脖子"的领域被"赶"下了生产一线，正应了劳模们对一线的重视。在一线培养人才，培养一线人才，自力更生，方能自主创新。在一线，劳模是现实可依的师资力量。

正因如此，本书在劳模口述史访谈中大量提及人才培养问题，且在第三、四、五章均以人才培养为主题探讨新时代中国三大产业的发展。以往学者谈劳动人才培养，多站在政府层面建言献策，以期通过政府制定相应的人才政策自上而下地解决人才培养问题。这只是一方面。作为补充，本书从人才的自我成长角度出发，向劳动者提出要求，以期自下而上地实现从普通劳动者到优秀劳动人才的蝶变。

（二）鼓励人才自我成长

自主创新不是一蹴而就，需要有一个沉淀积累的过程，这一过程离不开自我成长。不懂得自我成长，也就谈不上自主创新。此处分别从农业、工业、服务业三方面来谈。

首先就农业而言，从农业劳模口述史中可知，农业的发展除了受制于土地等自然条件，还非常依赖政策支持及先进农机农技的推广应用。因此，似乎人人都不觉得普通农民自身有什么创造力，这一观念导致的恶果便是滋生后者的"等靠要"思想。当然近年来该问题已得到重视，对于农民的各种培训多了起来，但效果如何，还要看农民自身的自觉性和主动性。

---

① 详见习近平：《高举中国特色社会主义伟大旗帜　为全面建设社会主义现代化国家而团结奋斗——在中国共产党第二十次全国代表大会上的报告》（2022 年 10 月 16 日），北京：人民出版社，2022 年，第 33—36 页。

从事一线生产的新时代浙籍农业劳模，用亲身经历证明了自主学习、自我成长是开拓创新、抢占先机的源泉。其中的道理并不难理解，即永远跟在人后亦步亦趋，很容易错过新产品的红利期，后期利润薄、风险大；唯有敢为人先，勇立潮头，方能快人一步，尝到新成果的红利。

当然自主学习不是闭门造车，而是主动求学，在求学中加入自我思考，不偏听偏信、生搬硬套，进而实现由学习到创造的升华。

就工业而言，工业的"传帮带"机制比农业更加完善且必要，每位工业劳动者初入门时总会有自己的老师，但同时新时代工业产品技术的更新也非常快。无论作为师傅还是徒弟，若不能与时俱进地更新自身知识技术，很快就会面临落后甚至淘汰。因此，对工业劳动者的自我成长也有了更高要求，即不仅要有自主学习的意识，还要进一步养成不断学习、终身学习的习惯。

就服务业而言，服务业提供的岗位种类更多，劳动者的成长成才更加自主灵活，但同时从业人员也更多，劳动者乃至人才面临的竞争更加激烈，甚至还面临来自智能化、无人化浪潮的冲击。如果说农业和工业在不断迈向专精化的进程中更推崇精于一行的专家型人才，那么服务业相对更青睐"多面手"式的复合型人才。服务业发展的永恒目标就是为客户提供最优质的服务。耳熟能详的"一站式服务""一对一服务""互联网＋服务"等，都是为了提升服务质量。理论上，每位客户平均享受到的服务资源越多，服务效果越好；但同时服务方提供服务资源越多，成本越高，收益未必好。于是，复合型人才"以一当十"，以更少的劳动力成本提供更多的服务资源，自然有利于服务业的发展。

其实不仅在服务业，复合型人才因性价比高，在任何行业均受青睐。这再一次对劳动者的自我成长提出了新的更高要求——全面发展，不仅包括个人能力的全面发展，甚至提升到整个人的全面发展。那么，全面发展的人是什么样的，如何在自我成长中实现全面发展？这就需要提供一个现实参照。劳模便发挥了这样一个参照作用。仅全国劳模，国家每五年便评选达上千位，作为模范典型为何要评选这么多人而不惧同质化？答案就在于更多的劳模能够提供更全面的现实参照，让来自各行、各地、各年龄、各出身、各文化程度的每一名劳动者都能在劳模群体中找到适合自己的偶像。而且一名劳动者的偶像可能不止一个，而是多个。

我们不敢妄言某一位劳模已经实现了全面发展，达到"完人"。至少每位劳模都有各自身上的闪光点，多位劳模的闪光点汇聚，终能达到足够的全面。因此，我们有理由让劳模成为新时代最闪亮的明星，让普通劳动者包括劳模之间都可以寻找到适合自己的偶像，进而向其学习，成为全面发展的人。

四、时代之声：口述史学视角的总结

（一）劳模口述史更应发挥时代价值

经典的历史学视野下的口述史侧重"抢救"历史资料，常常瞄准那些缺乏文献记录的人和事。譬如重视采访老年人，因为他们亲历的历史更久远，填补早年文献记载之空白；重视采访于文献记录中备受冷落的边缘或弱势群体，因为他们曾是历史上的"失语者"，需要他们口述自己的历史。劳模是比较特殊的一个群体，年龄跨度较大，有的家喻户晓，有的默默无闻，文献记录多寡不一。若依"抢救"历史资料之动机，劳模口述史应以老年劳模（早年获评"劳动模范"者）、文献记录少的劳模为重点采访对象。但如此一来，劳模似乎仅被视为历史的见证者，劳模口述史体现出的更多只是历史价值。

然而劳模之所以产生，其用意在于以模范带头作用促进时下的劳动生产，才是劳模这一群体的核心价值。因此，本书所做的劳模口述史及其研究侧重发挥劳模的时代价值。故选取新时代劳模为研究对象，其中采访的劳模年龄区间在 42—66 岁（采访时）。在采访问题的设置上，侧重时代价值与侧重历史价值也有很大差别。以"抢救"历史资料为动机的劳模口述史，会大量围绕历史事实提问；以发挥时代价值为动机的劳模口述史，则更重视劳模经验与精神的发掘。对应的劳模口述史研究也会分化为侧重事实研究或侧重经验与精神研究。

近年来劳模工匠很受重视，相应的访谈与文献记录也较早年大为增加。尤其是新时代劳模，其职业生涯仍在进行时，新时代劳模口述史作为一种及时的历史记录，其所能提供的资料仅限做口述史的时间点之前，劳模后续新的事迹还需由新的口述史来补充。如胡道林口述史便证明了这一点。胡道林于 2016 年做过口述史，前后两部口述史间隔五年，内容已有较大补充和更新。

相对而言，新时代劳模口述史的时代价值更加突出，新时代劳模在发挥时代价值方面也更有优势。其最大优势是劳模正处在事业巅峰期。口述史作为一个推介，让更多的人知晓劳模，持续深入地关注和了解劳模，甚至有条件的可以亲自走访劳模——这类活动已有开展。正活跃在我们身边的劳模，是距离我们最近的劳模，也是属于我们这个时代的偶像，理应优先去追寻。

（二）如实纯粹地传递正能量

本书在口述史采访前，采访者总会事先告知劳模采访动机，即为当下劳动者，尤其是青年劳动者传递经验与精神，应用于课题研究与思政教学；声明不用于个人宣传，不涉及任何利益往来，纯粹作为劳模与人民教师社会责任的履行。于是，劳模们积极表达自己的真情实感，他们将自己的先进事迹、骄人成绩主动示人，目的也是纯粹的，即传播正能量，让更多的人感受到激励和鼓舞，并更好地了解新时代国家各行各业发展的最新成就，增强发展自信。

所谓"个人宣传"是劳模口述史在推广时遭遇的一大误解。劳模口述史倘若以记事为主，只讲成绩不谈经验，则难免让人误以为是在自我标榜，可接受性大为降低。毕竟劳模个人的成绩与陌生受众之间并无多少关系，只看他人成绩难免心有落差，心生抵触。因此，把劳模口述史的动机放在"施益"——为受众提供有益的经验与精神，是非常必要的。

劳模口述史既然承载着传播经验与精神的社会责任，那么是否应该全由最能讲的劳模来讲？在本书中答案是否定的。原因就在于劳模群体本身并非全是善言者构成，其强调的还是能干。有些劳模能干而不善言，其口述史确显单薄而平淡，这是劳模状况的真实反映。倘若因此排斥他们，让他们"失语"，不仅是不尊重人，也有悖于口述史学者们普遍坚持的立场——人人都享有平等的历史话语权。

本书劳模口述史的篇幅各有长短，节奏各有快慢，全由劳模本人决定。这种长短节奏的变化是非常有益的，它可以避免千篇一律，消除审美疲劳，使每位劳模的个性彰显，给受众的印象更深。研究者不会为了追求所谓"整齐划一"对内容强行增删，也拒绝用文字资料直接冒充口述的行为。

综上，让劳模成为新时代最闪亮的明星。本书的撰写期待能为全体劳模更好发挥模范引领作用尽一份力，为中国劳模口述史研究添砖加瓦。

参考文献

一、纸质文献

[1] 蔡巍等:《基于文献数据库的全国劳模个人成长史研究:以"抓斗大王"包起帆为例》,《上海第二工业大学学报》2018 年第 3 期,第 247—254 页。

[2] 畅引婷、杨霞:《对全国劳模申纪兰的性别审视——〈口述申纪兰〉评介》,《中华女子学院学报》2018 年第 4 期,第 114—119 页。

[3] 陈必华、淦爱品主编:《劳模精神导论》,上海:上海交通大学出版社,2020 年。

[4] 陈墨:《口述历史门径(实务手册)》,北京:人民出版社,2013 年。

[5] 陈墨:《口述史学研究:多学科视角》,北京:人民出版社,2015 年。

[6] 陈曦等:《廖洪德:在平凡岗位上坚守初心实现自我价值》,《嘉兴日报》2019 年 8 月 16 日。

[7] 陈晓彤等:《华中农业大学开设全国第一个智慧农业本科专业》,《长江日报》2021 年 5 月 8 日。

[8] 褚成君、周月:《近 20 年来国内关于劳模的研究述评》,《中共山西省委党校学报》2020 年第 5 期,第 110—115 页。

[9] 戴钗茹:《新中国成立初期上海妇女劳动模范研究(1949—1956)》,上海师范大学硕士学位论文,2020 年。

[10] 恒智:《浦东劳动模范村经营概况》,《益世报》(天津)1929 年 5 月 5 日。

[11] 恒智:《浦东劳动模范村经营概况》(续),《益世报》(天津)1929 年 5 月 6 日。

[12] 侯成德:《美国口碑史料学三十年》,《世界史研究动态》1981 年第 9 期,第 4—8 页。

[13] 侯秀芳、王栋著:《乡村振兴战略下"智慧农业"的发展路径》,青

岛：中国海洋大学出版社，2019年。

[14]　胡锦涛：《在2005年全国劳动模范和先进工作者表彰大会上的讲话》，《解放军报》2005年5月1日。

[15]　江晨、胡玉民：《守护生命最后一程——记全国劳模韩宝国》，《浙江日报》2016年4月4日。

[16]　孔越等：《张继东："专家级农民"带领农户潜心种好"良心菜"》，《嘉兴日报》2020年12月9日。

[17]　李丹：《浙江推行"导师帮带制"——强基层队伍促乡村振兴》，《经济日报》2021年2月8日。

[18]　李珂编：《中国劳模口述史》第一辑，北京：社会科学文献出版社，2018年。

[19]　李珂、吴麟编：《中国劳模口述史》第二辑，北京：社会科学文献出版社，2019年。

[20]　李珂、吴麟编：《中国劳模口述史》第三辑，北京：社会科学文献出版社，2019年。

[21]　李涛、高红雨：《中国科技口述史研究：以河北传统造纸和造船为例》，北京：科学出版社，2015年。

[22]　李向平、魏扬波：《口述史研究方法》，上海：上海人民出版社，2012年。

[23]　林发钦：《澳门口述历史研究的回顾与思考》，《郑州大学学报》（哲学社会科学版）2010年第4期，第14—17页。

[24]　刘文主编：《时代领跑者——上海劳模口述史》，上海：上海人民出版社，2018年。

[25]　刘文主编：《时代领跑者——上海劳模口述史（二）》，上海：上海人民出版社，2020年。

[26]　刘向兵、赵健杰：《多学科跨学科视角下的劳动模范研究与劳模教育创新》，《中国劳动关系学院学报》2018年第4期，第1—8页。

[27]　路建英：《威海航泰实践——环保型智能控制火化设备助力殡葬行业发展》，《中国社会报》2022年1月25日。

[28]　吕毅等：《解百集团员工周明娟：做零售服务创新的"弄潮儿"》，《杭州日报》2017年10月23日。

[29]　吕玥、陈晨：《一把扫帚写春秋——记马路天使陈腊英》，《浙江日报》2011年5月5日。

[30]　马克思恩格斯列宁斯大林著作中共中央编译局编：《马克思恩格斯

选集》第三卷，北京：人民出版社，2012 年。

[31] 马梦妍：《付出终有回报 "马路天使"陈腊英梦圆杭州》，《杭州日报》2019 年 5 月 7 日。

[32] 毛泽东：《吴玉章寿辰祝词》（一九四〇年十一月十五日），中共中央文献研究室编：《毛泽东文集》第二卷，北京：人民出版社，1993 年，第 261—262 页。

[33] 孟庆顺：《口碑史学略述》，《国外社会科学》1987 年第 1 期，第 53—56 页。

[34] 苗露：《20 年，唱一出"空心村"蜕变记——专访义乌城西街道七一村党委书记何德兴》，《浙江老年报》2017 年 9 月 22 日。

[35] 倪华华等：《王金明：山村脱贫致富的"幸福领路人"》，《富阳日报》2018 年 12 月 3 日。

[36] 庞玉洁：《从往事的简单再现到大众历史意识的重建——西方口述史学方法述评》，《世界历史》1998 年第 6 期，第 74—81 页。

[37] 彭维锋：《新时代劳模精神的十大内涵》，《工人日报》2018 年 3 月 20 日。

[38] 钱茂伟：《公众史学视野下的个人史书写》，《南开学报》（哲学社会科学版）2014 年第 4 期，第 62—70 页。

[39] 钱茂伟：《口述史实务流程相关问题思考》，《学习与探索》2014 年第 12 期，第 159—165 页。

[40] 曲彦斌：《略论口述史学与民俗学方法论的关联——民俗学视野的口述史学》，《社会科学战线》2003 年第 4 期，第 126—132 页。

[41] 任鹏、李毅：《劳模精神的生成逻辑：基于实践、理论、文化视角》，《山东工会论坛》2018 年第 3 期，第 1—5 页。

[42] 单建鑫：《论音乐口述史的概念、性质与方法》，《音乐研究》2015 年第 4 期，第 94—103 页。

[43] 沈飞德：《当代中国的口述历史：前景和问题》，《探索与争鸣》2008 年第 8 期，第 76—80 页。

[44] 沈固朝：《与人民共写历史——西方口述史的发展特点及对我们的启示》，《史学理论研究》1995 年第 2 期，第 98—107 页。

[45] 沈怀玉：《口述历史实务谈》，当代上海研究所编：《口述历史的理论与实务——来自海峡两岸的探讨》，上海：上海人民出版社，2007 年，第 128—156 页。

[46] 沈新华口述，戴维整理：《益乐村往事》，《杭州日报》2020 年 11

月 24 日。

[47] 沈吟：《一片痴情付竹炭——记衢州全国劳动模范程辉武》，《浙江日报》2015 年 5 月 5 日。

[48] 宋晗语等：《全国劳动模范周海东的"樱桃故事"》，《余杭晨报》2020 年 11 月 25 日。

[49] 田鹏颖、姜耀东：《劳模文化哲学论纲》，北京：社会科学文献出版社，2018 年。

[50] 田鹏颖、李正鸿编著：《东北老工业基地劳模人物传（黑龙江卷）》，北京：社会科学文献出版社，2018 年。

[51] 田鹏颖、王圆圆：《马克思唯物史观视阈中的劳模精神——兼论劳模精神在中国特色社会主义文化中的地位》，《广西社会科学》2017 年第 11 期，第 195—199 页。

[52] 田鹏颖、朱丽颖、于春玲编著：《劳模文化本质论——基于东北（辽宁）老工业基地的思考》，北京：社会科学文献出版社，2019 年。

[53] 田鹏颖主编：《东北（辽宁）老工业基地劳模文化研究》，北京：社会科学文献出版社，2018 年。

[54] 王彩霞：《抗日战争时期陕甘宁边区劳模运动研究》，北京：中国社会科学出版社，2014 年。

[55] 王海晨、杜国庆：《影响口述史真实性的几个因素》，《史学理论研究》2010 年第 2 期，第 61—69 页。

[56] 王惠玲：《香港口述历史书写："以人为本"的历史论述》，杨祥银主编：《口述史研究》第一辑，北京：社会科学文献出版社，2014 年，第 357—372 页。

[57] 王景高：《口述历史与口述档案》，《档案学研究》2008 年第 2 期，第 3—8 页。

[58] 王霖凡：《新时代以来劳动模范研究的回顾与展望》，《实事求是》2021 年第 4 期，第 63—70 页。

[59] 王艳勤：《中国的口述史学研究》，《湖北大学学报》（哲学社会科学版）2004 年第 5 期，第 592—596 页。

[60] 魏后凯主编：《中国乡村振兴综合调查研究报告 2021》，北京：中国社会科学出版社，2022 年。

[61] 奚嘉瑶：《从会种到"慧"种 我县乡村振兴走上"智富路"》，《嘉兴日报·嘉善版》，2022 年 6 月 13 日。

[62] 习近平:《发扬钉钉子的精神,一张好的蓝图一干到底》(2013年2月28日),《习近平谈治国理政》第一卷,北京:外文出版社,2018年,第399—400页。

[63] 习近平:《高举中国特色社会主义伟大旗帜 为全面建设社会主义现代化国家而团结奋斗——在中国共产党第二十次全国代表大会上的报告》(2022年10月16日),北京:人民出版社,2022年。

[64] 习近平:《弘扬"红船精神"走在时代前列》,《光明日报》2005年6月21日。

[65] 习近平:《在庆祝中国共产主义青年团成立100周年大会上的讲话》(2022年5月10日),北京:人民出版社,2022年。

[66] 习近平:《在全国劳动模范和先进工作者表彰大会上的讲话》(2020年11月24日),北京:人民出版社,2020年版。

[67] 夏晓茵:《"金锤奖"得主"康奈"刘昌勇:5万奖金捐给困难员工》,《浙江工人日报》2010年8月21日。

[68] 熊卫民:《口述史的特点、功能与局限性》,周新国主编:《中国口述史学的理论与实践》,北京:中国社会科学出版社,2005年,第120—124页。

[69] 徐大慰:《劳模精神研究》,芜湖:安徽师范大学出版社,2020年。

[70] 徐国利、王志龙:《当代中国的口述史学理论研究》,《史学理论研究》2005年第1期,第118—125页。

[71] 许雪姬:《近年来台湾口述历史的发展及其检讨》,杨祥银主编:《口述史研究》第一辑,北京:社会科学文献出版社,2014年,第311—356页。

[72] 闫茂旭:《当代中国史研究中的口述史问题:学科与方法》,《唐山学院学报》2009年第4期,第16—20页。

[73] 颜井平:《1949年以来我国口述历史的发展与出版》,《出版发行研究》2018年第1期,第108—111页。

[74] 杨冬梅等编:《劳模学概论》,北京:人民出版社,2020年。

[75] 杨立文:《论口述史学在历史学中的功用和地位》,林国华、郑家馨主编:《北大史学》第一辑,北京:北京大学出版社,1993年,第120—136页。

[76] 杨祥银、陈鸿超主编:《多学科视域下的当代中国口述史学》,北京:社会科学文献出版社,2022年。

[77] 杨祥银:《口述史学:理论与方法——介绍几本英文口述史学读

本》,《史学理论研究》2002 年第 4 期，第 146—154 页。

[78] 杨祥银:《口述史学的数字化转型》,《人民日报》2015 年 9 月 21 日。

[79] 杨祥银:《现代美国口述史学研究》,北京:中国社会科学出版社，2016 年。

[80] 杨祥银:《与历史对话:口述史学的理论与实践》,北京:中国社会科学出版社，2004 年。

[81] 杨雁斌:《口述史学百年透视》(上),《国外社会科学》1998 年第 2 期，第 2—6 页。

[82] 杨雁斌:《口述史学百年透视》(下),《国外社会科学》1998 年第 3 期，第 2—7 页。

[83] 姚力:《生命叙事与时代印记——新中国 15 位劳动模范口述》,北京:人民出版社，2017 年。

[84] 姚力:《我国口述史学发展的困境与前景》,《当代中国史研究》2005 年第 1 期，第 96—100 页。

[85] 姚荣启编著:《中国劳模史:1932—1979》,北京:中国工人出版社，2020 年。

[86] 义乌县志编纂委员会编:《义乌县志》,杭州:浙江人民出版社，1987 年。

[87] 游海华:《中国共产党创设劳模时间考》,《中国井冈山干部学院学报》2020 年第 2 期，第 87—91 页。

[88] 俞保云:《科技创新 打造绿色生态热电企业——嘉兴新嘉爱斯热点转型升级之路》,《浙江节能》2019 年第 1 期，第 122—126 页。

[89] 曾毅、干杉杉:《"点灯人"钱海军:23 年光明护万家》,《光明日报》2022 年 5 月 6 日。

[90] 张广智、陈恒:《口述史学》,台北:杨智文化事业股份公司，2003 年。

[91] 张世英:《哲学导论》(第三版),北京:北京大学出版社，2016 年。

[92] 赵莉飊:《柴金甫:十里花乡领路人》,《嘉兴日报·嘉善版》2012 年 9 月 13 日。

[93] 赵莉飊:《阳丽平:新老居民融合发展中的无悔坚守》,《嘉兴日报》2019 年 7 月 9 日。

[94] 中共宁波市委党史研究室编:《火红岁月:甬城全国劳模口述史》,宁波:宁波出版社，2015 年。

[95] 中共宁波市委党史研究室编：《时代华章：宁波全国劳模口述史》，宁波：宁波出版社，2017 年。

[96] 钟少华：《进取集：钟少华文存》，北京：中国国际广播出版社，1998 年。

[97] 钟少华：《中国口述史学漫谈》，《学术研究》1997 年第 5 期，第 46—51 页。

[98] 周洪宇、刘来兵：《教育口述史研究引论》，武汉：华中科技大学出版社，2020 年。

[99] 周俊超：《商业模式下口述回忆录的编撰》，《编辑之友》2016 年第 4 期，第 35—38 页。

[100] 周新国：《构建中国特色、中国风格和中国气派的中国口述史学——关于口述史料与口述史学的若干问题》，《当代中国史研究》2004 年第 4 期，第 103 页。

[101] 周新国：《中国口述史学之回顾与展望》，《扬州大学学报》（人文社会科学版）2005 年第 2 期，第 24—27 页。

[102] 祝建辉：《数字化转型定义新零售——访浙江衢州东方集团股份有限公司董事长潘廉耻》，《衢州日报》2020 年 3 月 27 日。

[103] 左玉河：《口述历史视域中的真实性》，《人民日报》2015 年 9 月 21 日。

[104] 左玉河：《热点透视与学科建设：近年来的中国口述历史研究》，《中华文化论坛》2011 年第 1 期，第 36—45 页。

[105] 《彭尚进 科技示范引领农民增收》，《浙江工人日报》2015 年 4 月 30 日。

[106] 《蒲通：我是普通人，遇到一家好企业》，《台州日报》2019 年 12 月 5 日。

[107] 《全国劳模徐川子：克难攻坚 不负芳华》，《浙江工人日报》2020 年 11 月 28 日。

[108] 《全国五一劳动奖章获得者许丽珍："花果山"上的女掌门》，《台州日报》2015 年 5 月 1 日。

[109] 《让邮政更智能》，《中国邮政报》2020 年 12 月 2 日。

[110] 《沈守贤 员工有困难就找他》，《浙江工人日报》2015 年 4 月 30 日。

[111] 《习近平给中国劳动关系学院劳模本科班学员的回信》（2018 年 4 月 30 日），《光明日报》2018 年 5 月 1 日。

[112] 《习近平在同全国劳动模范代表座谈时的讲话》（2013 年 4 月 28 日），《人民日报》2013 年 4 月 29 日。

[113] 《赵国新 "敢吃螃蟹" 的港口技改先锋》，《浙江工人日报》2015 年 4 月 30 日。

[114] 《中共中央国务院关于全面加强新时代大中小学劳动教育的意见》，北京：人民出版社，2020 年。

[115] Eva M. McMahan, Kim Lacy Rogers, *Interactive Oral History Interviewing*, New Jersey: Lawrence Erlbaum Associates, 1994.

[116] Louis Starr, "Oral History", *Encyclopedia of Library and Information Science,* Vol.20, New York: Marcel Dekker, 1977, p.440.

[117] Lynn Abrams, *Oral History Theory,* Routledge London and New York: Taylor & Francis Group, 2016.

[118] Yang Liwen, "Oral History in China", *Oral History,* Vol.15, No.1, 1987, p.22.

[119] （日）中村貴：《探究普通人日常生活及其背后的心意——兼论现代民俗学研究中口述史方法的目的与意义》，《郑州大学学报》（哲学社会科学版）2017 年第 1 期，第 123—127 页。

[120] （美）胡佛（Herbert T. Hoover）作，正一译：《美国的口述史》，《现代外国哲学社会科学文摘》1982 年第 11 期，第 21—25 页。

[121] （美）唐纳德·里奇（Donald A. Ritchie）著，王芝芝、姚力译：《大家来做口述历史：实务指南》（第二版），北京：当代中国出版社，2006 年。

[122] （美）唐纳德·里奇（Donald A.Ritchie）著，邱霞译：《大家来做口述历史》（第三版），北京：当代中国出版社，2019 年。

[123] （英）保罗·汤普森（Paul Thompson）著，覃方明、渠东、张旅平译：《过去的声音——口述史》，沈阳：辽宁教育出版社，2000 年。

二、网络文献

[1] "农村大脑" 简介，"农村大脑（杭州）数字科技有限公司" 官网，http://www.sixianggs.com/article/list/1.html，2022 年 7 月 10 日。

[2] "讯飞开放平台"，https://www.iflyrec.com/zhuanwenzi.html，2022 年 1 月 22 日。

[3] "智慧农业" 与 "农业智能装备工程" 专业 "开设院校"，"中国教

育在线"官网，https://www.gaokao.cn/special/8688?sort=1&special_type=3，2021 年 7 月 15 日。

[4] 《"海上捞尸人"郭文标，40 年只做两件事：救活人上岸，接死人回岸》，"西部文明播报"陕西法制网文明资讯百家号官方号，https://baijiahao.baidu.com/s?id=1724617299673886275&wfr=spider&for=pc，2022 年 2 月 13 日。

[5] 《2021 年度人力资源和社会保障事业发展统计公报》，"中华人民共和国人力资源和社会保障部"官网，http://www.mohrss.gov.cn/xxgk2020/fdzdgknr/ghtj/tj/ndtj/202206/t20220607_452104.html，2022 年 6 月 7 日。

[6] 《2021 年度浙江省人民生活等相关统计数据公报》，"浙江省统计局"官网，http://tjj.zj.gov.cn/art/2022/2/11/art_1229129205_4874984.html，2022 年 2 月 11 日。

[7] 《2021 年居民收入和消费支出情况》，"国家统计局"官网，http://www.stats.gov.cn/tjsj/zxfb/202201/t20220117_1826403.html，2022 年 1 月 17 日。

[8] 《2021 年浙江居民人均收支主要指标》，"国家统计局浙江调查总队"官网，http://zjzd.stats.gov.cn/dcsj/ndsj_2174/2021_ndsj/cxjmsz/202206/t20220613_105337.html，2022 年 6 月 13 日。

[9] 《党代表通道｜张兵：嘉兴城乡收入差距全国最小》，"浙江日报"百家号官方号，https://haokan.baidu.com/v?pd=wisenatural&vid=4503235801964637747，2022 年 6 月 21 日。

[10] 《工业和信息化部办公厅关于开展专精特新"小巨人"企业培育工作的通知》，"中华人民共和国工业和信息化部"官网，https://www.miit.gov.cn/zwgk/zcwj/wjfb/zh/art/2020/art_9dee2248b9244816a2820f91f7886ecb.html，2018 年 11 月 26 日。

[11] 《坚守一线 20 多年！温州这位电网工人把自己写成了"说明书"》，"浙江日报"百家号官方号，https://baijiahao.baidu.com/s?id=1704433536349114030&wfr=spider&for=pc，2021 年 7 月 5 日。

[12] 《建德市：我们的学长是全国劳模，听他说奋斗的这些年》，"杭州日报"百家号官方号，https://baijiahao.baidu.com/s?id=1685242832708138474&wfr=spider&for=pc，2020 年 12 月 5 日。

[13] 《巾帼不让须眉！这位温州金融女将用行动实践新时代"温州人精神"》，"抽屉视频"浙报融媒体百家号官方号，https://baijiahao.

baidu.com/s?id=17097602581766696451&wfr=spider&for=pc，2021年9月2日。

[14] 《科协会员日人物（八）：路漫修远，上下求索——徐肖杰新药梦想》，"浙江省科学技术协会"官网，https://www.zast.org.cn/art/2016/4/1/art_1670294_36731524.html，2016年4月1日。

[15] 《楼丁阳：包邮区如何炼成？这位"程序员"全国劳模，21年前就写下了第一行代码》，"中工网"，http://www.workercn.cn/50000264/202111/15/20211115145703906880559.shtml，2021年11月15日。

[16] 《全国劳动模范屠永坚：39年，专注丝织工艺技术创新！》，"浙江抽屉"浙报融媒体腾讯新闻官方号，https://xw.qq.com/cmsid/20210922A0BBO600?pgv_ref=baidutw，2021年9月22日。

[17] 《全国劳模徐玲玲：建筑科技领域勇于创新的"领路人"》，"浙江抽屉"浙报融媒体腾讯新闻官方号，https://view.inews.qq.com/a/20210929A09IIS00，2021年9月29日。

[18] 《全国首家！小乡村里有了专业学院 嘉善县缪家乡村振兴学院正式亮相》，"中共嘉兴市委 嘉兴市人民政府"官网，http://www.jiaxing.gov.cn/art/2019/9/29/art_1592813_38537143.html，2019年9月29日。

[19] 《谁在种地丨种地主力军发生新变化》，"央视三农"CCTV-17农业农村频道官方微信公众号，https://mp.weixin.qq.com/s/AjZD1HiFEF1zFW83NRc_TQ，2018年12月24日。

[20] 《沈国甫：识时务者为俊杰》，"浙江在线"网，https://zjnews.zjol.com.cn/05zjnews/system/2008/10/21/010049842.shtml，2008年10月21日。

[21] 《十九大代表丨张积贵：左手蓝领专家 右手红领书记》，"浙江日报"百家号官方号，https://baijiahao.baidu.com/s?id=1581948859696782829&wfr=spider&for=pc，2017年10月22日。

[22] 《他是IT界最懂危化品物流的人，玩转IT＋危化品运输》，"浙江抽屉"浙报融媒体腾讯新闻官方号，https://xw.qq.com/amphtml/20210907A043YZ00，2021年9月7日。

[23] 《王树国校长在西安交通大学2022届学生毕业典礼上的寄语》，"西安交通大学新闻网"，http://news.xjtu.edu.cn/info/1002/184512.htm，2022年7月3日。

[24] 《我的名字叫建国丨他是带领村民致富的"枇杷王"》，"中国宁波

网 ", http://news.cnnb.com.cn/system/2019/02/07/030025695.shtml,
2019 年 2 月 7 日。

[25] 《习近平：发展职业教育，我支持你们！》，"人民网"，http://
politics.people.com.cn/n1/2019/0821/c1024—31308810.html，2019
年 8 月 21 日。

[26] 《学习劳模精神 争做新时代青年——全国劳模杨作军化身思政教
师为东方青年带来"精神大餐"》，"浙江东方职业技术学院"微信
公众号，https://mp.weixin.qq.com/s/LKYvqYFPE90rhoUb80_YXA，
2021 年 5 月 18 日。

[27] 《一场龙卷风改变了人生！他扎根变电一线 37 年，斩获 23 项国
家专利》，"浙江日报"百家号官方号，https://baijiahao.baidu.com/
s?id=1705884865580915920&wfr=spider&for=pc，2021 年 7 月
21 日。

[28] 《在漆黑中开创技术革命，这位宁波的电池工匠打造超级"黑灯
工厂"》，"抽屉视频"浙报融媒体百家号官方号，https://baijiahao.
baidu.com/s?id=1709215427897225042&wfr=spider&for=pc，2021
年 8 月 27 日。

[29] 《这位绍兴的律师追求"经典完美"，至今 1800 多案件从未出错》，
"浙江日报"百家号官方号，https://baijiahao.baidu.com/s?id=17066
18382392015772&wfr=spider&for=pc，2021 年 7 月 29 日。

[30] 《浙江工匠在东海上空铸就奇迹，中国建成世界第一高塔！》，
"浙江日报"百家号官方号，https://baijiahao.baidu.com/s?id=16935
62068907635421&wfr=spider&for=pc，2021 年 3 月 7 日。

[31] 《浙江省第三次全国国土调查主要数据公报》，"浙江省自然资源
厅"官网，http://zrzyt.zj.gov.cn/art/2021/12/3/art_1289924_58988385.
html。

[32] 《浙江省发力社区教育》，"中华人民共和国教育部"官网，http://
www.moe.gov.cn/jyb_xwfb/s6319/zb_2016n/2016_zb06/16zb06_
sqlnjy/201611/t20161108_288124_1.html，2016 年 11 月 8 日。

[33] 《郑户南：我是农民的代表，我为乡村振兴发声》，"澎湃新闻"
网，https://www.thepaper.cn/newsDetail_forward_5515006，2020 年
1 月 14 日。

[34] 《中共中央国务院举行春节团拜会 习近平发表重要讲话》，"新
华网"，http://www.xinhuanet.com/politics/leaders/2018-02/14/

c_1122419710.htm，2018 年 2 月 14 日。

[35] CCTV-1 综合频道：《[机智过人第二季]"无人港"人工智能系统遭遇最强人类检验》，"央视网"，https://tv.cctv.com/2018/08/18/VIDE4ww1Xqmg9MHPdtOdcNGg180818.shtml?spm=C52056131267.PFgwMrF7guhe.0.0，2018 年 8 月 18 日。

[36] 丁利娟：《走进十九大代表：平湖学院校友张益平》，"浙江开放大学新闻网"，http://www.zjtvu.edu.cn/info/1200/15382.htm，2017 年 10 月 17 日。

[37] 甘居鹏：《天目观察 上半年 GDP 增长 2.5%！浙江经济经受住超预期冲击 向好可期》，"天目新闻"百家号官方号，https://baijiahao.baidu.com/s?id=1739330700990975264&wfr=spider&for=pc，2022 年 7 月 25 日。

[38] 顾雨婷、陈佳伟：《嘉善小乡村开出"大"学院！缪家乡村振兴学院大云揭牌》，"浙江新闻"网，https://zj.zjol.com.cn/news.html?id=1296892，2019 年 9 月 27 日。

[39] 国家统计局：《〈中国妇女发展纲要（2011—2020 年）〉终期统计监测报告》，"国家统计局"官网，http://www.stats.gov.cn/tjsj/zxfb/202112/t20211221_1825520.html，2021 年 12 月 21 日。

[40] 何晟、杨一凡：《义乌村官何德兴：当初骂得最凶的村民，最后投了他的票》，"浙江在线"网，https://zjnews.zjol.com.cn/zjnews/jhnews/201709/t20170914_5070891.shtml，2017 年 9 月 14 日。

[41] 胡彧等：《沈守贤：一句承诺，保住所有员工安全》，"嘉兴在线"网，https://www.cnjxol.com/51/202007/t20200713_642251.shtml，2020 年 7 月 13 日。

[42] 嘉善县统计局：《2021 年嘉善县国民经济和社会发展统计公报》，"中共嘉善县委 嘉善县人民政府"官网，http://www.jiashan.gov.cn/art/2022/4/14/art_1229373860_4912489.html，2022 年 4 月 14 日。

[43] 嘉兴公共频道"新闻 1 线·港区新闻"：《主题教育看港区 张益平：嘉兴港的"拼命三郎"》，"腾讯视频"，https://v.qq.com/x/page/v30048qj06m.html，2019 年 10 月 5 日。

[44] 群众工作局：《"九层之台，起于累土"，平凡的岗位，不平凡的事——记中国移动通信集团公司吴日根》，"国务院国有资产监督管理委员会"官网，http://www.sasac.gov.cn/n2588025/n2641611/n4518442/c4296448/content.html，2016 年 1 月 7 日。

[45] 《生迪"品牌荣誉"》，"生迪智慧科技有限公司"官网，https://cn.sengled.com/gs/company/，2021年7月2日。

[46] 王海鹏等：《代表委员说丨郑户南：数字技术赋能 提高农业经济效益》，"央广网"百家号官方号，https://baijiahao.baidu.com/s?id=1690098593379981339&wfr=spider&for=pc，2021年1月28日。

[47] 王建龙、邵智：《面孔丨海上"平安水鬼"郭文标：近40年救千余人，从未收过一分钱》，https://zj.zjol.com.cn/video.html?id=1643741&duration=327.0&width=1280，"浙江新闻"网，2021年4月2日。

[48] 夏丹等：《三个关键数字 带你读懂浙江工业这一年》，"浙江日报"百家号官方号，https://baijiahao.baidu.com/s?id=1722933771899894315&wfr=spider&for=pc，2022年1月25日。

[49] 夏丹等：《最新成员542299家！浙江规上工业企业扩容了》，"浙江日报"百家号官方号，https://baijiahao.baidu.com/s?id=1729328321347915451&wfr=spider&for=pc，2022年4月6日。

[50] 浙江经济生活频道：《20160616茅莹今日秀：何贝——汗水铸就电力梦》，"中国蓝TV"，https://tv.cztv.com/vplay/195122.html，2016年6月16日。

[51] 浙江经济生活频道：《经视新闻：吴日根——跳出技术思维服务市场》，"新蓝网"，http://www.cztv.com/videos/jsxw/3379157.html，2017年8月10日。

[52] 浙江省统计局 国家统计局浙江调查总队：《2021年浙江省国民经济和社会发展统计公报》，"浙江省统计局"官网，http://tjj.zj.gov.cn/art/2022/2/24/art_1229129205_4883213.html，2022年2月24日。

附录　胡道林：81890"匠道"公益的大格局

胡道林口述，周俊超采访整理

采访时间：2021 年 4 月 5 日

采访地点：宁波市 81890 党员志愿者指导中心

胡道林（1956 年出生），宁波市 81890 全国劳模"匠道"工作室主任，宁波市 81890 求助服务中心老主任，获 2010 年全国先进工作者、"庆祝中华人民共和国成立 70 周年"纪念章、第九届全国职工职业道德建设十佳标兵等荣誉数十项。其多年致力于城市志愿者服务管理工作，著有《81890 服务系统管理指南》《81890 公共信息服务平台建设指南》，领衔起草 7 项商务部家政服务业行业标准。其目前主管的"匠道"公益已统筹了 28 个劳模品牌工作室、40 多家企业公益服务团队、1700 多个社会组织、20 多万名志愿者的社会资源，为宁波市民及旅客提供各种需要的便利服务。采访持续 3 小时，此处摘录 1.2 万字。

前记：早在 2016 年 3 月 9 日，课题负责人便曾做过胡道林主任的口述史①，主要记述了其个人成长经历、81890 求助服务中心的创建及基本职能。道林主任本人及他负责的 81890 爱心服务热线给人留下了很深刻的印象。2021 年 4 月 5 日，恰好借做"新时代浙籍全国劳动模范口述史研究"课题的契机，课题负责人再次邀约道林老师讲讲他和 81890 的近况，当听到 81890 匠道公益的"大格局"后十分震撼，认为他们所做的志愿工作很有代表性，值得大力宣传和推广，因此将其口述史收录本书。因道林主任是 2010 年全国先进工作者，不在 2015、2020 年 164 位全国

---

① 参见胡道林口述，周俊超、黄振兴编纂：《拨一拨就灵：胡道林口述史》，中共宁波市委党史研究室编：《时代华章：宁波全国劳模口述史》，宁波：宁波出版社，2017 年，第 287—324 页。

劳动模范之列，且其口述史采用与其他 15 位劳模不同的对话体，以更好展现采访者与口述者 "双向" 推进口述史的本来面貌，避免千篇一律，故单列于附录。又因胡道林工作内容属社区服务范畴，对其口述史的研究并入第五章 "新时代浙籍服务业劳模口述史研究" 第六节 "劳模视角看新时代服务业发展"。

一、"匠道" 的三层含义

周：劳模工作室、工匠工作室挺多，"匠道" 工作室让我眼前一亮。这是谁起的名字？

胡：是我们（宁波市）海曙区总工会，在我这里设立了一个全国劳模 "匠道" 工作室（2018 年 10 月设立）。那么 "匠道" 可能有几种意思。"匠" 比较清晰，就是工匠精神；那么这个 "道" 主要包含三层意思。

第一个就是道路，体现工会忠诚党的事业，团结引领职工，坚定不移走中国特色社会主义道路。

第二就是服务之道，体现工会在改革背景下，治理以职工需求为导向，集成服务职工的价值追求。

第三个意思就是取我 "胡道林" 中的一个字——"道"，体现劳模工匠领衔人创新、敬业、奉献之道。

周：就是这 8 个字——"匠心品质 道义至上"（指着标语牌，如图0-1），仅仅看 "道义" 就觉得有点抽象，您这一解释一下子就明白了，这是特色。

图 0-1 "匠道" 公益标语

胡：对。我们（海曙区）总工会当时跟我来商量这个事（设立劳模工作室），因为我退休了嘛，有很多企业的请我去做点事，我都没有答应他们。我为什么没有答应呢？上次你采访的时候我讲，因为我们 81890

建立的时候是 1017 名志愿者。到我退休的时候，我们有 20 多万志愿者，那么全市当时有 200 多万志愿者在我这个数据库里面，我们直接在用的有 20 多万志愿者。我呢天天跟这些志愿者在一起的，我每年到年底要给他们发奖状，要表扬他，要对他们的成绩给予肯定，要向他们学习。

比如说有几个代表性的志愿者事例，像我们宋兰英老师，她在我这个地方做了 6 年的全职志愿者，全年无休，天天在这里，家都在这里了。那么她没有来之前，我们 81890 上班我是最早一个，下班我是最晚一个。她来了以后，她第一个，她来得比我早，走得比我晚，一分补贴不拿的，她担任我们 81890 接线部话务质量抽检员，担任 81890 志愿服务协会副会长。后来我们成立 81890 鹊桥会，她是第一任会长，她红娘工作做得非常好，牵线成功 3000 多对。

我们的刘芝春老师，我们有一份《81890 生活月刊》她负责编辑，每个月有两三千块钱给她补助的，每个月给她的钱她都捐在我们 81890 爱心超市，一分钱都不要。

我们的冯秋玲老师，她经常给我们《81890 生活月刊》投稿，投稿录用了以后是有稿费的。我们给她一点稿费，她身体不太好，走路不太方便，给她的稿费她全部捐在 81890 爱心超市。

所以像我这样的人，退休了以后没有其他的可以选择，只有一个选项，也是唯一的选项，就是做志愿者。因为我在位的时候，81890 就是靠志愿者把品牌擦亮的，我当时给他们发了那么多的红本本荣誉证书，给他们说了那么多鼓励的话。好，现在我退休了，我到外面去赚点外快，我第一对不起我们的志愿者，第二也是对我自己的一种侮辱。所以说其他任何人退休以后可以去赚点外快，但是我胡道林不可以，我要对得起我们的志愿者，我要对得起我自己的言行。所以我唯一的路就是选择做志愿者。

退休了我帮宁波市委宣传部负责筹建了"宁波市志愿服务基金会"，并担任基金会的名誉理事长，负责基金会的运行工作，我在基金会做了两年的志愿者。

那么后来我们区总工会几位主席来找我商量，他们说，你能不能帮我们区总工会搭一个公益服务平台。我说，干什么呢？他们说，对困难职工提供帮扶服务，对职工家庭提供便民服务。2019 年是全国脱贫攻坚年。我想帮扶困难职工家庭，不仅是 2019 年是全国脱贫攻坚年的需要，也是今后对困难职工家庭精准帮扶的需要。因为困难职工家庭是有动态性和多元性的，所以我们建立 81890510 志愿服务热线（2019 年 1 月 18

日开通），51 就是代表工会的意思，搭了这么一个帮扶服务平台（宁波市海曙区匠道工会志愿服务中心）。

当时我想，我为工会做点事也是应该的，因为我们 81890 是 "全国五一劳动奖状" 获得单位，是一个劳模集体，所以前面这个 "匠" 就是这个道理。因为我们整个团队是一个劳模集体，还有个人劳模，市级以上劳模 3 个，"宁波市首席工人" 有 5 个。你看我们不仅是劳模集体，个人劳模还有这么多，工会对我的工作一直很支持。所以说，像我这样应该要为工会做点事，总工会实际上就是我的家了，所以他们给我提出这个要求，那我理应要为它提供服务的。

本来我的工作室宁波市总工会命名叫 "81890 胡道林全国劳模创新工作室"。后来我讲这个地方不一定挂我的名字，我说最好能体现我们这个团队，那么后来他们再考虑，我们有那么多的劳模、"工人先锋号"，所以前面就取一个 "匠"；后面一个 "道"，当时考虑到我刚才讲的三个层面，第一个是道路，第二个是服务之道，第三个就是我胡道林这个名字。所以 "匠道" 是这样来的。

周：我真的被 "匠道" 这个词吸引了！因为我看了好多劳模工作室、工匠工作室、某某人工作室，以名字命名的工作室太多，但是 "匠道" 一下子把劳动模范、道德模范、工匠精神全部（胡：提升起来了。）都囊括了。

胡：这是我们 "匠道" 的一个宗旨（指 "匠心品质　道义至上"）。这两句话什么意思？第一个 "匠心品质"，事实上我们这个 "匠" 最后的落脚是什么？它是品质。"道" 是什么呢？"道" 是路径，是德行。"义" 是什么呢？"义" 是善举，是奉献。

周：我们理解的 "匠"，就是工匠，是指那些工人、技术人员，你们这个 "匠" 有技术型劳模在里面吗？

胡：对。"匠" 是代表着我们一种价值观，它不光是一个品质问题，它有一个价值取向在里面的。我的解释是什么呢？"匠" 是体现工会向新时代职工创造的主流价值观，它包括什么？包括了专注的态度、服务的标准和匠人的这种精神。

周：哦，"匠" 也有三层意思。

胡：也有三层意思。一个是专注的态度，你做事的一种态度，第二个就是标准，第三是精神，这三层意思。

周：我们一般认为只有一线工人才叫工匠，才能提 "匠"。

胡："匠" 是什么？通常讲就是手艺人，体现了一种专注的意思。我们以为它是水泥工就是匠，木工是匠，是不是？"匠"是代表了我们一种职业。但其实不管什么职业，它是代表你从事这个职业的一种专注的态度，精益求精，这就是匠人的匠心、情怀和精神。

那么还有一个，你不是随意做的，一定要有标准，你服务做事一定有标准。

二、做志愿者更要有标准

周：您谈到这个"标准"，当然5年前也讲了这个"标准"，就是申请国家标准。我想就我的理解，志愿者服务是主动的，一谈标准是不是有点被动，就好像拿标准来限制我，要求我。

胡：不会。我跟你说，做任何事都得先想清楚了才能去做。比如说做志愿者，做志愿者更要有标准，为什么更要有标准？

因为志愿者做的这个事，我始终认为一定要专业的人做专业的事。你是志愿者，应该说是你在专业的基础上开展志愿服务活动的，你的服务应该比市场主体和政府部门的服务更好！为什么？因为你是无偿的。并不是说我这个服务产品不收费的、无偿的我可以随便给你，那就错了。服务产品里面包括了什么？包括了道德价值、社会公德，从价值取向看应该是最高尚的，所以志愿者提供的产品应该是最好的产品。不是说我今天无偿地给你做事，我随便给你弄一下，忽悠一下，那就不是志愿者。

周：这颠覆了我们一般认为的"免费的都是廉价的""免费的都不被尊重"的印象。

胡：那倒不会。如果说做志愿者免费地给你做就随便可以做，那就错了。志愿者服务是什么？它是发自内心的，要为别人好你才这么做的嘛。

周：而不是为了镀金，增加一个当志愿者的名头，那都是形式主义。

胡：对呀！它是发挥积极作用的。我是为了帮助别人解决什么困难我才来的，我才出现的，所以做志愿服务是高尚的。

周：因为我看现在志愿者多了以后，搞得好像有的志愿者变成了必需的，我不做我不行，我必须得做。

胡：这个是什么呢？是"被志愿者"。你会想：我怎么那么倒霉呀，让我去做？你不是心甘情愿地去做。为什么做志愿者？志愿的前提是你发自内心去做的，不是"被志愿"的。志愿者和"被志愿者"是两个概念。

所以我为什么说做志愿服务要有标准呢？也是一样的，我就怕你

"被志愿"的人，你"被志愿"的人来做，如果没做好就影响了我们志愿者的社会品牌，所以我们一定要有一个标准。

周：最初在创立这个品牌的时候，您说您是靠发奖状鼓励他们，当时 81890 还没有起来，那时候您发奖状有荣誉感吗？

胡：当然有。比如说，像我们第一批 1017 名志愿者，他们平时来做了以后，到年底我给他们颁奖，发个红红的荣誉证书，对不对？年终表彰大会，优秀志愿者领到荣誉证书时，他们不知有多少开心！这些都能起作用啊，还能够起到引领作用。

因为做志愿者的人他本身就很高尚的，否则是不会去做志愿者的。那么现在为什么会出现这种问题？（指"被志愿"）就是有时候单位里（对志愿服务）有要求，学校对学生也有要求，有要求以后就被动了、"被志愿"了。那么你"被志愿"以后到我志愿队伍里面来，你如果没做好是不是要影响我们的形象？

我简单举个例子，产品就是我们的形象，从形象角度讲，比如说在车站、码头、机场人流交汇地，你红马甲没有穿，志愿者的标志没带上，你不管怎么做都没问题的。你如果带上志愿者的标识——"某某某志愿者"或者"某某团队志愿者"一挂，你如果衣冠不整，趴在桌子上，躺在椅子上，站没有站相，坐没有坐相，你是不是影响了这座城市的形象？

还有一种是态度，人家问你一件事，你如果没有带上志愿者的标识，你不管答还是不答，态度好不好，语言美不美，都无所谓。（周：只代表你个人。）你带上志愿者的标识以后，如果你脸色不好看，人家问你爱理不理的，语气很冲，这影响的不仅是你个人形象，还影响到这座城市、这个地区的形象，对不对？

图 0-2 《家人的名义》
视频二维码

志愿者里面除了有"被志愿者"这一种，还有一种他是志愿者、愿意做好，但是他有些动作不规范，他不懂怎么做。所以你事先就要培训，几个标准就出来了。

比如说我是站在这里负责接待服务的志愿者，志愿者的马甲帽子穿戴要求、立姿要求、文明用语要求，如导引服务要做到哪几条……你是坐在咨询台咨询的，坐姿要求、起立问答要求，服务要做到哪几条……干什么？要保证我们志愿者在这座城市能起到文明形象的表率作用！你说标准要紧吗？当然很重要了。所以说不光是政府服务部门、企事业单位有标准，就是我们志愿者服务队伍同样要有标准，只有把标准（执行）下去以后，才能把你这个社会层面（价值）展示得更好。

周：这就是一个积极的循环了，我还以为标准越多，他越被动。（胡：那不会。）但是这个品牌上来以后，他自发地有种荣誉感。

胡：对呀。那么有些志愿者他是愿意做的，是想做好，但是不知道怎么做，我就告诉你，按标准来培训。

周：把你提升了。

胡：对！把你提上来。它也是一种成长的过程。（志愿者）他有成长过程，那么他就很乐意，为什么？他学到了，进步了，并且能得到别人的一个好的评价。花时间、出了力气以后，有善意奉献出去以后，如果没做好，那不是得不偿失嘛？

对志愿者的评价往往不是一个人的事，它都是一个层面的事、一个区域的事，对整个社会负责，所以非常重要。对志愿者标准化培训是非常重要的。

三、81890"匠道"公益服务

周：这么来看的话，81890志愿者服务团队真的是站位高、涵盖广，一般从事某种具体职业的劳模可能就相当于你们团队的志愿者之一。

胡：对。现在"匠道"的服务力量是比较强大的。现在我们的公益团队40多家，劳模品牌工作室有28个，我们"匠道"（工作室）与81890（求助服务中心）共享的社会组织有1700多个。所以现在应该说我们"匠道"的服务内容覆盖面还是很宽的，

这两年我们对困难职工的服务应该说效果很明显。每一个困难职工提出来以后，我们要去走访，看是不是符合困难职工的条件，因为我们怕什么呢？怕他们报到我们（海曙）区总工会，有些情况不是很了解，就把他作为困难职工，那么实际上有些比他还要困难没有报上来，那人家不是有意见吗？所以在对每一个困难职工认定之前，我们要组织志愿者上门去走访。那么走访以后，我们把这个情况形成书面材料——是不是困难户我们不说——报给总工会，总工会按照我们核实的情况再来确定是不是困难职工家庭。

那么还有一个是什么呢？就是说，我们在走访的过程当中，发现给我们提交的困难名单里面没有的，有职工主动向我们反映的，我们认为反映人也是够困难条件的，我们会把这个情况整理好也报给总工会。

还有就是，原来是市以上有建档困难职工，那么以后因为他条件好了，把他"困难职工"的帽子摘掉了，摘掉以后我们把他档案建起来，建起来以后我们会去跟踪，看他有没有返贫，有没有更好的发展，日子是不是好过。

我在走访的时候，其中有一个困难职工家庭，我当时听起来也是非常艰难的，因为什么？她老公在建楼作业时从楼上摔下来，把腰椎间盘摔断了，摔断以后这个人一直躺在床上不能动。后来我们就组织志愿者，每个月两次上门给他推拿，提供护理服务。

我去她家走访慰问时，这位女主人拉着我的手同我说："我们非常感谢胡主任，这么关心我们，帮了我们家这么大的忙。"

我同她说："你不要谢我，我是应该做的，我退休了能做点公益是件开心的事。你要感谢就感谢我们党，感谢我们的政府，感谢我们总工会，是我们党好，政府好，我们的总工会好。现在新时代都走向小康社会了，我们党不允许一个家庭、一个人掉队落伍，人人都要享受我们改革开放的红利。"

去年我们总工会几个人一起去的时候，她就跟我们总工会主席、跟我讲，她说："胡主任啊，我们一家靠的共产党、人民政府，就是靠我们'匠道'！如果说没有'匠道'给我先生派志愿者服务的话，他躺床上已经十几年了，他活不到现在！"因为志愿者去了以后不光给他推拿，还跟他聊天，他的心里就舒畅多了，所以他们非常感激。像这些特殊群体，是非常需要我们这种公益组织的。

图0-3　胡道林带领志愿者服务困难职工

再比如说我们这里去年有一个70多岁的空巢老人，她跟我们81890510志愿服务热线打电话，她家里灯泡坏掉了。她说，能不能谁给她提供服务？我编了一条信息，当时放到微信"匠道公益群"上面去，一秒都不到，马上抢掉了！因为我这40多家的公益团队专门有个网，就近的公司——老太太旁边的（公司）抢掉了。后来它派志愿者，企业派志愿者都是免费的，给她换了5个灯泡，家里全部灯泡都换掉，后来车棚里面又新接了一个电灯。这个老太太是激动得不得了："你们'匠道'真的那么好！"

周：灯泡钱也不要？

胡：不要。那公司把它承担掉了。

周：也就是说，这其实不仅仅是志愿者在劳动，企业也在做公益了。

胡：对。这次是企业在做公益。上门服务的是企业员工，员工是拿工资的，是企业在做公益。

2019年在我们走访的困难户当中，当时有两个家庭5个孩子上学有困难，后来我把这个孩子（的信息）放在我朋友圈里面，半天时间这5个孩子全部被好心人领走了（结对资助）。

去年2020年，我们在走访的时候，有16个困难职工的孩子，我把他们（信息）放到网上，10个小时全部领走（结对资助）。后来我们《浙江工人日报》头版报道。

周：就是在您这儿我就觉得好人这么多！我很惊讶，真的我不敢想象这么多好人，一开始初创阶段都有1000多名志愿者。

胡：对呀，所以我现在做了81890以后，我主要是跟着好人在一起的。

周：这些好人都是宁波本地的？

胡：就近。比如有一个是杭州的，省民政厅一位处长领取的（做结对资助），我当时是不知道，她领了以后给我打电话，她说："道林啊，我在你这里领了一个。"我说："哪个是你的？"她说："小孩出面领了一个。"我说："领导干部也是有爱心的！"因为现在有好几个（领导干部）都是由小孩出面的。我发现他们是对的，怎么样来教育孩子有爱心，钱是爸妈给小孩的压岁钱，让小孩子从小懂得去帮助需要帮助的人，我认为这个挺好。他们也在想怎么样来培养孩子，所以81890就是非常好的一个平台。

比如说我们这里的81890光明电影院（盲人电影院），盲人到这边看电影的，我们市里市级机关、我们区级机关很多干部的孩子，让他们到这里做志愿者来服务盲人。这培养什么？培养孩子的爱心啊。不是我们要求他们来做的，他们自己主动给我打电话："道林，能不能让我的孩子来做志愿者，让他们为盲人提供一下服务？"我说："可以啊！"所以说，有的好的家庭对孩子的培养方式完全是不一样的。这就是正道啊！

四、回顾 81890 求助服务中心的创建

周： 您当初创立 81890 求助服务中心是出于什么动机？

胡： 当时创建 81890（求助服务中心）的创意不是我的，是我们的区委区政府，他们要做这个平台。当时的背景是什么呢？

2001 年的时候，我们改革开放二十几年了。社会经济发展到一定程度，那么有一部分人不是先富起来了嘛。富起来之后是什么呢，要有人给他提供服务，他才能提高生活质量，你没有给他提供服务，他生活质量怎么能提高呢？他提高不了哇。那么我们宁波海曙是（当时的）宁波市委市政府的一个所在地。那么也就是说像一些大学的教授，一些领导干部，一些工程师等基本上都住在海曙，那么这些人正好是要有较高生活质量的，对不对？那么你这个地方服务能力跟不上，他不是讲你们这个地方怎么搞的，对区委区政府不是有意见吗？也就是说你们地方政府的服务工作做得不到位，这是一个问题。

事实上也有一些服务企业、个体户，他们是找不到服务主体，服务主体在哪里呀？那么分散。你知道名片是谁创造出来的？就是这些小企业个体户创造出来的。我们叫什么？叫小广告。他印出来到处发，为什么啊？他想让人知道这个信息，别人可以打电话给他。但是你这个广告出来以后，人家怕，你是真的还是假的，你是不是骗子啊？所以这个信息，一是对接不了，另外对接起来他也要怕，没有信任感。那么这也是一个问题。

还有一个问题是什么呢？就是国有企业改革。国有企业改革以后，单位人变社会人。改革开放之前那个时候，我们的依赖性是很强的，是依靠政府的。你国有企业一改革，这些人没有岗位了。没有岗位意味着什么？意味着没饭吃了。你看他的着急的状态，这你没办法想象的，太难受了。下岗以后你说他压力有多大，小孩要上学要吃饭，他没有地方就业，你看他多着急啊！好，一下子单位人变社会人，没地方就业，他是不是到政府部门大门口去堵啊？都是 "良民" 啊这批人，他又不去偷又不去抢的，有饭吃吗？因为他找不到岗位，只能找政府啊！那么恰恰像

我们有些部门、有些企业需要工人的，它不知道工人在哪里，它招不到工。比如说像我们家政也是一样，这个行业你愿意就业，培训一下就可以就业的嘛。它招不到人，也是一个信息不对称，对不对？

还有营商环境。因为我们沿海地区经济比较发达，要发展经济，那么外地人都到宁波来创业。他一到宁波下了火车以后一抹黑：我到哪里去找工作，我的岗位到底在哪里？那么有些外地人到这要发展经济，这个政府在哪里？他找不到你政府。那个时候正好政府部门应该说是形象比较差的时候，老百姓有个顺口溜：门难进，脸难看，话难听，事难办。因为那个时候是管理型政府，不是像现在服务型政府。在这样一个状态下，当时我们区委区政府考虑到要提高政府的公共服务能力和水平，要搭建一个平台来解决公共服务信息不对称问题。

为什么叫 81890？领导们考虑最好像 110 一样，这个话说起来顺口一点，让老百姓好记。大家想到就是 81890，我们宁波话谐音"拨一拨就灵"。那么当时我们宁波是没有 81890 的电话号码（电话号码需要 8 位数字），我们前面还有三个数，就是 87281890，那么我们的谐音是什么？因为前面三个数去不了，就"帮助你拨一拨就灵"，

后来我们电话开通以后，老百姓打电话投诉了，说你们能不能把前面三个字"帮助你"拿掉，直接用 81890 不就行了嘛，又好记？那么后来我们就跟宁波电信沟通，能不能把它前面三个数去掉。光是把三位数去掉用 81890，也是经过多番努力，过程复杂得很。

还有另外一个背景，是民政部门在搞社区建设。社区服务不是我们最早，最早是上海跟天津。但是用公共服务平台的形式解决供需信息不对称问题，来提高社区居民生活质量，这是我们做得最早、也是做得最好的。商务部在 2004 年、2007 年、2009 年分别将宁波 81890 公共服务模式向全国推广学习。因为我们分析居民的需求它是零星的、分散的，服务主体是多元的，信息是对接不起来的。所以通过我们这个平台就是把所有的信息能对接起来，最后整合服务主体，跟居民需求进行匹配。

像过去有些地方政府，在社区里面直接建立一个便民服务企业来为居民服务。它为什么做不起来？因为在这个社区里面建一个企业，这个企业是满足不了居民需求的，因为它的需求是全方位的，对不对？那么恰恰你这个小区里面的居民需求又养活不了一个企业，你政府不贴钱，它就倒了，政府老贴这个钱也不行，对不对？所以它就没有做好。

我们怎么做？我们是把零星的需求全部切入我们这个平台上面来，我们把这个信息发送到相关的服务主体。比如说开锁，你一个小区有一

个开锁匠，他有饭吃啊？我一个区、一个市弄一个开锁的，他可以挣很多钱！为什么？他业务量很大了，集中到他这里，所以他就可以做到一个产业。所以我们家政这个产业马上就形成了，就是这个道理。

像我们家政企业，原来平台开业的时候我们对外讲是 100 家，实际上我们是 90 家，现在我们有 1000 多家。发展很快。

周：那这个产业就是付费的。

胡：家政服务，这个是市场行为，它是付费的。但是我们干什么？我们不光是给它信息对接，我们给它信用支撑，我们制定标准，有回访，好的在这里发展，不好的话就把它踢出去。所以我们回访里面对企业有要求的，甚至如果是他违规没有能力纠错，我们要解除的（解除平台与企业的合作关系）。

周：哇，这是更高的平台。因为我们知道每个城市其实都有家政市场，但是人家可能就是一个公司管下面保姆，但是你们这个是直接在管公司，管下面好多公司。

胡：对。你在我们这里加盟都归我们监管，你每个员工服务得好不好，都在我们平台要反映出来啊。居民跟我们一反映，我们就进行分析，看是企业的问题还是雇主的问题。

不是说你雇主一反映我们就说把它处理，不是的。比如说雇主反映的有三种情况。

第一种情况，不守时间不守约。你今天说好早上是 7 点半到的，因为 8 点人家出去的，结果你到 8 点、8 点半、9 点没去，人家能等得住哇？等不住了。

第二种服务质量不好。你师傅这个人走掉，东西就坏掉了。

第三种就是价格太高。

那么好，我们就有规定的。你如果不守时间不守约是真实的，你这个经理要去上门致歉，下面人都不能代理的，必须经理自己去。不去可以，一次黄牌，两次红牌，三次我就把你解除了，这是不守时间不守约。

第二服务质量不好。服务质量不好，你要去返工，你不返工可以，也是一次黄牌，两次红牌，三次把它解除了。

第三个就是服务的价格。服务的价格，他们来反映了，比如说清洗脱排油烟机，一般都是 50 块清洗一次，他比如收了 80 块，那么我就问企业为什么收 80 块？企业讲，我不光是清洗，里面的密封圈坏掉，我把密封圈换了，什么东西把它弄了，这样加起来以后，本来是 90 块，因为她是一个老太太，我收了她 80 块。好，那么我们认为这是合理的，我们会跟投诉人讲明。

还有一种投诉是什么呢？比如人家都是50块，企业收他40块，一位老同志来投诉了。他说，你人民政府建的一个平台，你免费服务不就行了吗，你收钱干什么？那么这个投诉是不成立的。我们就告诉他这是市场行为，我们是前端、政府搭的，后面交易是市场行为，这是合理的。它本身就50块，像你现在老同志给你打折了、优惠了，它是合理范围。好，那么他理解了。

还有什么呢？企业它明显是欺诈的，本来是50块钱企业收80块，我就要企业去退钱。你不去退钱，一次黄牌，两次红牌，三次解除。

解除实际上不是那么容易的事。为什么？因为宁波人已经相信81890，它是有品牌的、有信用的，企业你如果被81890解除了，这个企业就会倒掉。

五、好事需要好人来做

周：如果是老年人，他打了81890，怎么区分是市场行为还是公益志愿？

胡：你比如说孤寡老人，像这样的对象来了以后，要接受志愿服务的，我们就给他提供志愿服务。那么你不是困难户，你不是孤寡老人，你说提供志愿服务，我们告诉他那是不可以的，你要有偿服务的。

所以说是什么样的对象可以用志愿服务？我们有分类、有区分，不是随便可以给你提供志愿服务的。如孤寡老人、困难职工等帮扶对象在我们81890510信息平台数据库中有信息存储，信息来了会自动显示。如果要新增加帮扶人员的，我们会到他们相应的社区或单位核实情况，经核实确实需要帮扶的，我们会把他基本信息输入81890510信息平台的数据库中。

表0-1 胡道林的"八助"公益

一助学 二助老 三助残 四助患 五助青 六助困 七助捐 八助时（工时）

那么总的指导思想是什么呢？就是把我们社会上面的善心集中起来，就是用大家的爱心去做社会的善事。那么我是6个字——"聚众力，行

众善"，就是把大家的力量集聚起来，让大家去做好事，这就是我的宗旨。把大家的力量集聚起来，把善心集中起来，行众善。

所以我现在也是非常开心的。我 2016 年年底退休的，到现在我还是跟过去一样。你上次来采访的时候我讲了，我在 81890 加班，时间就两万多小时。我退休以后仅在宁波 "we 志愿" 注册，每天报到以后有时间记录的，我的时间记录达到多少呢？已经有 10506.35 小时。那相当于什么呢？相当于我从 2017 年到现在，一个月上 27 天班。所以我现在退休了，我还是在上班，跟平时一样。上班提前到单位，下班了把事做好才回家。我为什么会这样做？我现在考虑到我这个平台非常重要。

周：我觉得您做的事现在一般人很难做到。

胡：你这个观点我是赞同的。

我们当时的区委书记、现在的副省长陈奕君，她当时走之前跟我讲，她说，你要给我选择一个 81890 主任接班人，你总是要退休的，你要选了。

后来我跟她讲，我说，主任让我选呢我是不能选的。

她说，你不选确实很难找。为什么呢？

她说，像你这样会做，也有；像你这样会讲，也是有的；那么像你这样会想，也是有的；但是要把这三个东西集中到一个人身上，没有了。她说，有的人会做不会讲，有的人会讲不会想，有的人会想不会讲。她说要把这三个东西就集中在一个人身上，是很难的一件事。

周：还有一点就是您的精神，您的心！就算是这三个集中一个人身上，有可能这个人自己想的是个人的名声什么的，他有个人的欲望，而您的精神、您的心是大公无私的。

胡：你这样想我是赞同的，为什么？因为我在做的时候都是考虑别人的，不是考虑我自己的，如果我考虑我自己这个事做不了。

周：其实区委书记她讲的三个方面，我在想她讲 "又会想"，这 "想"可能也已经包括了您的公益思想了。

胡：对，比如说我在 81890，从 2001 年到 2016 年我退休了，这几年时间我在单位加班就加了两万多小时，我这都是无偿的，没有报酬的。不光是加班没有报酬，在这个期间，比如我给别人去讲课，人家给我讲课费或者劳模一些奖励费，我除了我的工资以外一概不要的，我都捐赠了。我捐给我们 81890 爱心超市就捐了 20 多万。

周：哇，这不少啊！

胡：比如说讲课费，500、1000，累积 20 多万也不是一个小数目，这个次数也很多的。

我退休以后，在宁波家政学院给他们学生讲课，学院给我一些报酬。在宁波家政学院我有工作室——家政专业人才培养胡道林工作室。我把这些钱一共 10 多万全部捐给我的工作室，作为家政专业人才培养的奖助金，学校给的酬金我不要。我觉得除了政府给我的退休金以外的，我一分钱不要！我就放在我们那个工作室里面，给我学生用。我在 81890 全国劳模"匠道"工作室这里也不拿一分补贴的，做全职志愿者，把活动经费都用在困难职工帮扶和公益行动上。

为什么我会这样子做呢？因为我的生活要求不高，我是属于温饱型的，组织给的退休金已经够花了。更重要的是我要感恩共产党，我从小到大一直都是靠着共产党，没有党的教育和培养，就没有今天的成就和稳定的生活，所以我要向雷锋同志学习，要以雷锋同志为榜样，把一生献给党，我退休以后的座右铭是："余生献公益，晚年报党恩。"

周：那现在接班人肯定找到了，81890 新的主任。

胡：有啊。后来我为海曙区委组织部给 81890 主任岗位起草了一个用人条件，按照我的观点，到 81890 当主任应该具备哪些条件。我的继任主任金莹是在海曙区年轻干部里面海选的。

周：哦，海选的，不是你们内部培养出来的。那为什么没有从你们内部这种之前跟着您干的这些志愿者里面选？

胡：主任这个人选，可以自产，也可以外配，选择范围宽一些更好一些，便于好中选优。那么副主任，我建议组织部尽量在我们内部里面产生，因为执行层面的领导，对 81890 内部的业务熟，执行起来比较方便和到位。

那么 81890 现在是可以的，比较稳的，因为我们市区两级党委政府都很重视的，再加上百姓对 81890 的依赖度也比较高、口碑也很好。那么我呢，现在主要是给 81890 做志愿者，重点是做一个公益服务平台，希望 81890 能在社会层面发挥更多更大更好的作用！